李 卓 ❀ 主编

# 胎教早教要知道的 500个细节

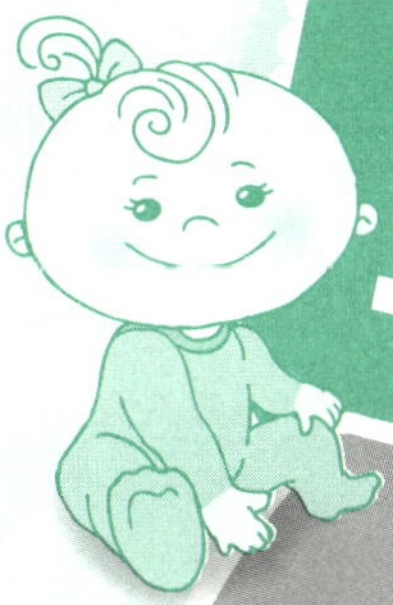

北京出版集团公司
北京出版社

**图书在版编目 (CIP) 数据**

胎教早教要知道的500个细节/李卓主编． — 北京：
北京出版社，2013.1
 (好妈妈手边书)
ISBN 978-7-200-09434-3

Ⅰ．①胎… Ⅱ．①李… Ⅲ．①胎教—基本知识②早期
教育—基本知识 Ⅳ．①G61

中国版本图书馆CIP数据核字 (2012) 第236225号

好妈妈手边书

**胎教早教要知道的500个细节**
**TAIJIAO ZAOJIAO YAO ZHIDAO DE 500 GE XIJIE**
李 卓 主编
\*
北 京 出 版 集 团 公 司
北 京 出 版 社 出版
(北京北三环中路6号)
邮政编码：100120

网　　　　址：www.bph.com.cn
北京出版集团公司总发行
新 华 书 店 经 销
北京同文印刷有限责任公司印刷
\*
787毫米×1092毫米　　16开本　　19.5印张　　280千字
2013年1月第1版　　2013年1月第1次印刷
ISBN 978-7-200-09434-3
定价：32.00元
质量监督电话：010-58572393

# 前言

　　每一对父母都希望养育一个健康、聪慧的宝宝。有研究表明，宝宝的智商、情商和各项能力的发展水平虽然与先天遗传因素有所关联，但孕育过程中有利的教育、积极的影响以及宝宝出生后头几年的智力开发教育所起到的作用也是不容小视的。

　　近年来，胎教、早教的字眼儿在生活中出现的频率愈来愈高，也越发引起人们的重视。那么，到底何为胎教、早教呢？

　　所谓胎教，指的是准妈妈通过自我调节和外界帮助，保持身心的健康与愉悦，从而为胎宝宝提供良好的生存环境，也指给生长到一定时期的胎宝宝以合适的刺激，通过这些刺激，促进胚胎发育，改善胎宝宝的素质。

　　早教则是指为宝宝打造一个能够给予他来自听觉、视觉、触觉、嗅觉、冷热觉等多种感觉刺激的环境，进而培养宝宝学习的兴趣、对事物的好奇心、良好的行为习惯、丰富的情感和对周围人文与自然环境的正确态度，帮助他更好地成长。

　　从妈妈怀胎10月到出生后的前几年，是一个孩子生长发育的关键时期。如果能抓住并利用好这一关键期，我们就能够充分开发宝宝的智力，发展他们各方面的能力，这对宝宝一生的发展都会产生极其重要的正面影响。

　　本书提供了系统的胎教、早教知识，旨在为年轻的父母们答疑解惑，给出正确的指引。全书共分为两大部分，涵盖了胎教和早教两大话题，系统阐述了从妈妈怀孕到宝宝6岁这一期间的教育方法和注意事项。在胎教部分，我们首先讲述了什么是胎教、胎教的好处、胎教该如何实施等等，然后按照孕龄逐一提出每一个月的胎教要点和注意事项。在早教部分，我们首先阐述了何为早教、早教的益处及早教的实施方法，之后给出了宝宝在0~6岁这一阶段中每个具体年龄段的早教重点和注意事项。

对宝宝进行早期教育很重要，但也要掌握好分寸，父母一定要根据宝宝的发育特点，有计划、有步骤地开展胎教和早教，切不可脱离实际地盲目进行。同时，我们应该特别重视早教和胎教这两种教育的有机联系和连续性。如果接受过胎教的宝宝出生后不接着进行早教，或胎教与早教之间隔开很长一段时间，那么胎教的效果很快就会消失殆尽。

衷心希望在本书的陪伴下，每一个宝宝都能在父母的期待与喜悦中健康、快乐地来到人间；希望在我们的指引中，每一个宝宝都能在人生最初的时光中得到最好的教育，和父母共同享受最愉快、多彩的生活。现在，就让我们翻开这本书的第一章，开启这段美妙的旅途吧！

# 目录 contents

## 胎教：打造聪明宝宝的第一步

## 早教：宝宝心智的全面开发

### 系统了解早教

### 聪明源于好大脑：婴幼儿大脑的开发与保护

### 0-1个月：智力开发培养的第一堂课

## 5~6岁：为上小学做准备

# 胎教：打造聪明宝宝的第一步

# 系统了解胎教

 ## 1. 什么是胎教

在古老的西周时期，就已经出现了胎教。西汉文学家刘向的《列女传》中曾记载周文王的母亲太任在怀孕期间"目不视恶色，耳不听淫声，口不出敖言，能以胎教"。大意是说，太任怀孕期间，眼睛不看邪恶丑陋的事物，耳朵不听淫乱的声音，嘴巴不乱说狂傲的话，这就是好的胎教。

现代胎教主要指的是孕妇通过自我调节和外界帮助，保持健康身体和良好情绪，从而为胎儿提供良好的生存环境。同时，也指给生长到一定时期的胎儿以合适的刺激，以此来促进胚胎发育，改善胎儿的素质。

胎教与孩子出生后的身心健康水平有着直接的关系。美国的一个研究小组通过长期的观察和实验得出了"人类智力只有48%受遗传因素影响，剩余52%与胎内环境有关"的论断。英国专家也指出肥胖症、糖尿病、癌症和心脏病等各种疾病也与胎内环境有关。因此，想要生出一个健康、聪明、快乐的孩子，就必须重视胎教的作用，孕妇要时刻保持健康愉悦的身心状态，避免不良因素的刺激，以便为子宫中的胎儿创造良好的胎教环境和生长空间。

 ## 2. 广义的胎教

广义胎教指为了促进胎儿生理上和心理上的健康发育成长，同时确保孕产妇能够顺利地度过孕产期所采取的精神、饮食、环境、劳逸等各方面的保健措施。广义胎教

也被称为"间接胎教"，主要包括优身受孕、优境养胎、胎宝宝教育三个方面。

优身受孕是指夫妻双方在最适合的年龄段以及最佳的身心状态下受孕的过程。在受孕之前，夫妻双方需要保持最佳的身心状态，以便为生个聪明健康的孩子打下良好的基础。

优境养胎正是指夫妻双方为胎儿制造适于生长的内外环境的过程。胎儿的生长环境分为外环境和内环境。孕妇的身心状态、自身的素养等都属于内环境，它直接作用于胎宝宝；外环境主要指母体之外的某些自然环境和社会环境，它能作用于母体，引起母体内环境的变化，进而对胎儿产生影响。不同事物对胎儿的性格和身体发育会产生不同的影响，因此孕妇在怀孕期间必须为胎儿创造良好的内外环境，这是优境养胎的意义所在。

胎宝宝教育是指为了培养一个聪明的孩子，孕妇有意识进行学习的过程。孕妇的言行举止会对胎儿产生直接影响，孕妇有意识学习的过程也是胎儿学习和受教育的过程，因此怀孕期间孕妇多学习一些知识，多接触一些正面、积极的东西，这对胎儿的成长发育是颇有益处的。

 ## 3. 狭义的胎教

狭义胎教是根据胎儿各感觉器官发育成长的实际情况，有针对性地，积极主动地给予适当合理的信息刺激，使胎儿建立起条件反射，进而促进其大脑机能、躯体运动机能、感觉机能及神经系统机能的成熟。狭义胎教又被称为"直接胎教"，包括光照、音乐、对话、抚摸胎教等方面。

狭义胎教针对胎儿成长发育的不同时间段，科学地提供视觉、听觉、触觉等方面的教育，使得胎儿大脑神经细胞不断增殖，神经系统和各个器官的功能得到合理的开发和训练，从而能够最大限度地开发胎儿的智力潜能，提高胎儿的综合素质。

从怀孕后的5个月开始对胎儿进行系统的狭义胎教就可以。此时的胎儿内耳基本发育好了，开始有了听力，可以开始接受语言和音乐胎教。到了怀孕的第6个月，孕妇能够比较清楚地触摸到胎儿的肢体了，此时可以开始进行抚摸胎教。怀孕7个月后，胎儿大脑开始长足地发育，此时是胎教的最后冲刺期。

## 4. 胎教对胎宝宝的好处

胎教不仅可以开发胎宝宝的智力潜能，还能够帮助其形成良好的性格和优良的生活习惯，为孩子未来的发展提供强大的助力。

受过胎教的孩子都非常爱听音乐。这些孩子对音乐很敏感，音感很准，学习音乐、歌唱的能力很强。

受过胎教的孩子有很高的学习兴趣。他们比其他孩子更喜欢听儿歌、故事，喜欢看字、看书。同时他们的记忆力也比较好，接受新知识的程度比其他孩子要快很多。

受过胎教的孩子性格更开朗，更善于与他人交流。他们喜欢与他人接触，能够快速理解他人的言语表情。同时这些孩子拥有较高的情商，情绪比较稳定，不爱哭闹，环境适应能力强，容易养成良好的生活习惯。

受过胎教的孩子的运动与感觉系统也发育的较早，吮吸手指的能力、手的握力以及四肢的运动能力都较强；在动作的协调性上也很好，扶起坐立时颈部的肌肉张力较好。

总之，为胎宝宝实施科学的胎教对其未来在智力、情商、身体健康的发展上都有非常大的好处，应引起准妈妈和准爸爸的重视。

## 5. 胎教对准妈妈的好处

很多人以为胎教只会对胎宝宝有好处，对于准妈妈自身而言是一件非常辛苦的事，甚至是一种小小的牺牲。其实胎教对准妈妈自己也是有很大的益处的。

为了给胎宝宝创造良好的内外环境，在怀孕期间准妈妈会注重自己的言行举止，调整自身的生活习惯；为了给胎宝宝一个良好的身教，很多准妈妈在学识、修养、兴趣爱好等方面也会有所调整和改善。这会有助于准妈妈提高自身的素质，变得更加温文尔雅、富有魅力。

大多数的准妈妈都是第一次怀孕，没有过养孩子的经验。通过胎教可以搭建起亲子互动的桥梁，增进准妈妈和胎宝宝之间的感情，让准妈妈提前体会亲子互动的乐趣，在胎宝宝出生以后，继续这份关怀和爱，给予宝宝更多的照顾与教育。

怀孕期间由于身体的不便，会让准妈妈的生活变得有些单调和狭隘，但是如果将胎教融入日常生活中情况就会变得不一样了。对胎宝宝进行胎教不仅能为准妈妈的生活增添些许色彩，也能让准妈妈的身心更加愉悦，头脑更加灵活，怀孕的痛苦也因此减轻了不少。

 ## 6. 遗传对胎教的影响

从动植物到人类，每一个物种都是按照自己的模式去复制"子女"。"子女"常常保持着与父母相似的体形和生理特征，然后再按照原样代代相传，这种现象叫做遗传。

好的遗传基因是胎教开始的保障。宝宝的健康状况、智力状况等都是与遗传有直接关系的。对准备生育的夫妇来说，了解常见的遗传知识，及时做遗传方面的咨询，是培育健康宝宝的第一步。准备生育的夫妇应该去遗传咨询中心咨询一下遗传方面的各种问题，从而减少后代患遗传病的机会，为胎教的顺利进行打下基础。

想养出一个健康聪明的宝宝，单单有好的遗传因素是不够的。如果一个孩子身上的遗传因素很好，但准妈妈在怀孕的时候并没有对其进行良好的胎教，出生后的成长环境和家庭教育也比较差，那么他的智力发育就会受到限制。相反如果一个孩子的父母遗传因素一般，但接受了好的胎教，成长过程中也受到了良好的教育，那么他的智力就会得到充分的发育，智商较高。

由此可见，好的遗传因素是胎教非常有利的前提，而胎教也是养育一个健康聪明的孩子的重要环节。要想有好的孩子，两方面的因素就必须都重视起来。

 ## 7. 胎教不应具有功利性

很多准妈妈准爸爸对胎教的理解有误区，认为胎教就是为了培养天才和神童，常常道听途说采取一些急功近利的方式进行胎教。事实上，胎教的正确目的是让孩子的大脑、神经系统以及各种感觉系统、运动机能等发展得更健全，为孩子未来的智商、情商和身体发展打下良好基础，对生活和环境有更强的适应力。

很多准爸爸准妈妈非常迷信社会上种类繁多的胎教培训机构和胎教方案，可事实

上这些所谓培养小天才、小神童的胎教机构有很多都是不科学的，他们往往只是在打着"科学""专家"的旗号谋取利益，误导人们，甚至有些胎教方案明显违背了胎儿成长的自然过程。因此，准爸爸准妈妈要端正好态度，保持冷静的头脑，根据自身情况善于识别和选择适合自己的方法，从正规的渠道和专业单位学习一些有关儿童发展方面的知识，包括孕期心理、儿童心理及胎教早教的有关常识。做到心中有数，拒绝盲从。

 ## 8. 何时开始做胎教

从广义上来讲，从择偶的时候胎教就已经开始了。男女双方在择偶时就应该从遗传角度为培育下一代而着想，要选择那些在形象、教养、性格、气质、道德品格、健康状况等各个方面都对后代子女有深刻影响的伴侣。

从狭义上来讲，胎教应该从新生命降生的前3个月开始。怀孕是精子和卵子的结合，新生命在此时宣告诞生，而精子和卵子的发育和成熟早在此时之前就已经开始了。有科学研究显示，精子从细胞的分裂到最终成熟大概需要90天的时间，而如果要使精子有较高的质量，孕育出更健康的后代，就必须提前做好相关的准备。女性子宫内的温度和压力则决定着胎宝宝成长孕育的环境，而良好的环境也是需要提前就创造好的。

俗话说："好的开始等于成功的一半。"因此，提早开始为孕育宝宝做准备，是很重要的人生大事。当然，这样的说法并不是指其他时期的胎教都不重要，实际上，产前各个时期的胎教都很重要，都是不可忽视的。

 ## 9. 准爸爸也是胎教老师

胎教越来越受到人们的重视，但需要明确的是，胎教不仅仅是针对准妈妈而言的，准爸爸也同样起到了重要的作用。准爸爸参与胎教不仅能让准妈妈感受到被重视与疼爱，还能密切准爸爸和胎宝宝之间的感情。

准爸爸在平时可以和胎宝宝多说说话，胎宝宝偏爱准爸爸低沉宽厚的声音，并能因此产生安全感；准爸爸还可以为准妈妈和胎宝宝选择一些动听的音乐，愉悦准妈妈的身心，刺激胎宝宝的脑部发育；同时抚摸胎教也是准爸爸可以参与的，在胎

动比较频繁的傍晚，让准妈妈平躺在床上，准爸爸将双手手指放在腹部，以从上到下、从左到右的顺序轻轻触摸胎宝宝，这样可以促进胎宝宝神经系统的发育。

准爸爸参与到胎教中来，可以让胎宝宝感受到父母的亲密和爱，潜意识里就拥有家庭的美好感觉和依恋，这对于宝宝将来的社会观和人生观的培养都是有重大意义的。通过胎教训练，准爸爸还能体会到身为人父的喜悦和激动，更能激发其自身的责任感和对妻子以及家庭的爱意，更有助于维护家庭的温馨和和谐。

因此，准爸爸要尽力和准妈妈一起参与胎教，为胎宝宝的成长发育增添一份助力。

 ## 10. 胎教时胎宝宝是什么感觉

胎宝宝在3个月时，就已经有了感觉。起初，胎宝宝碰到宫内的一些软组织时会立刻避开，随着他逐渐长大，就会变得胆大起来，有时候准妈妈准爸爸抚摸腹壁时，胎宝宝还会用脚踢作为回应。

在4个半月时，胎宝宝已经能辨出甜和苦的味道，孕期快结束时，胎宝宝的味蕾几乎已经发育完整。同时，在4个月左右时胎宝宝就已经能够感知到外部的声音，凡是能透过身体的声音，胎宝宝都可以感知到。

6个多月时，胎宝宝有了开闭眼睑的动作，特别是在孕期最后几周，胎儿已能运用自己的感觉器官了。当一束光照在准妈妈的腹部时，睁开双眼的胎宝宝会自动将双眼转向亮处。

当胎宝宝发育到5~6个月时，其大脑皮质结构已经形成，此时胎宝宝已经有了能够接受外界刺激的物质基础，是胎教的最佳时期。

由此可见，胎宝宝在准妈妈的腹中是能够对外界有所感知的。尤其是妊娠中后期的胎宝宝，其触、视、听、味觉等都发育到了相当的程度，能够感受到一些外界活动，这个时候要注重对其进行胎教，为其未来发展打下良好基础。

 ## 11. 音乐胎教：促进大脑和感觉发育

音乐胎教包括两个方面：一是指通过收听优美的音乐，使得准妈妈在孕期生活中保持精神愉悦，心情舒畅；二是指通过对胎宝宝传输优美的音乐声波，促进胎宝宝

的脑神经元轴突、树突和突触的发育，为优化胎宝宝的后天智力及其音乐天赋的发展打好基础。

给胎宝宝"听"音乐，并给予适当的良性刺激，会使胎宝宝的心率跟着音乐的节奏而变化。同时能够促进其脑部神经的发育，使得胎宝宝左右脑的发育达到均衡状态，开发胎宝宝的智力。在生理作用方面，胎教音乐通过悦耳怡人的音响效果对准妈妈听觉神经器官的刺激能引起大脑细胞的兴奋，改变下丘脑递质的释放，促使母体分泌出一些有益于健康的激素如酶、乙酰胆碱等，促进腹中的胎宝宝健康成长。

音乐胎教从怀孕第2个月就可以开始进行了，虽然这个时候胎宝宝的听力系统还没有发育完整，但是这种音乐胎教可以通过准妈妈的感受传递给胎宝宝，达到妈妈和宝宝心音的共鸣。到了怀孕的第4个月以后胎宝宝有了听力，到了6个月后，胎宝宝的听力几乎发育完整了，这时候就可以开始正式进行音乐胎教了。

##  12. 胎教音乐的种类

一般来说，音乐胎教主要包括以下几种方法：

1. 哼歌谐振法

准妈妈每天用柔和的声调哼唱几首歌，最好是抒情音乐，也可以是摇篮曲。唱时保持心情愉快，富于感情，同时想象肚子里的胎宝宝正在静静地聆听，通过歌声的和谐振动，达到与胎宝宝心音的共鸣。

2. 音乐熏陶法

让准妈妈每天置身于优美的乐声中。通过收听优美的音乐，使得准妈妈保持身心愉悦，产生许多美好的联想，而这种好的感受可通过准妈妈的神经体液传导给胎宝宝。

3. 父教子"唱"法或母教子"唱"法

准爸爸可以抚摸着准妈妈的腹部，对着胎宝宝反复轻声唱一些简单的音阶或儿童歌曲。平时准妈妈也可以多给胎宝宝唱一些歌，通过反复的教唱，会使得胎宝宝产生记忆印迹。

4. 器物灌输法

将耳机放在准妈妈腹部，播放胎宝宝喜爱的乐曲，也能收到良好的效果。从怀孕第22周起，在医生的指导下，可以选用适当的胎教器和胎教音乐进行胎教。在听音乐

的时候，准妈妈应该与扩音器保持1.5米的距离。胎教音乐节奏要求平缓、流畅，最好是不带歌词的音乐。

## 13. 如何选择胎教音乐

胎教音乐应根据怀孕的不同阶段来进行选择。

孕早中期即怀孕3个月后，胎宝宝的听觉器官开始发育，这时准妈妈可以选择轻松愉快、诙谐有趣的音乐，帮助消除早孕的烦恼与不适，以获得最佳的孕期心情；到了孕中期胎宝宝听觉器官已经完全发育，这时胎教音乐内容可以更丰富些，增加轻松活泼、稍快节奏的乐曲；到了孕晚期时，准妈妈心理难免会紧张焦虑，而此时胎宝宝的听觉发育已经近乎完整了，这时应该选择柔和舒缓、充满希望的乐曲，半躺在躺椅上或在床上听。

要注意选择专业的胎教音乐。给胎宝宝听的音乐必须是经过特殊选择的，胎教音乐中受到广泛认可和欢迎的类别包括：中国传统名曲如《春江花月夜》《渔舟唱晚》《平湖秋月》等；儿童歌曲如《春姑娘》《童年》《铃儿响叮当》等乐曲；古典音乐《天鹅湖》《快乐的农夫》等。胎教音乐声调不能太高、太尖，最好是高、中、低音均衡；节奏不能太快，音量不宜太大，不要有突然的巨响。音乐胎教时间以10～15分钟为宜。

## 14. 忌用高频的胎教音乐

作为胎教音乐，要求在频率、节奏、力度和频响范围等方面，应尽可能与宫内胎音合拍。有专家指出，若频率过高会损害胎儿内耳螺旋器基底膜，使其出生后听不到高频声音；节奏过强、力度过大的音乐，会导致听力下降。

为了避免高频声音对胎宝宝的伤害，胎教音乐中2000赫兹以上的高频声音应低到听不到的程度，这样对胎宝宝才比较安全。在国内市场上出售的某些劣质胎教音乐，有的音频最高达到5000赫兹以上，这会损伤胎宝宝的大脑和听觉，严重者甚至会造成失聪。

还有很多准妈妈进行音乐胎教时，喜欢把录音机、收音机等放在肚皮上，让胎宝

宝自己听音乐。这也是一种错误的做法，因为此时胎宝宝的耳蜗虽说发育趋于成熟，但还是很稚嫩，尤其是内耳基底膜上面的短纤维极为娇嫩，如果受到高频声音的刺激，很容易遭到不可逆性损伤。

因此，准妈妈在选择胎教音乐时，不是听一听音乐是否好听，而是看它是否经过了医学、声学的测试；在进行音乐胎教时要采取正确的方法。只有完全符合听觉生理要求的胎教音乐和正确的胎教方法才能真正起到开发智力、促进健康的作用。

 ## 15. 对话胎教：为宝宝打好语言的基础

准妈妈和准爸爸用文明、礼貌、富有感情的语言，有目的地对子宫中的胎宝宝讲话，给胎宝宝的大脑新皮质输入最初的语言印记，为后天的学习打下基础，称为对话胎教。

人类的大脑皮质特别发达，有别于其他的动物。大脑皮质是用来学习知识和进行精神活动的，人的一生大脑可储存1000万亿个信息单位。对胎宝宝进行对话胎教，是一种有益的教育手段，能够提高胎宝宝的语言和智力发育，使胎宝宝出生后在语言和智力方面更加优秀。

同时，对话胎教还可加强母子、父子间的沟通，增进母子、父子间的感情。身处准妈妈腹中的胎宝宝，需要父母通过语言的沟通来交流情感。通过这种沟通，胎宝宝会习惯父母的声音，从而形成一种持续的对父母的依赖感和亲切感。有实验表明，经常与胎宝宝进行沟通的准妈妈在宝宝出生后能明显感觉到宝宝对自己的依赖，而且，接受过对话胎教的宝宝将来智力和语言能力以及性格的发展都比没有受过语言胎教的宝宝强。

因此准妈妈和准爸爸应该经常和胎宝宝聊聊天。由于对话胎教能够将父母的情绪、思想、语言传达给腹中的胎宝宝，所以，建议准妈妈准爸爸多思考、多学习、多用好的语言和胎宝宝对话，这样才能让对话胎教发挥良好的作用。

 ## 16. 什么时候开始和宝宝对话

在怀孕初期就可以开始实施语言胎教了。到了第4个月，胎宝宝大脑发育进入高峰期；第5个月时，胎宝宝有了听觉的发展，能听到外界的声音，此时是进行对

话胎教的最佳时期。

怀孕5个月左右的时候，胎宝宝已逐渐具备听觉功能。准妈妈的声音可以传递给胎宝宝，且胸腔的振动对胎宝宝也会产生影响，所以准妈妈要特别注意自己说话的音调、语气和用词。准爸爸也需要参与到对话胎教中来，因为男性的低音较易传入子宫内，不仅可带给胎宝宝正面良善的刺激，还能增加夫妻感情，把父母的爱共同传递给胎宝宝，这对胎宝宝的情感发育有莫大帮助。

怀孕第8个月直至生产前，是给胎宝宝阅读故事的最佳时机。医学研究发现，胎宝宝的意识萌芽大约发生在怀孕第7～8个月的时候，此时胎宝宝的脑神经已经发育到几乎与新生儿相当的水平，一旦捕捉到外界的讯息，就会通过神经管将它传达到胎儿身体的各个部位。因此，在孕晚期，准爸爸准妈妈应多读一些故事和儿歌给胎宝宝听。

## 17. 怎样和宝宝对话

胎宝宝具有辨别各种声音并能作出相应反应的能力，准爸爸准妈妈应抓住这一时机经常和胎宝宝对对话，这样不仅可以促进宝宝的智力开发和语言发育，而且有助于胎宝宝一出生就能立刻识别出父母的声音。对于宝宝来说，刚刚来到一个完全陌生的世界就能听到自己所熟悉的声音，是一种莫大的安慰和快乐，这有助于消除环境突然改变而给他带来的紧张与不安。

和胎宝宝的对话方式主要分为聊天和讲故事两种。准爸爸和准妈妈要经常性地跟胎宝宝聊天，而且聊天时的语言最好是日常用语。日常用语比较简单易行，而且这种聊天是在准妈妈情绪较为轻松愉快的情形下进行的，能使准妈妈把周围事物的感受告诉胎宝宝，形成最直接的爱的交流。

准爸爸和准妈妈还可以将生活中的一些有趣的事或者小故事讲给胎宝宝听，也可以分阶段、分层次、像上课一样定时定点给胎宝宝讲故事。讲故事不仅能加强准妈妈与胎宝宝的沟通，还能给胎宝宝灌输一定的知识。

对话胎教是一项长期的工作，需要在日常生活中逐渐积累和展开，以增加胎宝宝对父母的依赖和对语言的感受能力。因此，在胎教过程中，准妈妈准爸爸要有耐心，坚持每天进行，切莫半途而废。

## 18. 抚摸胎教：培养宝宝的好性格

抚摸胎教指的是有意识、有规律、有计划性地抚摸胎宝宝，以促进胎宝宝的感觉系统良好健康发育。

科学研究发现，人类皮肤上涵盖着丰富的神经末梢。这些神经末梢非常敏感，能极大程度上帮助人体对外界刺激作出反应。经常进行抚摸胎教，可以促使胎宝宝接受外界刺激的敏感性，避免受到突如其来的损害。从胚胎的发育来看，皮肤和神经系统都是起源于外胚层的，胎宝宝在皮肤发育的同时，神经系统也在发育着。准妈妈准爸爸可以通过适当地对胎宝宝进行爱抚和拍打等动作刺激，配合声音与子宫中的胎宝宝沟通信息，这样可以给胎宝宝带来安全感，促进胎宝宝健康成长，使其感到舒服和愉快。

抚摸胎教可以安排在怀孕20周后，每天晚上睡前进行，或根据准妈妈准爸爸的工作时间而定，但最好能够定时。在抚摸时，动作要轻柔有频率，注意胎宝宝的反应类型和反应的速度。如果胎宝宝不喜欢抚摸的刺激，就会用力地挣脱或踢蹬腿。这时，父母就应该停止抚摸。如果胎宝宝在受到抚摸后，过了很久才轻轻蠕动表示回应，那就表示他喜欢父母的抚摸，父母也可以放心地继续抚摸了。

## 19. 抚摸胎教应该如何做

抚摸胎教通常在怀孕20周后正式进行，这与胎动出现的时间相吻合。

在进行抚摸胎教时，准妈妈先排空小便，仰卧在床上，全身放松，双手轻放在胎儿头上，也可将上身垫高，采取半仰卧姿势。将双手手指放在腹部，从上到下、从左到右轻轻触摸胎宝宝；也可将双手稍稍握成拳，轻轻地叩击自己的腹部。当准妈妈感受到胎动时，要用手轻轻地触压胎动的具体部位，以此达到刺激胎动的目的。

在进行抚摸胎教时，要注意胎宝宝的反应。胎宝宝的反应速度也有快有慢，他受到抚摸后，过一会儿就轻轻蠕动作出反应，这种情况可以继续抚摸，持续几分钟再停止，或改用语言、音乐的方法。如果胎宝宝对抚摸刺激不高兴，就有可能用力挣扎或者蹬腿，这时应马上停止抚摸。

抚摸胎儿的时间，以5～10分钟为宜，一般早晚各一次，要选择在胎宝宝精神状态良好时进行，在傍晚胎动频繁的时候，准爸爸也可以协助准妈妈来完成。

## 20. 准爸爸是抚摸胎教的好帮手

抚摸胎教不仅让胎宝宝感受到父母的关爱，还能使准妈妈身心放松、精神愉快，也加深了一家人的感情，所以，抚摸胎教中准爸爸参与显得尤为重要。

胎宝宝非常喜欢准爸爸的抚摸，所以在整个抚摸胎教的过程中，准爸爸一定要参加进来。准爸爸可以经常隔着肚皮轻轻地抚摸胎宝宝，并协助准妈妈让胎宝宝进行一些宫内运动，最好是一边抚摸一边与胎宝宝说话，同时告诉宝宝是爸爸在抚摸他。准爸爸还可以加入到亲子游戏中，一家人一起玩游戏，一定会乐趣无穷，也会让胎宝宝充分地感受到家的温馨。

当胎宝宝的活动过于激烈让准妈妈感觉有些难以忍受时，准爸爸可一边隔着肚皮轻抚胎宝宝，一边和胎宝宝说说话，告诉胎宝宝要乖一些。胎宝宝喜欢听男低音，爸爸的话可以安抚他的情绪。

## 21. 触压、拍打胎教：增强宝宝的肢体力量

在怀孕4个月以后，在抚摸的基础上可以对胎宝宝进行轻轻地触压拍打练习。准妈妈平卧在床上，放松腹部，先用手在腹部从上至下、从左至右来回抚摸，并用手指轻轻按下再抬起，然后轻轻做一些按压和拍打动作，给胎宝宝以触觉刺激。一般坚持几个星期后胎宝宝会有所反应，如身体轻轻蠕动、手脚转动等。

开始时每次5分钟，等胎宝宝作出反应后，每次5～10分钟。按压拍打胎宝宝时动作一定要轻柔。注意怀孕3个月以内和临近产期或有早期宫缩者不宜进行触压、拍打练习。

在怀孕24周以后，在准妈妈的腹部可以明显地触摸到胎宝宝的头、背和肢体。自此时开始，每晚可让准妈妈平卧床上，腹部保持放松，使胎宝宝在"子宫内散步"、做"宫内体操"。这样反复地锻炼，可以使胎宝宝建立起有效的条件反射，

并增强肢体肌肉的力量。经过锻炼的胎宝宝出生后肢体的肌肉强健，抬头、翻身、坐、爬、行走等动作都比较早。但要记住一旦胎宝宝出现踢蹬不安时，便应立即停止刺激，并轻轻抚摩他，以免发生意外。

## 22. 运动胎教：促进宝宝大脑和肌肉的健康发育

运动胎教一方面是指准妈妈进行适当的运动，促进胎宝宝大脑及肌肉的健康发育，并且保证正常的妊娠及顺利分娩；另一方面是适当地对胎宝宝进行运动刺激和训练，促进胎宝宝的身心发育。

对于准妈妈来说，适当的运动对孕期生活和自身的健康都是有很大帮助的。如果准妈妈气血旺盛、身体好，那么胎宝宝就会得到充足的营养，健康茁壮地成长。准妈妈适当活动，可以让准妈妈接触到新鲜的空气，给自己和胎宝宝一个健康的呼吸环境，能够更快、更好地调理身体，缓解孕期不适。此外，适当活动还有助于准妈妈子宫的弹性增加，腰腿部的肌肉弹性和耐受能力都得到增强，对顺利分娩十分有用。

从怀孕初期准妈妈就可以开始进行运动胎教了。准妈妈选择运动方式要以"缓、慢"为主，最好的运动方式是步行。针对胎宝宝的运动胎教主要是指抚触，这种抚触从第4个月就可以开始了，但要注意的是手法轻柔、循序渐进，每次时间最多不要超过10分钟，否则将适得其反。

## 23. 光照胎教：促进宝宝的视网膜发育

光照胎教法是用手电筒的微光作为光源，通过对胎宝宝进行刺激，训练胎宝宝视觉功能，帮助其形成昼夜周期节律的胎教法。

从怀孕的第7个月起，胎宝宝就具备了视觉能力，对光亮有所察觉了，当用手电筒照射准妈妈的腹部时，有的胎宝宝会躲闪，有的会做眨眼的动作，这些都表明胎宝宝对光照已经有了反应。光照胎教能够促进胎宝宝视觉功能的发育和建立，光能通过视神经刺激大脑的视觉中枢。光照胎教成功的宝宝，出生之后视觉异常敏锐、协调，记忆力和专注力都很好。所以，在胎教中不可以忽视光照胎教这种方式。

光照胎教法最好从孕24周开始实施，用手电筒即可。准妈妈每天定时用手电筒微光紧贴腹壁反复关闭、开启手电筒，一闪一灭照射胎宝宝的头部位置，每次持续5分钟。手电筒的光亮度比较合适，不要用强光照射，而且时间也不宜过长。需要注意的是，光照胎教还是要配合宝宝的作息时间，要在胎动明显时，即宝宝醒着的时候做光照胎教，不要在宝宝睡觉时进行光照胎教。

## 24. 美育胎教：为宝宝埋下艺术的种子

美育胎教就是准妈妈对胎宝宝进行美学培养，主要是通过准妈妈在欣赏美、追求美以及把握美的过程中，获得美的感受，并通过神经传导输送给胎宝宝。

美育胎教主要包括自然美育和生活美育，以享受自然与生活中的美为主。自然美育是指准妈妈经常性地欣赏大自然的美丽景色，然后将对大自然的热爱经过"提炼"之后传递给胎宝宝，能促进胎宝宝大脑神经系统的发育，促使胎宝宝在腹中也能得到大自然美妙景色的熏陶。此外，准妈妈经常走入大自然，呼吸自然界的新鲜空气，非常有利于胎宝宝的大脑发育成长。生活美育是指准妈妈要注意自身修养，注意个人的言行举止。除了要精神焕发、着装整洁、举止得体外，更要充实自己的精神生活。多听音乐、多看书、多欣赏美术作品等，以此来丰富个人的内涵，陶冶自己的情操。通过准妈妈得体的举止，胎宝宝也能受到良好的熏陶，对出生后的成长生活有积极的正面影响。

从怀孕第4个月开始就可以系统进行美育胎教了，不过并不拘泥于这个时间，因为美育胎教对于准妈妈自身的修养和情绪调节也是很有好处的，可以从孕早期就开始进行。

## 25. 情绪胎教：为宝宝的心灵注入能量

情绪胎教，是通过对准妈妈的情绪进行调节，使之忘掉烦恼和忧虑，创造清新的氛围及和谐的心境，通过神经递质作用，促使胎宝宝的大脑得以良好的发育。

准妈妈的情绪与胎宝宝的发育有着密切关系。准妈妈在孕期的情绪好坏决定着母子关系的和谐与否，以及宝宝后天心理素质及心理健康与否。和谐的家庭氛围，

愉快的心情能使受精卵愉快地发育成长，宝宝出生后更聪明。反之，则不仅会影响胎宝宝的健康，还会对出生后的宝宝性格和智力产生不良影响。准妈妈的情绪直接影响内分泌物质的种类和数量，情绪紧张或者应激状态下，体内一种叫作乙酰胆碱的化学物质就会增加释放量，促进肾上腺皮质激素分泌增多。准妈妈体内的这种激素会随血样进入胎盘，对胎宝宝的组织产生破坏。胎宝宝形成的前几个月，准妈妈如果情绪波动厉害，精神紧张，极易引发胎宝宝的畸形。

怀孕期间的身体变化和妊娠反应容易造成准妈妈情绪波动，这时要及时进行调节，排除不良情绪。准妈妈一旦感到紧张或者焦虑，可以先做个深呼吸，到户外去散散步，或者做一些有趣的事情来转移注意力，让自己的心情恢复平静。还可以经常和准爸爸聊聊天，讨论一下小宝宝出生后的样子，多观察周围出生的小宝宝的情况等。准爸爸也要多多关心妻子，夫妻互相包容和支持，携手共建一个温馨和谐的家庭，是缓解孕期不良情绪最有效的办法。

##  26. 营养胎教：让宝宝有个好体质

营养胎教主要是根据准妈妈和胎宝宝的不同变化，补充相应的必需营养，以保证准妈妈饮食规律，食物丰富，营养全面。

营养补充是孕期开始要着重注意的，胎宝宝成长所需的营养都是要靠母体来提供的，因此准妈妈一定要科学合理地膳食，全方位地加强营养，给胎宝宝的健康成长打下坚实基础。

孕早期即怀孕的前三个月，胎宝宝的各种器官正处于分化形成阶段，此时胎宝宝成长速度还不太显著，所需的热量和营养物质较少，准妈妈只要注意多吃高蛋白、易消化、少油腻的食物就可以了，不用急于补充太多的特殊营养成分。从怀孕中期以后，胎宝宝迅速成长，准妈妈的身体代谢速度也加快了，对营养需求量大幅度增高。因此在孕中期和孕晚期时准妈妈需要蛋白质、维生素、碳水化合物、矿物质等丰富的营养物质。多吃一些蛋类、奶类、肉类、五谷杂粮、蔬菜水果，以保证胎宝宝的健康发育。

在进行营养胎教时，准妈妈要注意少食多餐，不要吃得太饱，少吃盐、油腻和辛辣刺激性食物，不宜多吃罐头食品和味精。

## 27. 各国流行胎教法

胎教在我国于西周时期就已经出现了，而国外的胎教研究也一直未停止过，很多国家都有专门的胎教方法。无数研究成果让我们对胎宝宝的未来充满希望。

日本索尼艺术会和幼儿开发协会举办了"0岁胎儿音乐会"，即胎教音乐会，目的是让胎宝宝在妈妈的肚子中能听到外界优雅的音乐。日本著名学者阿部顺一教授主持了"英才制造工程试验"，对127名准妈妈进行胎教指导，结果她们所生的宝宝中71%智力超常，他所编写的《英才之路》一书引起了世界各国的广泛关注。

英国心理学研究员奥德斯从胎宝宝能分辨不同音乐这个角度做了实验，发现一些胎宝宝很喜欢华尔兹的悦耳动听，心跳会随着音乐加快；另一些胎宝宝则并不如此。研究人员由此得出结论：胎宝宝会对某种音乐产生喜欢或者讨厌的感觉。两年后，胎宝宝对华尔兹有反应的那些宝宝的妈妈报告：她们的宝宝很柔和。

美国早在1977年就创办了专门的对孕妇进行胎教训练的学校。学校采用系统的对胎宝宝说话、放音乐、在孕妇腹部进行适当按摩并拍打肚皮等方式，促进胎宝宝听觉与触觉的神经发育。学校的专家介绍，接受过胎教指导出生的宝宝大多与众不同。有些宝宝一出生，就会用手轻轻拍打妈妈的脸，有的宝宝4岁就能掌握2种语言。

20世纪70年代，超声波技术广泛应用于妇产科临床后，使人们对胎宝宝在子宫内的活动了解得更加清楚了。各国学者利用B超观察胎宝宝在接受外界各种信号刺激以后的反应，从而更加科学地证明了胎教的作用。

## 28. 可能会对宝宝造成伤害的胎教方法

正确的胎教会让胎宝宝发育得更健康，大脑变得更聪明。但是如果胎教方法不得当的话，有可能适得其反。以下是几种常见的错误胎教方法，需要引起准妈妈准爸爸的注意。

1. 语言不得体

有些准妈妈不注意自己的言行举止，经常说粗话、责骂他人，这样会造成胎宝宝

不安和烦躁。胎宝宝出生以后会变得神经质，甚至会反感和敌视语言。

2. 噪声

噪声会紊乱准妈妈内分泌腺体的功能，使脑垂体分泌的催产激素过剩，从而引起子宫强烈收缩，造成流产或早产。准妈妈要远离周围的噪声，尽量不受噪声的影响，切忌收听震耳欲聋的音响。

3. 不合理的运动胎教

运动是有效的胎教方式，但不能不合理的运动。和胎宝宝做运动联络时，要轻轻爱抚胎宝宝，适合的频率是每天2~4次，有时胎宝宝会懒得理准妈妈，遇到这种情况准妈妈就要耐心等待胎宝宝的回应，不急于求成。做运动胎教时，动作不能过大过猛。

4. 不良情绪

如果准妈妈精神紧张，情绪不定，喜怒无常，使体内的激素分泌异常，会危害胎宝宝的大脑发育。因此，准妈妈要格外注意自己的情绪，尽量保持心情愉悦，情绪稳定，这样会有利于胎宝宝出生后形成良好性情。

##  29. 避免胎教的误区

很多人对胎教的理解有一些常见的误区，比如认为世界名曲都适合胎教，觉得胎教可随时随地进行等。今天我们把几个常见的误区一一解开，以便引起准妈妈准爸爸的注意。

误区一：拍打"胎教"？

在某些时候，胎宝宝会踢准妈妈的肚子，对此，一些人建议准妈妈可轻轻地拍打被踢中的部位，然后等待胎宝宝的第二次踢肚，如果胎宝宝再次踢打了，准妈妈就再拍打。其实胎动并不都是胎宝宝要和准妈妈做游戏，他可能仅仅是伸个懒腰、换个姿势等。这时候，如果对他进行拍打了，可能会引起他的不安或者烦躁，并不能起到胎教的作用。

误区二：世界名曲都适合胎教？

胎教的目的是使婴儿更聪明，更健康，因此，很多人认为多给胎宝宝听一些世界名曲，必将提高胎宝宝的艺术气息，增强对音乐的领悟能力。殊不知不加选择地给胎宝宝听音乐会对发育造成损害。并不是所有的名家音乐都对胎宝宝有益，胎教中的音

乐还是要因人而异，开始时可以选一些舒缓、明快的乐曲，然后根据胎宝宝的反应再选择一些胎宝宝感觉比较适合的乐曲来播放，这样才能起到促进宝宝发育的作用。

误区三：胎教可以随时随地进行？

一些准妈妈由于工作原因或者生活习惯原因，会不太注意胎宝宝的作息规律，而只根据自己的生活习惯随时或者不定时地对胎宝宝进行胎教。其实，胎教的过程是很严谨的过程，准妈妈一定要根据胎宝宝的作息规律来进行胎教，万不可想起来就胎教，或者一闲下来就胎教。胎教的进行最好定时定量，同时要有规律性，这样才可以使胎宝宝养成良好的习惯，同时更有益于胎宝宝对母亲的信赖。

# 孕1月：开启孕育生命的旅程

## 30. 准妈妈的变化

在怀孕的第1个月内，很多女性由于没有明显的妊娠症状，不知道自己已经怀孕了，因此敏锐的察觉自己身体的变化是非常必要的。刚刚怀孕的女性会有一些类似于感冒的症状：身体无力疲乏、发热、畏寒、困倦和呼吸加快等。如果是准备怀孕的准妈妈，当身体出现这些信号的时候，就一定要想到怀孕的可能，先去做一个早孕测试，看是否已经有个小生命来到你的身体里了。

如果确认怀孕了，那么就说明一些小小的变化正在准妈妈的身体里悄悄进行着。子宫开始增大、变软，逐渐演化成球形，足月时，子宫容积会比孕前增加千倍左右。怀孕可使子宫血管变粗，弹性增加，子宫颈变软，呈蓝紫色。受雌性激素的影响，乳房会明显增大，乳晕颜色变深，乳腺管及腺泡发生增生。阴道黏膜也会逐渐增生、变厚、充血，阴道壁组织松软，伸展性强。怀孕后，由于胎宝宝每天都在长大，氧气的需要量会大大增加，因此，准妈妈的呼吸频率会比以前加快，少数准妈妈还会感到憋气、胸闷、神不清气不爽。此时准妈妈不要轻易接触X线检查，也不要进行剧烈的体育运动。

## 31. 胎宝宝的变化

精子和卵子成功结合后，胎宝宝就开始在准妈妈的体内成长了。

在怀孕的第1个月，胎宝宝要完成从受精、卵裂、胚泡形成、植入到着床的整个过程。这个阶段的胎宝宝被称为胚芽。在怀孕的第3周，胚芽相当于针尖大小，只是一个细胞群。怀孕4周后，胚胎只不过刚刚发育了2个星期，最多只有0.1厘米长。这个时候，植入子宫内膜的胚泡更加深入子宫内膜，逐步形成羊膜腔，胎盘也在这个时候开始发育。此时胎宝宝颈部尚未形成，头直接与身体相连，拖着长长的尾巴，就像小海马一样，心和肝脏也就从这个时候开始发育。

卵子受精后约1周，胎宝宝的大脑就开始发育了。此时受精卵以惊人的速度不断分裂，其中的一部分形成大脑，其他部分则形成神经组织。

在第3周末的时候，胎宝宝的神经板块已经形成，到第4周的时候，就开始逐渐形成前脑、中脑和后脑。前脑逐渐发育成大脑半球，中脑逐渐发育成动眼神经核、滑车神经核和脊髓束等，后脑则逐渐形成小脑、脑桥、延髓和运动神经等。

## 32. 本月胎教要点

刚刚晋升为准妈妈对每一个期待做母亲的女性来讲都是世界上最快乐的事情。在这个阶段的胎教中，平稳的情绪是良好母体环境的基础。准妈妈要尽量保持不急不躁、不愤怒、不郁闷，心情平和。要时时提醒自己：我快乐，宝宝才能快乐。

从确定自己怀孕开始，准妈妈就要调整饮食习惯了，吃饭要定时定量，多吃些豆制品、蛋奶类、水果蔬菜来补充蛋白质、维生素和叶酸。身体易疲劳是孕初的正常反应。准妈妈要及时补充营养物质，在上午和下午补充一些干果和小点心可以帮助你保持一个好的精神状态。由于怀孕引起体内激素的改变，很多准妈妈在怀孕一个月后都会出现不同程度的早孕反应，而强健的肠胃更能及早适应孕期的激素变化，缓解早孕反应。所以从现在开始准妈妈要更好地调理自己的肠胃。

同时，准妈妈要多注意活动身体，调节自己的体质。工作累了就多活动一下手腕、脚腕，动动脖子伸伸腿，有空可以适当散散步。在运动时要注意动作舒缓，并注意保暖，以免着凉感冒。

## 33. 营养胎教：健康宝宝需要好营养

怀孕初期，打好营养基础是营养胎教的关键。胎宝宝此时已经进入细胞分化、器官形成的阶段，脑和神经的发育尤为快速，同时又是准妈妈生理变化的适应期，

母体会有呕吐等早孕反应。因此，这一时期适宜的饮食和营养对准妈妈的健康和胎宝宝的发育都至关重要。

早期的胚胎发育离不开氨基酸，氨基酸不足会引起胎宝宝生长缓慢和身体过小，甚至畸形，因此准妈妈每日应摄取40克的蛋白质才能维持母体的需要。对于胎宝宝发育来讲，另外一种不可缺的营养素就是叶酸，在整个孕早期，叶酸对于预防宝宝神经管畸形起着很重要的作用。叶酸的补充最好在怀孕前1个月到怀孕后3个月期间，怀孕前就保证叶酸维持在一定的水平，可以保证胚胎早期有一个较好的叶酸营养状态。一般每天服用0.4～0.8毫克的叶酸增补剂就可以有效预防胎宝宝神经管畸形的发生。服用叶酸增补剂最好在医生的指导下进行，如果服用多种维生素更好，其中会含有孕妇所需的叶酸，还有人体必需的维生素和矿物质。

一些较为敏感的准妈妈在孕期的开始就出现了妊娠的反应，这时要多吃一些含水分较多的食物，常见的各种水果、新鲜的蔬菜等等都是好的选择。此外，平常可以多喝些柠檬汁、酸奶等酸味饮料，或吃一些醋拌凉菜等酸味食品，这些食物有助于增进食欲，缓解怀孕带来的不适。

##  34. 运动胎教：散步和瑜伽是最适合准妈妈的运动

散步、瑜伽和游泳都被认为是释放身心压力、保养卵巢及增加骨密度的重要方式。本阶段准妈妈不妨进行一些相关的运动，对于自己和胎宝宝都有非常大的益处。

准妈妈可以在有空的时候外出散散步，这样不仅能改善机体神经系统功能和肺部的换气功能，还可以加速组织氧化还原的过程，促进新陈代谢，提高自身免疫力，也能使胎宝宝的血氧增多，利于优生。外出散步时，尽量选择空气环境好、阳关充足的时间和地方，步行时间最好在半个小时左右。

有兴趣的准妈妈还可以学习瑜伽仰卧放松功。具体做法是：仰卧在垫子上面，两臂放在身体两侧，掌心朝上放置。两脚自然地放在地上，轻轻闭上双眼，放松身体，平静而自然地呼吸，意守自己的呼吸。这个动作每次做1～2分钟就可以了，它能够消除人的紧张情绪，使全身恢复能量。做过这个动作之后，准妈妈会感到全身心的放松，有助于身体的健康和心情的愉悦。

虽然运动对准妈妈和胎宝宝均有益处，但本阶段的准妈妈不宜进行大量运动，否则会有流产的危险。

## 35.情绪胎教：准妈妈的情绪会影响到胎宝宝

准妈妈的情绪可以通过神经递质的作用影响到胎宝宝，当准妈妈无忧无虑、心情愉悦时，这种良好的情绪会促进胎宝宝大脑的发育，使他将来有较高的智商，而如果准妈妈情绪低落、暴躁易怒，将对胎宝宝处于敏感情绪的神经系统发育不利。

虽然本阶段胎宝宝还小，但也会受到准妈妈情绪的影响。所以准妈妈要注意控制自己的情绪，不要让不良情绪影响胎宝宝的成长。当心情不好的时候，准妈妈可以听一些优美舒缓的音乐来平复心情；还可以看一些轻松搞笑的节目，读一则小笑话来调适心情。平时可多欣赏自然风景，多做一些深呼吸，寻找一种适合自己的休闲娱乐方式，以疏导不良情绪。

此外，夫妻间感情和睦也是影响到准妈妈情绪的重要因素，这一阶段准爸爸要多关心一下妻子。对于胎宝宝的来临，准爸爸应该表现出由衷的喜悦和期待，并且把这种期待传递给准妈妈，让她也感受到被爱的感觉。同时，由于孕期的到来，夫妻双方在心理和财政上的压力都会自然来到，有一些不安和恐惧是很正常的。因此，准妈妈和准爸爸不要隐瞒自己的不安和不快，应该相互鼓励，共同分享这些心理上的压力，面对现实。

## 36.行为胎教：改掉生活中的不良小习惯

在怀孕期间，鉴于身体变化和为了胎宝宝健康的考虑，准妈妈在日常生活中需要做一些防护措施，改掉一些小习惯。

很多女性都喜欢用电吹风来吹干头发，然而，准妈妈使用电吹风不利于健康和优生。因为当电流通过电线时会形成磁场，而电磁场的微波辐射有损人体健康，容易使人产生头痛、头晕、精神不振等症状。同时电吹风吹起的空气中的灰尘微粒，可通过准妈妈的呼吸道及皮肤进入血液，又会经胎盘血液循环进入胎宝宝体内，诱发胎儿畸形。因此准妈妈平时应该尽量不用电吹风吹头发。

受到怀孕的影响，准妈妈体内激素的分泌增加了。再加上日晒的缘故，极易刺

激黑色素的生成及沉淀，进而形成黑斑、雀斑。对此，最佳的预防措施就是避免直接被阳光照射，其次是使用高效、能防紫外线的基础化妆品。若因晒伤而引起皮肤发热，千万不要以湿布或按摩方式触摸肌肤，要以清水轻拍脸部，便能缓解状况。而在晒伤未痊愈之前，只要做脸部基础保养即可，千万不要给肌肤太多的负荷。

##  37.环境胎教：营造安全温馨的居家环境

怀孕的过程中，居住环境会对准妈妈和胎宝宝造成重要的影响。安全温馨的家居环境对母子的身心健康是十分有利的。

怀孕期间要居住在温度适中、采光好的房间里。适当的阳光照射对准妈妈的身体健康和胎宝宝视力及身体机能的发育都是有好处的。如果居住的房子过于阴暗，阳光难以照射进来，准妈妈和胎宝宝就会因接触不到足够的阳光而影响钙质的吸收，从而影响胎宝宝的骨骼发育。因此，保持充足的阳光照射是很重要的。如果住房条件无法改善，那么就尽可能地把窗户玻璃擦拭干净，增加房屋的照明度，让阳光尽可能多进屋，给准妈妈和胎宝宝一点明亮和温暖。

在家里，准妈妈要尽量把可能绊脚的物品放置在一个隐蔽的地方，免得自己不小心被绊倒，造成流产。那些经常使用的物品，可以放在站立起来方便取放的地方，以便随时需要。把你的晾衣架或者晒衣绳适当的调低一点，加长灯绳；在卫生间或者其他一些容易滑倒的地方加放防滑垫；在马桶附近安装一些扶手，方便孕晚期的行动。总之，要合理地摆放居室的物品，做到物归其位，给自己和胎宝宝一个安全、温馨的居住环境。

# 孕2月：我的胎教听我的

## 38. 准妈妈的变化

到了孕2月，大部分准妈妈已经知道自己怀孕了。头晕、乏力、嗜睡、流涎、恶心、呕吐、喜食酸性食物、厌油腻等早孕反应表现明显。多数孕妇会有尿频、乳房增大、乳房胀痛、腰腹部酸胀等症状，有人还会感觉到身体发热。

这时期，准妈妈子宫增大，大小如鹅蛋，小腹部尚看不出有什么变化。由于怀孕激素分泌的关系，血液会向着骨盆周围集中，刺激到膀胱，同时子宫会逐渐变大，对膀胱造成压迫，准妈妈时常会感觉到腹部疼痛、尿频，更能明显地体会到"害喜"的滋味。此时，子宫内部变得十分柔软，阴道壁和子宫颈因为充血而变得更加柔软，呈现紫蓝色。子宫在成长的时候，准妈妈可能会感到有些痉挛，某些时候还会有瞬间的剧痛感。

此时准妈妈的身体在为胎宝宝的发育而辛苦地工作，母体要负担准妈妈和胎宝宝两个人的生理活动，身体的负荷会比较重，因此准妈妈会时常感觉困倦、慵懒，这是正常的生理现象，是身体的自我保护，不用过度担心。

## 39. 胎宝宝的变化

孕2月开始，胎宝宝进入胚胎器官高度分化和形成的时期。胚芽进一步发育，至7周末，胚芽重量约为4克，长约2～3厘米。长尾巴逐渐变短，头和躯体的区别渐清晰，大体上有人的轮廓了。

胎宝宝的心脏已经开始划分出心室，并进行有规律的跳动及开始供血，细胞不停

地分裂。主要器官包括肾和心脏的雏形都已发育，神经管开始连接大脑和脊髓。胚胎的器官已经开始有明显的特征，手指和脚趾间看上去有少量的蹼状物。这时胚胎像跳动的豆子一样开始有运动。胎宝宝的眼睑开始出现褶皱，鼻子也开始挺起，牙和腭开始发育，耳朵也在成形，小胳膊在肘部的位置变得弯曲，生殖腺和生殖器正在构建；骨骼还没有形成，暂且由肝脏来产生许多的红细胞，直到骨骼成熟后来接管它的工作。胎宝宝的胎盘和脐带都已形成，有了明显的轮廓，用肉眼可以分辨出头、身体和手脚。此时他已经可以做一些简单的小动作，如踢腿、伸腿、抬手、移动手臂了。

## 40. 本月胎教要点

孕2月的时候胎宝宝的听觉器官已经开始发育，而且神经系统也已初步形成，尽管发育得还很不成熟，但已具备了可以接受练习的最基本条件。从现在开始准妈妈就可以对其进行音乐胎教了。多放一些优美、柔和的乐曲。每天放1～2次，每次放5～10分钟。这不仅可以激发准妈妈愉快的情绪，也可以给胎宝宝的听觉以适应性的刺激作用，为进一步实施的音乐胎教和听觉胎教开个好头。

本月中，胎宝宝的身体继续发育，是发育生长的关键期，对母体环境的需求要求很高。因此，准妈妈一定要保持情绪的稳定和心情的愉悦，切忌大喜大悲。一些准妈妈因为意外受孕，会有各种各样的担心，如喝了酒、吃了什么药物等，担心这些会影响肚子里的胎宝宝。一般情况下，一两次不小心饮了酒，只要量不大，就没太大关系，而药物在受精卵着床之前也不会有什么麻烦的，而具体吃的是什么药，对胎儿有没有影响，则一定要咨询医生，不要自己在家乱担心。

此时准妈妈的身体激素水平有所改变，肠道蠕动功能会变差，容易出现便秘现象，因此准妈妈可以选择多吃些麦麸、红豆、红薯、芋头等富含膳食纤维的食物来预防和缓解便秘。

## 41. 营养胎教：准妈妈要尽量多吃一些食物

孕2月，准妈妈的妊娠反应会逐渐加重，出现呕吐、恶心、食欲下降等状况。这会影响到准妈妈的进食和营养素的摄取，严重的会破坏准妈妈的健康和妨碍胎宝宝发育。因此这一时期准妈妈要争取多吃一点，尽量克服因为呕吐而拒食。为了自己的身体，也为了胎宝宝，准妈妈可以想吃什么就吃什么，能够吃多少就吃多少。

在多吃的基础上，还要注意对钾的补充，多吃含钾多的食物，例如香蕉、苹果、豆制品和海产品等等。为了增进食欲，准妈妈的食物中可以多增添一些香料，使食物略有刺激性，这样可改善食欲不佳的状况。孕吐的时间多在早晨起床或者傍晚，准妈妈可以采取少食多餐的方法，不拘泥于一日三餐的规定。清晨可吃一些零食，晚上可准备一些容易消化的清淡食品，多吃些水果和蔬菜。清晨起床前先喝一杯白开水再将食物吃下去，稍微躺一会儿再起床，有利于减轻呕吐。还应适当服用维生素C，防止体内酸中毒。

 ## 42. 运动胎教：科学测量运动强度

对于腹中怀有宝宝的准妈妈来说，做运动时难免会考虑到自己和腹内宝宝的安全。那么，运动进行到什么程度才算是合适的呢？对这个问题，不同的人回答是不同的。比如，做同样的运动，有些人一开始做就感觉很吃力，但有些人却感觉很轻松；有些人增加运动的强度就觉得很吃力，有些人运动强度很大却仍然很轻松。对不同的运动强度，个人的感觉也各有不同。

一般来讲，测量运动强弱的较为科学的方法是以心跳数（脉搏）的多少来判断的。通常情况下，脉搏的跳动1分钟不会超过140次。如果准妈妈进行了运动锻炼，那么，在运动结束之后，可以计算一下自己手腕的脉搏，看看1分钟跳了多少次，以此来判断自己的运动是否过度。对孕期女性而言，一般提倡做柔性运动。

 ## 43. 情绪胎教：学会调整自己的情绪

在怀孕期间，准妈妈可能会为胎宝宝和自己的未来而感受到压力，这种压力会把准妈妈带入无休止的焦虑当中。孕期压力过大的话将直接影响准妈妈的安全，对胎宝宝也会产生危害。因此准妈妈应该学会一些排解压力的方法，适当调节自己的情绪。

日常生活中，准妈妈要学会合理地安排自己的时间，作息时间不超过8小时。让

自己有时间去做一些放松的事情，适时地锻炼、沉思、按摩疗法和深呼吸，甚至看书等都能够适当地缓解压力。

准妈妈还可以尝试着练习瑜伽和做按摩。瑜伽和按摩能够在较短的时间内刺激身体放松，降低血压、心率和呼吸率等。进行这样的活动能使身体释放出内啡肽和复合胺，提高准妈妈身体应付压力的能力，这意味着肌肉放松，更有能力应对身体的变化。

当自己无法调整好情绪的时候，准妈妈可以扩大支持自己的朋友和家人的范围，让自己包裹在爱的海洋里。可以帮助家人做一些轻便的家务活，寻求家人的宽慰和帮助；获取工作的老板或者同事的支持，为自己提供信息和帮助等。这样，有助于扩大生活范围，能够在众多人的帮助下找到缓解压力的办法。

 ## 44. 行为胎教：准妈妈需注意自己的言行举止

古人认为"妊娠以后，则需行坐端正、性情和悦、常处静室、多听美言，令人诵读诗书，陈奏和乐，耳不闻非言、目不视恶事，如此则生子福寿敦厚、忠孝贤明，否则生子鄙贱不寿、愚顽透顶"。由此可见，古人就已经懂得了母亲的良好言行对胎儿的影响。经过现代科学的研究，古人的这种胎教理论是很有科学性的。

美国加利福尼亚大学心理学家梅边尼克用了30年的时光研究犯罪和家庭成员的关系。他通过对1447名丹麦男性的调查发现，如果父母是经济犯罪分子，那么其孩子成为经济犯罪的可能性达到20%～24.5%；如果父母是清白公民，那么这个利率将下降13.5%。

华盛顿大学医院的精神病科医生罗伯·克洛宁格经过大量的调查得出一份报告：如果父母是罪犯，出生后男孩即使给别人抚养，长大后其犯罪的可能性仍然比普通人高四倍左右。

这些事例充分地说明：父母尤其是孕期父母的言行举止对胎宝宝的影响是很大的。因此，准妈妈一定要注意自己的言行举止，与人交流说话和气温顺、知书达理，做事有条理、讲求公正和谐，行动温文尔雅、有条不紊等。只有这样，胎宝宝才能感受到母亲的良好身教，养成良好的性格和品格。

## 45. 环境胎教：远离噪声污染

众所周知，噪声污染会给人类带来很大的危害。而噪声对于娇弱的胎宝宝更会带来不可预料的负面影响。

高分贝噪声会损坏胎宝宝的听觉器官，降低其听力。如果准妈妈在孕期内接受过85分贝以上的声音，比如重型卡车音响发出的声音，很可能会使出生后的宝宝失去敏锐的听觉。

胎宝宝的内耳耳蜗是从准妈妈怀孕的第20周起开始成长、发育的，所以，一直处于成长发育阶段的胎宝宝的内耳耳蜗，非常容易被低频率噪声损害。噪声还能影响胎宝宝体重，因为它可以打乱孕妇的正常内分泌，使其脑垂体分泌过多的催产激素，从而引起子宫收缩，导致流产、早产。还有研究发现，在噪声环境中孕育娩出的婴儿，0～3岁每年平均患病次数，比其他婴儿多2～4次。

怀孕期间理想的声音环境是，不低于10分贝，不高于35分贝。准妈妈一定要警惕噪声的影响，尽可能脱离噪声，生活在较为安静的环境当中。日常生活中，注意不要在有高分贝噪声的环境中居住、工作，要远离噪声大的工厂和人群，尽量少去机场和KTV等场所，让胎宝宝远离噪声的危害。也尽量不要听快节奏、震耳欲聋的摇滚乐，更不应该乘坐拖拉机等轰鸣声很大的车辆。

## 46. 抚摸胎教：试着爱抚一下胎宝宝

每个孩子都喜欢父母的爱抚，还未出世的胎宝宝也是如此。进行抚摸胎教，可以给胎宝宝带来安全感，还可以锻炼胎宝宝的触觉，通过触觉刺激他的神经感受外界的刺激，从而促进胎宝宝的大脑细胞发育，加快智力发育。同时，与胎宝宝的亲密接触，还可以激发胎宝宝的积极性，促进其运动神经的发育。经常受到父母爱抚的胎宝宝长大后身体更健康，对外界的刺激反应更敏锐，翻身、爬行、抓握等运动发育明显提前。在进行抚摸胎教的过程中，不仅让胎宝宝感受到父母的关爱，也使准妈妈感到愉悦又放松，加深了一家人的感情。

怀孕2个月开始，胎宝宝就在母体内活动了，但这时的活动幅度很小，准妈妈不能感知。随着妊娠月份的增加，活动幅度会越来越增大，从吞吐羊水、眨眼、咂手指、握拳，直到伸展四肢、转身、翻跟头等。一般过了孕早期，抚摸胎教就可以开始实施，准妈妈可以适当地摸索胎宝宝的头部、手脚、腰部等，与胎宝宝来一个亲密接触，这样能够使胎宝宝的手脚灵活性得到早期锻炼。

##  47. 对话胎教：准爸爸来和胎宝宝聊聊天吧

研究显示，胎宝宝在子宫内最适宜听低频率的声音，而男性的声音正是以中、低频率为主，所以胎宝宝会非常喜欢爸爸的声音。在孕期的这个阶段，胎宝宝还只是一个小小的胚胎，虽然他还听不清具体的话语，但准爸爸可以从现在起就试着和他讲话，表达自己的爱子之心，让他熟悉爸爸的声音，从而唤起胎宝宝最积极的反应。这样会有益于胎宝宝智力的发育和稳定。

在与胎宝宝进行沟通时，一般主要采用谈话的方式。准爸爸可以随便和宝宝聊一聊天，问问小宝宝在干什么呢，告诉小宝宝你和妈妈有多爱他。讲话的时候，准爸爸尽量从平静的语调开始，然后随着讲话内容的展开再逐渐地提高声音，让胎宝宝在这样有起伏的话语中感知到情绪思想的涌动。准爸爸也可以先将每天的话题构思好，提前拟定一篇小小的讲话稿。稿子的内容可以选择一首儿歌、内容简单的古诗；也可以是一段优美感人的小故事，还可以是自己工作中遇到的人和事。每天富有感情地给胎宝宝读上一小段，这有益于宝宝情感的丰富和对世界真、善、美的感知。

##  48. 音乐胎教：给宝宝初识音乐的机会

音乐是准妈妈和胎宝宝之间的桥梁，给胎宝宝放音乐听，并适当地给予良性刺激，能让胎宝宝的心率随着音乐的节律而变化，从而使胎宝宝出生后反应灵敏、语言能力强、动作协调。优美的音乐还能促进准妈妈分泌出有益于健康的激素，从而有益于胎宝宝的发育和成长。因此音乐胎教在准妈妈整个怀孕过程中起着重要的作用。

孕2月时胎宝宝的听觉器官已经开始发育，神经系统初步形成，具备了可以接受听力训练的最基本条件。因此从这个月的月末开始，准妈妈可以放一些优美、柔和的乐曲来听。每天放1～2次，每次放5～10分钟。通过舒缓、简单的节奏和韵律，来调动胎宝宝的听觉系统和审美感知的发育形成，给胎宝宝初识音乐的机会，为进一步实施音乐胎教开一个好头。

 ## 49. 美育胎教：教胎宝宝识别图片

研究调查显示，胎宝宝在准妈妈的子宫内并不是始终沉睡的、没有感知力的。他是有记忆力和感知能力的，他能够记住准妈妈反复重复的动作或者语言。因此，在孕期不断地激发胎宝宝的记忆力是非常有必要的。在本月中，准妈妈就可以经常教胎宝宝认识一些图片，通过这种美育胎教，激发胎宝宝的记忆潜能。

具体的做法是：准妈妈可以找一本有图画的书，随机翻阅并试着记住几张你喜欢的图画，然后在随机翻阅看看能不能找出它们。这样重复过几次之后，准妈妈就可以和胎宝宝一起来体会游戏的趣味性，试着掌握游戏的要领。这样等胎宝宝出生后，妈妈就可以拿着这些看过的图画再次和宝宝做游戏，看宝宝对你曾经喜欢的图画是否有不一样的表现。

这个小游戏，可以很好地开发婴幼儿的早期智力。当然对任何事物的认识都有一个过程，一般学习都是循序渐进的，根据这个规律，在教胎宝宝识别图片时也要一步一步来。不用想游戏是否真的起到了效果，只要你和胎宝宝能度过愉快的一天，就是最成功的事情。

 ## 50. 日记胎教：准妈妈要学习写怀孕日记了

从确定怀孕的那一天开始，准妈妈就可以开始写怀孕日记了。这是调整情绪、平复心情的有效办法之一。记录下自己每一天的感受变化，记录宝宝在这10个月里渐渐成长到诞生的点点滴滴，这是准妈妈对胎宝宝"爱"的记录，更是胎宝宝亲身成长的"珍贵史料"，等宝宝出生以后看到这本日记时一定会感到非常的惊奇和欣喜。

胎教日记里需要记下准妈妈每一天为胎宝宝成长所做的胎教内容、胎宝宝的反应、准爸爸和准妈妈的生活行动、重大事件和天气情况以及当天的要闻等等。胎教日记的形式也可以按照自己的喜好而定，在这里推荐使用表格形式，这样可以依照自己的实际情况列出怀孕期间每天或者定期发生的事件，如孕检备忘、运动胎教、营养胎教等，不容易漏掉一些项目或内容。胎教日记中最重要的一项是把对胎教的心得体会和各种知识记录下来，把自己愉快或不愉快的心情记录下来。这样有助于梳理思维，调整情绪，保持良好的心情。在冷静思考的过程中也能让自己变得更睿智，要知道这种好的思维方式无形中也会传递给你腹中的胎宝宝。

# 孕3月：唤醒宝宝的聪明大脑

## 51. 准妈妈的变化

孕3月时，准妈妈下腹部外观隆起仍不明显。但此时子宫底已在耻骨联合上二三横指，子宫增大如拳头大小，增大的子宫压迫周围组织，准妈妈会感到下腹部有一种压迫感，会出现脚后跟抽筋，去厕所次数明显增多的现象。

这一时期准妈妈会感受到自己身体发生的变化，乳房更加胀大，乳头和乳晕的颜色加深，腰围也增大了，需要更换更大的胸衣和宽松服装。阴道内的乳白色分泌物——白带明显增多，容易发生便秘、腹泻等症状。

孕3月的头2周，是妊娠反应最重的阶段，之后随着孕周的增加会逐渐减轻，不久将会自然消失，胃口也慢慢地好起来；第8周、第9周是准妈妈生理上最难受的时期，家人应多一些体贴关怀，帮助准妈妈努力坚持度过这一时期。这个时期已经到了妊娠反应的后半期，随着妊娠天数的增加症状开始减轻，不久就会消失。

## 52. 胎宝宝的变化

孕3月时，胎宝宝的身长约为7～9厘米，体重约为20克。这一阶段胎宝宝发育得很快，在胚胎时期的小尾巴完全消失，躯体和下肢变大，头的大小也很显眼。眼睛开始形成，长出眼皮，皮肤仍是透明的，所以从外观可看到皮下血管和内脏。鼻和嘴唇的周围以及声带、齿根开始生成，下颌和两颊开始发育，从面部特征上看与人类的脸部很相似。现在的胎宝宝已经告别了"胚胎"时代，成为了真正意义上的"胎宝宝"了。

孕3月是整个怀孕期最关键的一个时期，胎宝宝的器官系统从现在开始就渐渐地发育形成了。胃、肠、肝脏、心脏等进一步发育，肾脏也开始发育、输尿管开始生成，胎宝宝的排泄系统逐渐形成。骨骼开始逐渐骨化变硬，指甲、眉毛、头发也开始发育，手指和脚趾已经可以完全分开。脐带变长，胎宝宝可在羊水中自由活动。胎儿的性别从外观上可以清楚地辨认，内生殖器的分泌功能也逐渐体现出来，外生殖器也正在高度发育中。

##  53. 本月胎教要点

孕3月的前2周由于妊娠反应比较严重，一些准妈妈会变得烦躁易怒。准妈妈的不愉快可以很直接地传给胎宝宝，胎宝宝的情绪也会受到很大波动，因此良好的情绪仍是本月的重点。平和的心态可以使子宫内供氧充足，准妈妈可以选择听音乐、聊天、读书、散步等方式来平复自己的心情。遇事不要急躁，把手放在小腹上多做几个深呼吸，提醒自己，就算是为了肚子里的宝宝，也要做一个快乐的人。

这个月的胎宝宝可以转动头部了，也会改变身体的姿势和方向，会作出皱眉、斜眼等搞怪的表情，还会在羊水中活泼地运动。因此本月胎教的另一个要点就在于对胎宝宝进行良性的感官刺激。准妈妈可以用手轻柔地按摩下腹部，或者在摇椅中轻轻地摇动，通过羊水的震荡给胎宝宝压、触觉的刺激，从而促进胎宝宝的神经系统发育。

孕3月是胎宝宝骨骼和大脑发育的重要时期，因此补钙和补脑变得尤为重要。在孕早期，每天约800毫克的钙质就能满足了。准妈妈可以每天喝250毫升牛奶，平时多吃一些豆制品、虾皮等富含钙质的食物。准妈妈还要多吃一些鱼类、核桃、鸡蛋等有利于健脑的食品，为胎宝宝打好大脑的物质基础。

##  54. 营养胎教：多吃促进宝宝脑部发育的食物

胎宝宝从第5周之后就开始形成神经细胞，孕3月是胎宝宝大脑发育成长的重要时期，准妈妈要及时补充有利于脑部发育的营养，增进遗传中胎宝宝大脑潜力的发展，使得宝宝出生以后成长为一个聪明的人。

DHA对胎宝宝脑部和视力的发育都有非常重要的作用，从这个月起，准妈妈要适当增加鱼类的摄入量，最好每天吃一次鱼，这样胎宝宝就可以获得大量的DHA，使脑细胞数目快速增加。同时，准妈妈应多吃一些核桃、松子等坚果类食品，坚果中含有不饱和脂肪酸，这对于人体头部毛细血管的健康和氧气的充分供给起着尤为重要的作用，对胎宝宝的大脑发育也起着不可或缺的作用。而蛋白质也是日常饮食中不可或缺的营养成分，它是大脑的直接构成成分，因此准妈妈在平时可根据自己的饮食习惯，适当增加瘦肉、豆制品等富含蛋白质食物的摄入量。

由于妊娠反应还在继续，很多准妈妈怕给宝宝摄入的营养不够，即便吐了也继续强迫自己吃，其实大可不必过度折磨自己，在胃口舒服时多吃一些，保证饮食均衡就可以了。

## 55. 运动胎教：跳一跳简单的舞蹈

这个月，准妈妈可以做一些简单的瑜伽动作和舞蹈动作来锻炼身体。

在听音乐的时候，不妨随着乐曲摆动一下身体，让音乐和羊水的震动一起爱抚胎宝宝。慢三、慢四、恰恰舞曲都可以。舞蹈可以帮助准妈妈和胎宝宝的身体达成协调，整合听觉和肢体的活动，提高平衡能力。但要注意动作的舒缓，不要选择那种动作幅度较大、比较激烈的舞蹈。

瑜伽里面的山立式也是比较适合准妈妈的运动。具体做法是：双脚并拢站立，两脚的大脚趾、脚跟和脚踝互相接触。大腿内侧收紧，这时候准妈妈会觉得臀部肌肉变得有力；进一步收缩臀部肌肉，继续收紧大腿内侧肌肉，身体可以前后或者左右摆动；保持这个姿势足够长的时间，然后慢慢睁开眼睛，抖动双脚，重复6～10次。这个动作可以增强准妈妈身体的平衡和稳定性，恢复身体的活力和能量。

身体有特殊状况的准妈妈，在运动前一定要和医生沟通，看自己是否适合做运动，适合做什么运动以及运动的时间。要进行有规律的运动，然后循序渐进，逐渐增加运动量。

## 56. 情绪胎教：保持孕期好心情

胎宝宝在准妈妈的腹中也是有思想的，准妈妈与胎宝宝在心理与生理上相通，他能够敏锐地感受到妈妈的喜怒哀乐各种情绪的变化。妈妈的情感会渗透到胎宝宝的身心感受之中。

用超声波仪器观察胎宝宝胎动时，发现胎宝宝的胎动在准妈妈高兴与悲伤的时候呈现出不同的状态。准妈妈一高兴，胎宝宝（以28周以后的胎儿为研究对象）的胎动就相对比较活跃；准妈妈一难过，胎宝宝基本上就不动了。

准妈妈的情绪发生变化时，会有各种各样的激素和脑内物质分泌到血液中，例如，准妈妈感觉幸福的时候，会分泌出许多的巴胺和类鸦片物质；准妈妈恐惧时，会分泌出肾上腺素。这些通过准妈妈的喜怒哀乐等变化分泌到血液中的激素或者脑内物质，也会通过脐带流入到胎儿的血液中。此外，由妈妈大脑发出的喜怒哀乐等信号也会通过神经作用于子宫。总之，妈妈快乐，宝宝快乐；妈妈不开心，宝宝也会受到不好影响。因此，准妈妈在孕期保持愉快的心情是非常重要的。

## 57. 行为胎教：准妈妈要提高自身的素质

胎宝宝与准妈妈不仅血肉相连，而且心灵相通。准妈妈怀孕期间的一言一行、一举一动都将对胎宝宝产生潜移默化的影响，甚至会影响到宝宝未来的性格、智力、习惯等等。因此，为了胎宝宝的健康成长，每一个准妈妈都应从自己做起，从现在做起，在学识、礼仪、审美、情操等方面全面发展，努力提高自身的修养。

为了提升个人内涵，加强文化修养，准妈妈可以多看一些使人振奋的书，如伟人传记、优美散文、令人向往的童话，或者一些著名的山水名胜游记等。书中优美的语言和富含深意的思想可以使准妈妈本身得到熏陶而充实、丰富，也能陶冶腹中的胎宝宝，使其能够健康聪慧地发育。同时准妈妈要培养自己良好的生活情趣，丰富自己的精神生活，比如多听音乐、读诗、旅游或欣赏美术作品等。这些美好的情趣有利于调节情绪、陶冶情操，会给胎宝宝带来有利的影响。

总之，在怀孕期间，准妈妈要注重自己的一言一行，从各方面提高自己的修养。不要以怀孕为理由随意地懈怠自己，一定要提高自身的素质，给没出世的宝宝先做个榜样。

 ## 58. 环境胎教：远离对宝宝有害的环境

胎宝宝对各种危险因子非常敏感。食品添加剂、汽车排放的废气、粉尘和放射线等都会给胎宝宝带来危害。如果准妈妈在平常生活中吸入了废气中的铅，或者说不小心摄取了铅元素，都可能导致腹中的胎宝宝受到伤害。放射线或者电磁波等会使精子和卵细胞受损，导致胎宝宝畸形。因此，在日常生活中，准妈妈要远离上述物品和环境，同时，不要长时间待在交通繁忙的十字路口。只有这样，才能很好地保护胎宝宝的生长，避免环境对胎宝宝的伤害。

同时，准妈妈应该尽量离厨房远一些。煤气和液化气的成分都很复杂，燃烧后在空气中会产生多种对人体极为有害的气体，其中放出的二氧化碳、二氧化硫等气体要比室外空气中的浓度高数倍。当准妈妈把这些有害气体吸入体内时，通过呼吸道便进入到血液之中，然后通过胎盘屏障进入到胎宝宝的组织和器官内，由此给胎宝宝的生长发育带来不良的影响。此外，微波炉、冰箱也会释放出大量对人体有害的电磁波，从而对准妈妈和胎宝宝产生危害。因此准妈妈最好少进厨房，如果需要去，一定要让厨房保持良好的通风，尽量减少停留时间。

 ## 59. 抚摸胎教：帮胎宝宝做体操

帮助胎宝宝做一做体操，对胎宝宝进行适当的运动训练，可以激发其运动的积极性，促进胎宝宝的身心发育。

一般选择早晨和晚上来帮助胎宝宝做体操，比较理想的时间是傍晚胎动频繁时。让准妈妈平躺在床上，全身尽量放松，在腹部较为松弛的情况下，用一个手指轻轻地按一下胎宝宝然后再抬起。如果能够和着轻快的乐曲同胎宝宝交谈、与胎宝宝玩耍，效果会更好，可以帮助胎宝宝发育得更好。每天胎教的时间不要太晚，以免胎宝宝兴奋起来而手舞足蹈，使准妈妈久久不能入睡。每次时间不要太长，

5～10分钟即可。

有些准妈妈认为锻炼会伤害了胎宝宝，其实这种担心是没有必要的，胎宝宝在这个月底的时候胎盘已经很牢固了，此时他在母体内具有较大的活动空间。而且羊水环绕着胎宝宝，对外来的作用力具有缓冲的作用，可以保护胎宝宝。所以准妈妈对胎宝宝进行运动训练时并不会直接碰到胎宝宝。这个阶段帮胎宝宝做体操，很可能感觉不到胎宝宝有回应，但是千万不要因为胎宝宝对此没有什么反应而放弃行动。只要坚持进行，等胎宝宝到了4～5个月的时候，准妈妈就可以感觉到胎宝宝的明显回应了。到了6～7个月时，准妈妈就能感觉出他的形体，这时就可以轻轻地推着胎宝宝在腹中散步了。

 ## 60. 对话胎教：对话是亲子交流的最佳方式

对话胎教是胎宝宝十分喜欢的一种互动方式，也是与胎宝宝沟通感情的最佳方式。

从确切知道怀孕的消息开始，准妈妈就要经常将自己的思绪用"心灵沟通"的方式传达给胎宝宝，并时常讲故事给宝宝听，与胎宝宝说话，让胎宝宝习惯准妈妈和准爸爸的声音。经过一两个月的训练后，准妈妈和准爸爸发出声音时，胎宝宝就能够感觉父母的心情。

进行亲子对话时，父母要用亲切的眼光注视着胎宝宝所在的腹部，用心想象胎宝宝的样子，想象着自己正在和胎宝宝交流。一定要把胎宝宝当作一个婴儿来看待，把他当作一个有血有肉、有思想有情感又机灵可爱的"小淘气"。这样想过之后，你就能像对待一个婴儿一样，轻声叫他，谈话的时候也能够亲切自然，充满温情和怜爱。不论早上还是晚上，一有时间，父母就要对胎宝宝进行这样的亲子训练。这既是爱的表现，也能够产生美的效应，从而提高胎宝宝的整体素质，在出生后的胎宝宝身上，其积极的作用就会显现出来。

 ## 61. 音乐胎教：根据准妈妈的性格选择合适的胎教音乐

胎教音乐并不是千篇一律的，在选择音乐的时候，要根据准妈妈各自不同的性格特点来选不同曲词、节奏、旋律和响度的乐曲。

如果准妈妈情绪不稳，容易急躁，胎动很频繁很不安，那就要选一些缓慢柔和，轻盈安详的曲子来放，如古筝名曲《渔舟唱晚》、民族管弦乐名曲《春江花月夜》等等。这些柔和平缓并带有诗情画意的乐曲，能够使准妈妈和胎宝宝的情绪趋于安定，同时有益于母胎身心健康的发展。如果准妈妈在孕期有些抑郁不安，那就要选一些轻松活泼，节奏感稍强的乐曲，如《春天来了》《步步高》和奥地利作曲家约翰·施特劳斯的名曲《春之声圆舞曲》等等。准妈妈听了可以振奋精神，解除忧虑，也能给胎宝宝增添生命的活力。

音乐胎教的实施不仅要考虑到准妈妈的性格，也要考虑到胎宝宝的性格。准妈妈在选曲时应注意到胎动的类型。因为人的个体差异往往在胎儿期就有显露，有的淘气，有的调皮，有的文静，有的老实。一般来讲，应该给活泼好动的胎宝宝听一些节奏缓慢、旋律柔和的乐曲，而给那些文静、老实的胎宝宝听一些轻松活泼、跳跃性强的歌曲，以便帮助他们形成更好的性情。

## 62. 美育胎教：多欣赏一些画册吧

这个月开始，准妈妈可以多欣赏一些艺术作品了，如参观工艺美术展览、历史文物展览和美术展览等。这能令准妈妈心情愉悦，陶冶情操，提升艺术品位，给胎宝宝带来良好的刺激。

准妈妈也可以自己购买一些画册，在休息的时候细细地品读玩味。一般来说，西方的人体艺术往往高度融合了人的内在美和形体美，能使人产生出对完美的人和自由生命的渴望。文艺复兴时期的圣母像就是以圣母的博爱和恬静吸引了一代又一代的人，准妈妈看了会更能体会到身为人母的幸福和满足。国内的画作，可以看一些优美的山水画，中华的水墨画中蕴涵着古代淳朴美妙的自然神韵，能使人感受到大自然的神奇百态和生活的细微美妙。有兴趣的准妈妈可以拿起笔来，自己画一画，在涂涂抹抹中自得其乐，同时也把这种良好的刺激传递给了胎宝宝。

准妈妈多欣赏这些美的事物，无形中会对胎宝宝形成一种美的熏陶，给他打下良好的审美基础，为宝宝出生后的人生品味和认识世界做好基础。

## 63. 想象胎教：幻想一下胎宝宝的模样

从一个小小的受精卵到现在，胎宝宝已经整整成长3个月了，他的模样正在逐渐变得清晰起来，准妈妈可以幻想一下胎宝宝的样子，这会让准妈妈心情平和，也会使胎宝宝向着理想的方向发育。

准妈妈把手放在腹部，借助手向胎宝宝传递健康的气息。此时，就可以在脑海中想象胎宝宝的模样，好像正在对着胎宝宝耳语一样在传递着积极的讯息。将全部的注意力都集中到胎宝宝、包裹胎宝宝的羊膜、羊水、脐带和胎盘等等，同时将这些与胎宝宝紧密联系在一起，心无旁骛地呼气和吸气，这样便能感觉到吸气的时候吸入的是清净的自然之气，而呼气时呼出的则是浑浊之气和代谢的废物。这样的想象结束之后要原地休息。

同时，准妈妈还可以买一张漂亮的宝宝图贴在床头。当准妈妈看到漂亮宝宝的图片时，就会觉得赏心悦目，这种快乐的心情会影响到胎宝宝。准妈妈也可以把自己和准爸爸小时候的漂亮照片时常拿出来看一看，或者贴在床头。长期看漂亮宝宝的样子，胎宝宝也会受到熏陶，将来也会更漂亮。

# 孕4月：宝宝能听见外面的声音了

## 64. 准妈妈的变化

孕4月开始，准妈妈的肚子开始变大了，有些准妈妈的腹部从肚脐到耻骨会出现一条垂直的妊娠线，脸上也可能会出现黄褐色的妊娠斑。

准妈妈阴道白带会增多，由于怀孕时准妈妈体内的雌激素水平较高，盆腔及阴道充血，所以白带增多是非常正常的现象。这时应注意避免使用刺激性强的肥皂清洗外阴。若分泌物量多且有颜色，性状有异常，应去医院检查。准妈妈的乳房明显增大，乳周发黑，乳晕更清晰；有些准妈妈的乳头可以挤出乳汁来，就像刚分娩后分泌的初乳。皮肤偶尔会出现瘙痒的症状，但不会出现肿块或者损害。

从第15周开始，有些准妈妈就可以感受到轻微的胎动了，偶尔还会有些触痛感。如果是有怀孕史的准妈妈，胎动可能来得更早一些。这个阶段准妈妈的早孕反应大都已经消失，食欲好转，体重开始逐渐回升。由于妊娠中期宝宝需要的养分比妊娠早期多很多，所以孕妈妈还要注意加强营养，多吃富含蛋白质、钙、铁等养分的食物。

## 65. 胎宝宝的变化

胎宝宝发育到15周末，体重约120克，身高约16厘米。腿的长度超过了胳膊，手指甲已经形成，手指关节开始运动了。这个时候胎宝宝已经开始能够打嗝了，这是呼吸的前兆。

胎宝宝在这个月出现了惊人的变化。他的皮肤增厚，变得红润有光泽，并开始长头发了；头可以渐渐伸直了，脸部开始出现轮廓和外形，下颌骨、面颊骨、鼻梁骨等开始形成，耳廓也在生长；听觉器官快速完善，对声音的刺激有了反应；由于肌肉组织和骨头的发育，胎宝宝的手足能稍微活动，但准妈妈尚不能感觉到明显的胎动。

这个阶段胎宝宝心脏的搏动更加活跃，内脏已几乎全部成形。到了16周时胎宝宝可以在准妈妈的子宫里玩耍了，并且会拿脐带当玩具；另外，胎宝宝的循环系统和尿道也完全进入正常状态，能不断地吸入和呼出羊水。孕4月时胎盘也形成了，胎宝宝与母体的联系更加紧密，流产的可能性大大减少。随着胎盘功能的逐步完善，胎宝宝的发育加速。羊水量从这个时期开始快速增加。

 ## 66. 本月胎教要点

进入孕中期，胎宝宝的神经系统、感觉系统、听觉系统开始发达，细部肌肉对于外界刺激会形成特定的反应，例如不高兴时咧嘴，紧张时握拳，听音乐时摇晃脑袋。

本月的胎宝宝对外界的声音很敏感，并且可以根据声音作出相应的反应，因此准爸爸和准妈妈可以每天用声音来刺激胎宝宝的听觉器官神经功能，可在每晚临睡前放一些舒缓的音乐，或是对胎宝宝讲一些轻柔的话语，这些声音会经过腹壁传给胎宝宝，他会随着这些轻柔温馨的声音，闭上眼睛慢慢入睡。同时，这一阶段的胎宝宝对光线也非常敏感了，因此也可以在胎宝宝觉醒时对他进行视觉功能训练了。

进入怀孕的第4个月，胎宝宝比较稳定了，准妈妈可以适当多做一些运动，加大运动量。一些容易操作的家务活，比如洗碗、扫地等都可以量力而为，另外像孕期体操、孕期瑜伽、散步等运动也是非常不错的选择。同时准妈妈也要注意保持愉悦平和的心情，此时胎宝宝的感知能力越来越敏锐，准妈妈的良好情绪能够给他带来安全感，而烦躁不安的情绪也会让宝宝感到不安。

## 67. 营养胎教：合理增加维生素B₁、维生素B₂的摄入量

孕4月准妈妈的机体代谢速度加快了对能量、热量的不断需求，因此，促进新陈代谢，提高营养物质的吸收率，防止肥胖是这个时期的关键任务。这就需要多增加维生素$B_1$、维生素$B_2$的摄入量。

在人体内，维生素$B_1$以辅酶的形式参与糖的分解代谢，有保护人体神经系统的作用，同时还能促进肠胃蠕动，增加食欲。准妈妈缺乏维生素$B_1$可能会引起胎宝宝出生后出现先天性脚气病。近年来，我国南方一些农村地区单纯食用精白米的情况增多，又缺乏其他杂粮和副食品，导致准妈妈发生维生素$B_1$缺乏的情况有所增加。所以建议准妈妈每日在膳食中保证维生素$B_1$的摄入量为1.5毫克。多吃一些粮谷类、豆类及肉类，这些食物都是维生素$B_1$的丰富来源。

维生素$B_2$可以和其他物质相互作用，从而帮助碳水化合物、脂肪、蛋白质等的代谢，有助于准妈妈本阶段体内代谢的加快，让准妈妈在食物需求增加的情况下，保持良好的循环代谢，避免肥胖的发生。孕期膳食维生素$B_2$的建议摄入量为每日1.7毫克。食物中维生素$B_2$含量较高的为动物内脏、蛋、奶等动物性食品，豆类及绿叶蔬菜亦含有一定量。准妈妈可根据自己的饮食习惯酌情摄入。

## 68. 运动胎教：加强腿部力量的锻炼

由于本阶段准妈妈体重开始增加，腹部也开始增大，身体的重量对于腿的压力也随之增加，如果腿部力量不足会很容易导致劳累或者站立不稳而摔倒等，因此，本阶段，准妈妈要注意加强自己的腿部力量的锻炼。

锻炼腿部力量的具体做法有两种，一种是准妈妈背靠着墙，双腿分开，慢慢地弯曲，大腿肌肉呈现紧绷的状态，保持该动作不动，默默地数20个数，然后恢复站立，之后重复做5次；准妈妈面对着墙，双手分开撑住墙面，腿脚呈现微弓箭步状，重力集中在双臂上，两腿交换着做，各做5次。在做的时候要注意双腿叉开，这样有助于保持身体的平衡。

另外一种锻炼两大腿肌肉力量的动作是蹲式。准妈妈挺身直立，双脚分开，双臂自然下垂，双手在腹前十指相扣；两膝微屈，一边呼气一边慢慢下蹲，直到大腿与地面平行；尽自己的所能继续慢慢下蹲，保持双腿的肌肉绷紧；然后慢慢伸直身体，吸气回到站立姿势，每天做5~6组。

## 69. 情绪胎教：做一个白日梦吧

这个阶段，胎宝宝与准妈妈已经有了心灵感应，准妈妈的性格也潜移默化地影响着胎宝宝的性格。本月准妈妈会因为身体、工作等各方面的因素产生一些焦虑忧愁感。这种情绪会传染给宝宝，使宝宝长大后形成胆小怕事的性格，同时会让宝宝的心理承受能力降低，做事情容易情绪化，例如莫名其妙的大哭等。对于此阶段的不良情绪，准妈妈要及时地调整，一旦发现自己陷入了忧虑或者即将为什么事情生气，一定要想方法转移注意力，将不良的情绪消除。

做白日梦是一种有效的心理松弛方式。白日梦是人在清醒状态下所出现的一系列带有幻想情节的心理活动，就像一幅幅的电影画面那样剪辑拼凑成梦。而且，白日梦的情节大多是愉快的结局，没有什么挫折和烦恼，对松弛身心非常的有好处，准妈妈不妨经常想想自己未来的小宝宝多么可爱，多么聪明，幻想一下以后一家三口的生活。在这种良好的幻想下准妈妈的情绪会得到调节，担忧、害怕等一系列不良情绪会一扫而光，这对胎宝宝的健康成长非常的有益。

## 70. 行为胎教：午睡不可少

随着体重不断增加，怀孕期间准妈妈越来越感到行动不便，因此也就需要越来越严格地采取孕期自我保护措施。由于在怀孕期间准妈妈的心肺都承受着双重的负担，因此绝对要避免疲劳过度，否则就会引起气喘或者其他意外事故。这一时期准妈妈要尽量少做家务，要学会用最小的力气消耗去做，关于这方面可以多听听护理人员和有经验者的意见。

同时准妈妈要注意午睡。即便是在春、秋、冬季，也要在午饭后稍过一会儿，然后躺下舒舒服服地睡个觉。睡午觉可以使准妈妈神经放松、消除疲劳、恢复活力。午睡的时间长短要因人而异，因时而异，一般0.5～1小时，或者再长一点都行。总之，要以休息好为主。平常如果感觉劳累了，也可以躺下休息一会儿。午睡的时候，要注意脱下鞋子，把双脚放到一个坐垫上，然后抬高双腿，全身放松。准妈妈感到消化不良或者血液循环不好的时候，可以任意选择一个睡姿，不要因为害怕压坏或影响胎宝宝而别扭着自己。

## 71. 环境胎教：布置浪漫的生活空间

对于已经可以感受到胎宝宝的准妈妈来说，浪漫的生活空间是很需要的。

在孕期的这个阶段，准爸爸要为准妈妈和胎宝宝布置一个浪漫、温馨又宁静的生活空间。在家中房间的布置上，要做一些小小的调整。例如，可以适当添加一些婴儿用的物品，把那些从商店买回来的可爱的婴儿小物件（如婴儿的衣服、浴巾和小玩具等）摆放在合适易看到的地方，时刻提醒着准妈妈：一个可爱的小宝宝即将来到身边了！

同时，准妈妈在怀孕后对色彩的反应会变得比较敏感，准妈妈会发现自己变得对淡绿、淡蓝、淡紫色非常感兴趣，而对热烈明快的红色、黄色不太喜欢。其实这与颜色的属性有很大的关系，淡绿、淡蓝等颜色光波弱、缓，较为温和，对人的感觉器官没有多大刺激。这些淡而暖的颜色能够使准妈妈感到安详、静谧，有助于休息。准妈妈可以通过改变卧室的色调，来调节心理状态，从而保持稳定的情绪，使体内的胎宝宝更安然健康地成长。

有了如此浪漫的生活空间，不仅会让准妈妈心情舒畅，感到无限的幸福和开心，同时会增加对宝宝到来的期望和喜悦，对自身的照顾和对腹内胎宝宝的关注更比之前要多了。

## 72. 抚摸胎教：轻柔地抚摸胎宝宝

给胎宝宝最轻柔地抚摸。准妈妈要平躺在床上，放松腹部的肌肉，用双手的手指在腹部顺着一个方向轻轻地压抚胎宝宝。准妈妈可以在临睡前进行，每次进行5分钟，然后休息5分钟之后继续做，连做2～3次即可。准妈妈也可以在音乐播放后进

行，或者在抚摸的时候结合着有节奏的音乐，随着缓慢的节拍抚摸效果会更好。

在抚摸的时候，准妈妈要全身放松，呼吸匀称，心平气和，面部带着微笑，双手轻轻放在腹部胎宝宝所在的位置上，从上至下，从左至右地轻柔抚摸胎宝宝，就好像真的在抚摸一个可爱的小宝宝似的，感觉到幸福和喜悦。这样抚摸的时候，准妈妈可以默想着胎宝宝的样子或者轻轻地说着"宝宝，妈妈跟你在一起呢"，"宝宝好舒服，好好睡啊"，"宝宝好聪明好可爱啊"。此时准爸爸也可以用手轻轻地抚摸妻子的肚子与胎宝宝对话，让胎宝宝感受到父亲的慈爱。

## 73. 对话胎教：给胎宝宝起个好听的乳名

胎宝宝在母体内的生命时间虽然短暂，但对其一生影响巨大，他们在这一时期就已经具备了惊人的记忆和学习能力。宝宝从出生那天起就能辨认出自己妈妈的声音，当宝宝哭闹时，妈妈怀抱着他，呼唤他的乳名，宝宝就马上会感觉到安全与舒适。

孕中期胎宝宝有了听觉，这时候准妈妈准爸爸可以给胎宝宝取一个乳名，经常来呼唤他，使胎宝宝牢牢地记住。胎宝宝出生后，当呼唤其乳名时，他听到曾经熟悉的名字时有一种特别的安全感，会让他对子宫外的这个新环境不感到陌生。当宝宝烦躁、哭闹时，呼唤他的乳名，他能很快安静下来，有时甚至会露出高兴的表情。

同时准妈妈准爸爸要把胎宝宝当作一个懂事的小孩子，经常和他说话、聊天或者唱歌给他听。这样，不仅能够增加夫妻之间的感情，还能把这种和睦美满的感情传递给胎宝宝，对胎宝宝的情感发育起到积极影响。在与胎宝宝对话的时候，内容不宜太复杂，最好是在一段时间内重复一两句话，以便胎宝宝的大脑皮层能产生深刻的记忆。每次时间不宜过长，1～3分钟即可。这样循环发展，不断强化，效果会很好。

## 74. 音乐胎教：听一些柔和优美的胎教音乐

在孕期的第4个月，胎宝宝的耳功能开始建立和发展，脑的结构也日益的完善，各种感觉逐渐开始发挥作用，对声音的感觉相当敏锐。此时可以适时地给予良好的刺激，促进其听力发展。

此时胎教音乐要以柔和优美为主，西方的古典音乐、轻音乐比较适合于胎宝宝，如《圣母颂》《梦幻曲》《少女的祈祷》《平安夜》等等。此外，准妈妈亲自哼唱歌曲也会有很好的效果。准妈妈可以每天哼唱一些自己喜欢的抒情歌曲，或者优美富有节奏的小调、摇篮曲等，例如舒伯特的《摇篮曲》等。

在听音乐前，准妈妈要肌肉放松，保持心情舒畅平和，准妈妈的心情越好，音乐胎教的效果就发挥得越大。胎教音乐不宜过多过杂，最好是选择几首固定的曲子每天听。等到基本听熟之后再更换其他的曲子。这样才能在胎宝宝的头脑中留下印象，使音乐胎教有可能起到促进胎儿脑和智力发展的作用。听音乐的时间要有规律性，最好坚持每天都听，每日2次，每次10~20分钟。

## 75. 美育胎教：带宝宝到大自然中去游玩

人与自然是息息相关的，带胎宝宝走进大自然，有利于胎宝宝的健康，开发胎宝宝的智力。大自然中新鲜的空气能给胎宝宝提供充足的氧气；太阳光能杀毒灭菌，促使母体内钙的吸收，促进胎宝宝骨骼的生长发育。准妈妈经常到大自然中走一走，能够陶冶情操，愉悦心情，有利于母子的身心健康。

一般在早上起床后，准妈妈可以到有树林或者草地的地方去散步或者做体操，呼吸草木释放的新鲜空气。在上班时间，准妈妈也可以多到有树林、草地或喷水池的地方走走。晚上，准妈妈最好能适当开着窗户睡觉，如果天气太冷就关窗，但应在起床后打开窗户以便通风。

周末的时候，准妈妈还可以和准爸爸一起到郊外去，到有山有水的地方去，尽情欣赏大自然的风景，聆听大自然中的声音。大自然的好风光是最好的美育胎教，在风景优美的大自然中听到的鸟叫声、风吹树梢沙沙声、泉水声是最好的胎教音乐。外出郊游的时候准爸爸要照顾好准妈妈，准备好充足的食物和水，带好坐具及防晒防雨用品。

# 孕5月：让宝宝感受外界的快乐

 **76. 准妈妈的变化**

孕5月，准妈妈的腹部逐渐变得明显，体重开始上升。乳腺的发育使得乳房变大，子宫已经犹如婴儿的头一般大小，提升至肚脐、耻骨左右的位置，呈现出怀孕体型。受到骨盆腔充血与黄体素持续旺盛分泌的影响，盆腔内内脏血液聚集，发生充血和瘀血，阴道的分泌物比平时略增多。这段时间是怀孕中最安定快乐的时候，准妈妈会感到食欲旺盛，身心状态良好，情绪稳定。

有些准妈妈已经能感觉到胎动了，从第5个月月末开始，当准妈妈夜晚躺在床上时，经常会感到下腹部像有一只小虫子似的在一下一下蠕动，又好像里面有鱼在游动一样。这是由于胎宝宝在子宫的羊水中蠕动、挺身体、频繁活动手脚，碰撞子宫壁引起的生命象征。此时准妈妈应该坚持有规律地数胎动了，时间最好能够固定，胎动一般为平均每小时 3 ~ 5 次。准妈妈每天坚持数胎动，是一种直接的胎教。

有些准妈妈的皮肤上会出现暗色斑块，这是孕期很常见的现象，不必过于焦虑。这种暗色斑在分娩后不久就会消退，但仍要注意做一些皮肤的防护工作，比如尽量避免受到阳光的暴晒，使用一些护肤用品等。

 **77. 胎宝宝的变化**

到了本月末，胎宝宝的身长约18~27厘米，体重约250~300克。这是胎宝宝生长比较快的一个阶段，变化明显。怀孕的17周胎宝宝皮肤呈红润透明状，可见到皮下血管，到了月底胎宝宝皮肤渐变暗红，逐渐不透明，开始长胎毛、胎发、眉

毛、指甲。

此时，若通过B超检查的话，根据外生殖器可以明显分辨出来是男宝宝还是女宝宝了，若是女宝宝，那么她的阴道、子宫、输卵管都已各就各位了；若是男宝宝，他的生殖器也已清晰可见。但有时小小的生殖器也会被遮住而暂时看不到。

孕5月胎宝宝的心跳逐渐变得有力，胎心率每分钟120～160次，准妈妈能够借助听诊器听到胎宝宝的强有力心跳了，同时胎宝宝也能听到外界较强的声音了。他的感觉器官也开始按照区域迅速发展，味觉、嗅觉、触觉、视觉和听觉从现在开始在大脑中专门的区域里发育，这个时候神经元的数量开始减少，神经元之间的连通则开始增加。此时胎宝宝的听觉、味觉、嗅觉、视觉和触觉等感觉器官持续发育，是进行相关胎教的黄金时期。

## 78. 本月胎教要点

孕5月时胎宝宝已经具备了听、嗅、看的能力，感知能力也正在加强，可以开始学习更多的东西了。这一时期应该加强对胎宝宝进行听觉、感觉、视觉、运动和记忆等方面的刺激训练，激发胎宝宝大脑神经细胞的增殖。

此时胎宝宝已经能从不同的声音中辨识出妈妈的声音。多放些胎教音乐可使胎宝宝感到安心，脑发育能得到更多的良性刺激。胎宝宝已经具备了学习语言的潜在能力，准妈妈要多与胎宝宝聊天，让他听到你的声音。可以讲讲一天的生活，也可以每天给胎宝宝读读散文、诗歌、童话故事等等。

为了促进胎宝宝的视网膜发育，这一阶段准妈妈要及时补充维生素A，多吃动物肝脏、海产品、胡萝卜、玉米等富含维生素A的食物。除此之外，不饱和脂肪酸也是必须要摄入的，它是合成胎宝宝神经髓鞘的重要物质。海鱼、海虾、奶酪、核桃、三文鱼、开心果等含有有益于智力发育的不饱和脂肪酸，准妈妈可以多吃一些。

## 79. 营养胎教：注重钙质的补充

孕5月是胎宝宝发育最为迅速的时期，骨骼、牙齿、五官和四肢开始形成，大脑也开始形成和发育。准妈妈在这一时期应该加强补钙，因为此时如果钙质的供给不及

时胎宝宝就会从准妈妈的骨骼里吸收钙质，这对准妈妈的健康伤害是很大的。

新生儿体内含钙量约为30克，其中大部分都是在妊娠7～9个月的时候储存，每天的钙沉积量为280毫克。按吸收率为50%计算，孕中期需要每日补充220毫克，而孕后期则每日要补充700毫克。这个数值是一般食物难以提供的。据估计，胎宝宝体内约有30%的钙来自准妈妈的骨钙，为了防止骨软化，准妈妈就需要在孕前和孕中期的时候充分补钙，多喝牛奶，多吃海鱼类、虾皮，积攒充足的钙，以备孕后期所需。如果有必要，准妈妈可以适当吃一些钙片。

同时准妈妈还应该注意其他营养的补充与均衡。可以每天吃一个鸡蛋、50～100克瘦肉、100克豆制品、500克左右蔬菜水果来补充蛋白质、矿物质和维生素。日常生活中还要多吃些健脑的食品，比如黑芝麻、核桃、小米等，这些都是健脑和补脑的好食物。

##  80. 运动胎教：适当去游游泳

游泳是一种非常好的健身方式。准妈妈游泳能锻炼胳膊和腿部的两个大肌肉群。尽管游泳是低强度运动，但它对心血管有益，而且无论在孕期增加了多少体重，准妈妈游泳时都感觉不到重力。同时游泳还能防止体重过快增长，提高自身的抵抗力。

如果准妈妈孕前有游泳的爱好，那么此时就可以继续游泳了；如果以前基本不运动，那么即使现在到了孕中期，也仍然能够开始游泳。只是开始时要慢慢来。这个时期游泳，时间最好选择在上午10点到下午2点之间，这时的宫缩不是很厉害，适合进行运动；水温不能过高或过低，超过32℃容易引起疲劳，低于28℃则会刺激子宫收缩，可能引发流产或者早产；下水之前，一定要测量血压、脉搏，此外，还要对身体状况做全面的检查，以确保身体合格。游泳时一定要有游泳教练在场，注意动作不要剧烈，可以在水中漂浮、轻轻打水等，仰泳是比较合适的方式。

定期做游泳这样的有氧运动，不仅有助于增加身体运送和利用氧气的能力，还能对准妈妈应对孕期身体和情绪上的挑战也有帮助。因此准妈妈要适当去游游泳，这对自身和宝宝都非常重要。

## 81. 情绪胎教：用自我放松法来抵制不良情绪的侵袭

情绪胎教贯穿着怀孕的整个阶段，在这一时期，准妈妈要继续调整情绪，保持平和心态。学会自我放松是应对各种不良情绪侵袭的好方法。以下介绍一种很有效的自我放松法供各位准妈妈参考。

早上起床之前先闭上眼睛让自己放松，使身心头脑都处于安静舒适的状态。在舒适的心态中暗示自己："我是一个有正气的人，我要培养出一个品行端正的好孩子，因此起床后一定要保持自己的品格端正，一天不出错，我相信自己能够做到。"进一步暗示自己："我的心中充满了爱，我不仅爱丈夫，也爱所有的亲人、朋友和他人，更爱所有的孩子。我要以真诚的心去对待他们，我相信我腹内的孩子也会感受到这一点，他也会这样为人的。"接着暗示自己："我知道，我对我自己的这种追求而感到自豪，更会因此而得益，得到一个品行端庄的孩子。我有充分的信心相信，我不会允许自己行为不良、心态不正。"

晚上睡觉之前，准妈妈可以再回忆检查一下自己这一天的所作所为，如果自己说的都做到了，那么就可以为自己的努力而自豪。

## 82. 行为胎教：与胎宝宝做几个小游戏

怀孕到了第5月，已经可以在准妈妈的腹部摸到胎宝宝了，如果你轻轻地压胎宝宝的肢体，他就会马上缩回。因此，准妈妈在这个阶段，不妨多与胎宝宝做一些简单的小游戏，帮助胎宝宝活动身体。

准妈妈可以通过拍打胎宝宝的肢体来与胎宝宝建立条件反射，每次以3～5分钟为宜。如果胎宝宝踢准妈妈的肚子，准妈妈就轻轻地拍打被踢的部位，然后静等胎宝宝的第二次"反击"。一般情况下，1～2分钟之后，胎宝宝就会出现第二次踢肚的行为，这时就再拍几下，然后停下来。一旦你拍打的地方变了，胎宝宝就会向着你改变的地方再踢，这其中要注意改变拍的位置不能离原来的位置太远。事实证明，经过拍打游戏，出生后的宝宝肢体肌肉强健有力，抬头、翻身、坐、爬、走等

动作都早于一般的婴儿。这样的触压、拍打，增强了胎宝宝肢体的活动能力，是非常有效的胎教方法。

在本阶段，准妈妈可以多和胎宝宝做一下这种小游戏，以锻炼胎宝宝的活动力。

 ## 83. 环境胎教：继续优化家居环境

怀孕是个喜悦而又漫长的过程。在这个过程中，居住环境对准妈妈和胎宝宝起着不容小视的作用。安全温馨的家居环境是保证准妈妈和胎宝宝健康快乐必不可少的元素。那么，该如何打造一个温馨适宜的家居环境呢？

首先要保证居室设施安全便利。地面应改成有防滑作用的瓷砖，准妈妈要穿具有防滑功能的拖鞋。浴室里要铺上防滑垫，也可以改铺粗面材料瓷砖，这样即使上面有水也不易摔跤。家中的设施物品要摆放整齐，以免准妈妈碰着磕着。

其次要注意房间里的空气。初次怀孕的女性通常情绪较为焦躁，准妈妈们要注意通风，也可以在室内放一些绿色植物，来保持空气的清新。房间湿度要适合，适宜的湿度一般以50%为最理想。温度要适宜，一般以20℃～26℃为最好。

最后要加强厨房里的防护措施。保证抽油烟机的工作效果，不要让准妈妈被油烟熏到。由于洗菜、洗碗的缘故，厨房里总是湿漉漉的，因此一定要在厨房门口和厨房里面加装防滑垫。另外，厨房的空间一般不太大，建议在桌子的角上加装桌角安全垫，以免孕妇的腹部受到挤压和碰撞。

 ## 84. 抚摸胎教：轻轻拍打你的宝贝

怀孕5个月后，准妈妈已经可以感受到明显的胎动了，这个时候需要重视起抚摸胎教了。多和胎宝宝做一些拍打游戏，不仅可以提高宝宝的健康灵敏度，而且有利于智力的开发。

5个月的胎宝宝触觉功能已经逐渐发育起来，此时他们对妈妈的抚摸和拍打十分敏感。具体的拍打胎教可以这样做：准妈妈用手在腹部从上到下、从左到右轻轻地有节奏地抚摸和拍打，用心感受胎宝宝的反应，引导宝宝用自己的小手或者小脚给予回

应。此时，为了获得更好的抚摸效果，准妈妈可以配合语言的刺激，也可以伴随着音乐有节奏地进行拍打。另外，妊娠5个月的时候还可以采取触压拍打法，所谓"触压"，就是在肚子的不同位置进行按压，相当于给胎宝宝进行按摩。触压和拍打是增加胎儿肢体活动的好方法，是一种有效的胎教方法。

做抚摸胎教的时候，准妈妈一定要注意控制时间，每次最好不要超过10分钟。对于有早期宫缩的孕妇，最好不要进行这项胎教，当感觉到胎儿不安时，要立即停止按压和拍打。

## 85. 对话胎教：经常和胎宝宝聊聊天

胎宝宝在5个月时感受器官初步具备了功能，虽然外界声波传给胎宝宝时要穿过腹壁、子宫壁和羊水，声波的强度会减弱一些，但声音频率、音调和韵律是不会发生明显的改变的，胎宝宝在腹中依然能够听到准妈妈的声音，感受到准妈妈说的话，他在子宫中能接收到的外界刺激都会潜移默化地储存到大脑之中。

准妈妈和准爸爸可以经常和胎宝宝聊聊天，像是唠家常一样轻松随意地和胎宝宝说说话。处于轻松状态中的准妈妈，身体状况和自身的情绪都良好，这种良好会作用于胎宝宝身上，使他也感觉到放松和舒适，于是就能更好地成长发育，健全大脑和智力，也会早早地种下平和、宁静的良好性格种子。此外，准妈妈和准爸爸还可以选择一些色彩丰富、富有思想内容的幼儿画册，将画册中展示的思想世界，用富有想象力的大脑以饱含感情的声调把故事讲给胎宝宝听，把画册中表达的内容具体、形象地传递给胎宝宝。

准妈妈和准爸爸要坚持对胎宝宝进行对话胎教，多和胎宝宝进行语言交流，这对促进胎宝宝出生后的语言和智能发育是非常有益处的。

## 86. 音乐胎教：注意音乐的频率、节奏和力度

音乐胎教要特别注意所选择的音乐要在频率、节奏和力度以及频率范围等方面，尽可能地与子宫内的胎音合拍。如果频率过高，那么再优美的音乐都会使胎宝宝的内耳螺旋器基底膜受到损害。过高频率的音乐对胎宝宝听力造成的损害是

巨大的，它可能会诱发听力障碍，让胎宝宝在出生后就听不到高频、节奏过强或者力度过大的声音。

同时播放音乐时不要使用传声器，并尽量地降低噪音。总之胎教音乐应先经医学、声学测试，符合听觉要求的才行。选择胎教磁带时，不能以是否好听为原则，而是要以是否经过了医学、声学测试为原则，这样选出来的音乐才能起到良好的刺激作用。准妈妈在整个怀孕期间，只有彻底地消除优生大敌，从各个方面保护和培养胎宝宝，实施正确的胎教，才能生个健康的小宝宝。胎教还要与宝宝出生后的早期教育相连贯，这样才不会使胎教的效果前功尽弃。

## 87. 光照胎教：手电筒是最好的光照工具

此时，胎宝宝对光已经开始有了反应，当其处于觉醒状态时，通过腹壁用光照射胎宝宝颜面，在B超显像仪上即可见到他的眼睑、眼球活动及头部回转做躲避样运动。准妈妈可以在胎宝宝醒着的时候对其进行视觉功能的训练了，这能够帮助他形成昼夜周期节律，促进视觉良好的发育。

光照胎教最好的工具就是手电筒。选用一号电池的手电筒，紧贴在准妈妈的腹壁一闪一灭地照射胎头部位，每天进行3次，每次30秒。准妈妈要把自身的感受详细地记录下来，如胎动的变化是增加还是减少，是大动还是小动，是肢体动还是躯体动。光照胎教的实施时间最好要固定。坚持一个多月后胎宝宝会记住进行光照的这个时间段，每到这个时间他就会感到非常高兴。

在孕晚期可以通过光照胎教调整胎宝宝的作息，这可以使宝宝在出生后仍然保持良好的作息。当胎宝宝觉醒时，用手电筒的微光照射准妈妈腹部训练胎宝宝的昼夜节律，使胎宝宝夜间睡眠，白天觉醒。特别应该注意的是切忌用强光照射，且时间不宜过长。

# 孕6月：胎教的黄金时段来临了

## 88. 准妈妈的变化

孕6月，准妈妈的体重大约以每周250克的速度在迅速增长，子宫也进一步增大，可达脐上两指，如果从耻骨联合量到子宫底部约28厘米，使得下腹部看起来明显隆起。

子宫快速增长向上挤压内脏，胎宝宝的日渐增大使准妈妈的心脏负担逐渐加重，血压开始升高，新陈代谢时的耗氧量会显著增大，因而准妈妈会感到胸口憋闷、呼吸困难，所以要尽量避免走太远的路或者站立过长时间。因为腹部沉重，如果平躺会让准妈妈感觉喘不过气，最好侧卧。

怀孕后，基础代谢率增高约20%，这使得准妈妈在孕中期以后很少会感觉到冷，但也不要穿得过于单薄，孕期适当保暖还是必要的，只要不出汗就可以。这段时间准妈妈腿部抽筋很可能会越来越严重，还极易感到疲劳，有些准妈妈感到一种前所未有的紧张和压力，这些都是正常现象，需要及时调整心态，放松心情。

## 89. 胎宝宝的变化

到了本月的最后一周，胎宝宝发育到了25厘米、500克左右。此时，胎宝宝在妈妈的子宫中已经占了相当大的空间，身体比例变得匀称，皮下脂肪开始出现，但并不多，还是显得瘦瘦的，全身覆盖着一层细细的绒毛。

本月胎宝宝大脑细胞迅速增殖分化，体积增大，这标志着他的大脑发育将进入一个高峰期。胎宝宝的听力基本形成，能分辨出准妈妈的说话声、心跳声和肠胃蠕动声

音；视网膜初步形成，具备了微弱的视觉。此时，胎宝宝肺中的血管也已形成，开始有了呼吸动作，当然并不会真的吸入空气，他的肺部尚未发育完全。同时胎宝宝学会了不断地吞咽，舌头上的味蕾正在形成。

从这时开始，胎宝宝皮肤表面开始附着胎脂。胎脂是皮脂腺分泌的脂肪与表皮细胞的混合物，它的作用是为胎宝宝提供营养，保护皮肤，并在分娩时起到润滑作用。此期胎宝宝发育较结实，四肢运动活跃。若在此期产出，可自行表浅呼吸，有可能存活几个小时。这个阶段胎宝宝也可能会早产，因此准妈妈要尽量从饮食和运动上避免这种情况发生。

## 90. 本月胎教要点

此阶段胎宝宝的状态较为稳定，各方面都在迅速发育趋近成熟，对外界的反应更加敏锐了。因此准妈妈要加强与胎宝宝之间的互动。

本月进行语言胎教主要包括日常性的语言诱导和系统性的语言诱导。日常性的语言诱导是父母对胎宝宝讲述一些日常用语，而系统性的语言诱导则是有选择、有层次的给胎宝宝放一些简单的儿歌来听等。平常生活中，应该注意多和胎宝宝说话，或者多哼唱一些简单的儿歌给他听，对他的语言能力训练都是有帮助的。

这一时期是胎宝宝大脑发育的高速时期，准妈妈要多多学习，保持旺盛的求知欲，使胎宝宝不断接受刺激，促使大脑神经和细胞的发育。同时准妈妈应继续保持良好的情绪，可以适当做一些瑜伽动作，这些柔软的动作可以减轻身体的压力，借由深度放松的方式得到舒缓；也可以安排外出旅游来调剂身心，注意选择空气清新、宁静的地方。

在饮食上，准妈妈应多吃些富含维生素C的果蔬，有助于铁的吸收，来预防缺铁性贫血或巨幼红细胞性贫血。

## 91. 营养胎教：注意铁元素的补充

随着胎宝宝日渐成长，所需要的营养也需要增加。准妈妈要多吃对胎宝宝有益的健康食物，保证营养的均衡，为胎宝宝的发育提供优质的养分，也为积极开展胎教提供有效的物质基础。

铁是一种重要的矿物质，它的作用是用来生产血红蛋白（红细胞的组成部分），而血红蛋白的功能是确保把氧运送到全身各处的组织细胞。这个阶段胎宝宝需要更多的铁来制造血液中的红细胞和辅助其他器官的发育，准妈妈自身也需要足量铁以防治缺铁性贫血。因此准妈妈应多吃些动物肝脏、木耳、黑芝麻、荠菜、黄花菜等富含铁元素的食物。

这一时期还可以多吃些核桃、黑芝麻等健脑的食品，这不仅能让胎宝宝更聪明，还为日后头发的生长打下良好的基础。孕中期以后，准妈妈身上经常会有水肿发生，可以多吃土豆、冬瓜、西瓜等果蔬来排除体内多余的水分，消除水肿。除此之外，准妈妈还可以多吃些鲫鱼和鲤鱼，这两种鱼类可改善血液的渗透压，有利于合理调整体内水的分布，不仅可以消除妊娠水肿，还可以补充优质蛋白质。

## 92. 运动胎教：晒晒太阳益处多

随着胎宝宝的成长发育，准妈妈的身体负担越来越重。在阳光下散散步可以促进血液循环，缓解身体疲劳和不适；同时还可以促进钙质吸收，保证胎宝宝骨骼和牙齿的发育。

人体中的改制只有借助于血液中的维生素D才能良好吸收。而只有经过紫外线的照射人体皮肤中的7-脱氢胆固醇才能转变成维生素D被人体吸收。因此准妈妈要适当在阳光下散散步，接受阳光的照射来获取足够的维生素D，以促进钙质的吸收。同时经常晒太阳还能够有效增强准妈妈的抵抗力，阳光中的紫外线有杀菌的作用，经常晒太阳可有效地杀死潜伏在准妈妈身边的病菌，从而增强准妈妈的体格，保证胎宝宝健康生长。晒太阳和运动还能够调节准妈妈的情绪，保持心情舒畅，有研究表明，冬天多晒太阳可以有效地减少孕期抑郁症的发生。

准妈妈在散步过程中仅能提高神经系统和心肺等脏器的功能，而且可以加强腿肌、腹壁肌、胸廓肌、心肌的活动。在阳光下散散步是孕期最好的运动。要注意控制好散步的时间和距离，散步时要慢慢地走，以免对身体震动太大或造成疲劳。

## 93. 情绪胎教：做好迎接宝宝的心理准备

到了孕6月，准妈妈的肚子逐渐大了起来，越来越进入怀孕的状态。这个时候准妈妈和准爸爸一定开始憧憬着小宝宝的到来了。在期待宝宝降临的同时，没有经验的年轻夫妇心里多少会有些不安，一些在情感上没有做好接受胎宝宝准备的准妈妈会感到矛盾和焦虑，这对大人和孩子来说都是不利的。因此，准妈妈和准爸爸要从现在起调整心态，做好迎接胎宝宝的准备工作。

准妈妈和准爸爸可以阅读一些育儿书籍来学习如何照顾刚出生的宝宝，最好做到每招每式心里有数；同时要提前联系月嫂或者和家中可以照顾孩子的长辈沟通，安排好宝宝出生后的照料者，做到有备无患，这样准妈妈和准爸爸心里会感到踏实些，以免宝宝出生后手忙脚乱。在宝宝出生后的一刹那，很多父母都会感受到激动和兴奋，情绪、心情不免发生变化，因此在宝宝来临前，准妈妈和准爸爸就应该了解到这样的心理变化，明白这样的心理变化是正常的，避免增加不必要的紧张。

同时，在这一阶段准妈妈和准爸爸要更加关注胎宝宝的成长变化，更加注重饮食起居的改善、环境的美化、营养的加强等，为胎宝宝的健康成长提供助力。

## 94. 行为胎教：养成良好的睡眠习惯

充足的睡眠和良好的睡眠质量对于准妈妈和胎宝宝都是极为重要的，好的睡眠不仅能够使得准妈妈的机体得到充分的休息，体力增加，疲劳感消除，更为重要的是，能使神经机能尽快恢复，避免不良情绪的发生。准妈妈养成良好的睡眠习惯对胎宝宝的生长是极为有利的。

孕期中的女性容易感到疲劳，因此睡眠时间要比平时延长一点，最好做到不低于8小时，每天中午要保证午睡，孕晚期尤其如此。睡觉时应采取左侧卧的姿势，因为妊娠子宫多向右侧旋转，使子宫动脉受到扭曲，左侧卧位可使之得到一定程度的纠正，保证子宫血流畅通及良好的胎盘血液灌注。

睡前要做好准备工作，比如上厕所、用温水洗脚等。不要在睡前喝刺激性的饮料，不要讨论问题，以免引起大脑兴奋，影响入睡。睡前要保持心态平和、宁静，不要带着心事入睡，不良情绪会影响到睡眠质量。

 ## 95. 抚摸胎教：给胎宝宝良好的触觉刺激

孕6月时，准妈妈可以明显地摸到胎宝宝的头、背和四肢了，胎宝宝对于触觉的刺激已经有了灵敏的反应，此时是进行抚摸胎教最好的时机。

准妈妈可以在晚上胎动比较频繁的时候继续进行抚摸胎教。方法和之前大同小异：全身肌肉放松，用双手从不同的方向抚摸宝宝，左右手可以交替、轻轻放压；用双手的手心紧贴着腹壁，轻轻旋转，可向左，也可以向右。这样坚持一段后，胎宝宝就会形成反射，一旦准妈妈把手放在腹壁上，他就会进行胎内运动。准爸爸也要参与到抚摸胎教中来。准爸爸应经常隔着肚皮轻轻地抚摸胎宝宝，并和他聊聊天，让他知道是爸爸在抚摸他。

准妈妈可以事先准备一些天然的油脂，在按摩的过程中，将它均匀地涂在腹部。虽然这种抚摸胎教不用油脂也很有效，但油脂能令腹部更光滑，抚摸起来更有节奏感。要注意，不规则子宫收缩、腹痛、先兆流产或先兆早产的准妈妈，不宜进行抚摸胎教，以免发生意外。曾有过流产、早产、产前出血等不良产史的准妈妈，也不宜进行抚摸胎教，可用其他胎教方法替代。

 ## 96. 对话胎教：和宝宝讨论日常生活中的小事

在进行对话胎教时，父母可以将日常生活中的衣食住行等都拿来做对话的内容。例如：今天天气好晴朗，我们一起出去晒晒太阳吧；家里的墙壁刷得真白啊，大苹果真红真甜呀；妈妈刚刷完碗，好累呀；小宝宝你什么时候出来呀……这些生活中的琐碎事情和琐碎心情，在准妈妈、准爸爸讲述给胎宝宝时就仿佛宝宝已经融入你们的生活中了，这能够使母子之间的纽带更牢固。

准妈妈若要工作，在工作开始前，可以对胎宝宝讲："乖宝宝，妈妈现在要工作了，你要安安静静地待着啊！妈妈工作忙暂时不能跟你说话，但并不是妈妈不爱你了，一工作完我就会跟你说话了！"

另外，工作时间，准妈妈可以主动和别人交谈，让胎宝宝一同参与。话语是胎教中最理想、最有益处的语言。准妈妈可以将交谈的事情都记入胎教日记中。

##  97. 音乐胎教：最好的胎教音乐是妈妈的歌声

唱歌可以优化准妈妈的心境，使准妈妈保持愉悦情绪，体内神经内分泌系统始终处于正常状态，从而提供给胎宝宝一个优越的发育环境。同时准妈妈的歌声能使胎宝宝获得情感上的满足，唱片里传来的歌声既没有母亲唱歌给胎儿机体带来的物理振动，更缺乏饱含母爱的亲情对胎儿感情的激发。母亲富有感情的哼唱才能够让胎宝宝感受到母爱，达到爱子心音的谐振。

哼唱还能够增强准妈妈的体质。唱歌发出声音引起声带振动，而振动可以净化身体，增强心、肝、脾、肺、肾等器官的功能。声带的振动使肺部扩张，胸肌兴奋，肺活量增加，血液氧含量提高，从而为胎宝宝奠定良好的营养基础。

再好的胎教音乐也比不上出自于准妈妈口中的歌声。准妈妈可以每天哼唱几首明快的歌曲给胎宝宝听，要轻轻地哼唱，保持心情舒畅，好像你正对着小宝宝倾诉爱意。唱歌时准妈妈可以想象着腹中的小宝宝正在张开小嘴，跟着音乐节拍一下一下地"唱"起来。也可以随着音乐轻轻摆动，但动作不宜过大。

##  98. 美育胎教：到公园里去欣赏美景吧

秀美的景色会给准妈妈带来快乐，也会给准妈妈和胎宝宝带来一种精神的享受。因此，在时间充裕的情况下，准妈妈可以到公园里去游玩一番。

美丽的景色作用于准妈妈的感官系统，会唤起准妈妈的审美心理和愉悦感受，使其精神境界得到一定的升华。唐朝常建有一首赞美的诗句"清晨入古寺，初日照高林；曲径通幽处，禅房花木深。山光悦鸟性，潭影空人心；万籁此俱寂，但余钟磬音"。这样美好的环境既可以陶冶人的情操，也可以净化心灵。

在公园的青松翠柏中，准妈妈可以呼吸到清新的空气，沐浴在和煦的阳光之中，欣赏着千姿百态的花草树木，心中的杂念就会竞相除去，烦恼也会消失，喜悦的感情会油然而生。和胎宝宝一同享受这样的美好时光，是准妈妈最高兴和幸福的

时刻之一了。

要注意的是准妈妈一定要有人照顾，不宜单独出游。最好有准爸爸、亲人或好友全程陪同。一方面当准妈妈身体不适的时候有人可以照顾，另一方面可以随时调整行程，降低游玩的风险。

 ## 99. 阅读胎教：阅读一些优美的文章给胎宝宝听

一位哲人说过："读一本好书，就像是与一位精神高尚的人在谈话。"优秀的图书看后使人精神振奋、情绪良好。阅读这类书籍对于准妈妈及胎宝宝双方的身心健康都大有裨益。医学研究表明：母亲的思维和联想可以产生一种神经递质，经过血液循环进入胎宝宝的体内，分布到胎宝宝的大脑和全身各处，给胎宝宝的脑神经细胞发育制造一个与母体相似的神经环境，准妈妈通过阅读书籍，可以产生敏锐的思维及丰富的联想，促使胎宝宝的神经向着优化的方向发展。

优美的诗歌、儿歌，令人神往的童话和神话，著名的山水和名胜古迹的散文游记，精美的画册等都可以作为准妈妈的阅读材料，其中古今中外优美的散文是很适合准妈妈阅读的。这些散文的思想境界较高、情景交融、感情细腻，非常容易引起准妈妈的共鸣。清新婉约的古代诗词，优美浪漫的现代散文都可以朗读给胎宝宝听。要注意尽量选择一些文字质量高、情感积极向上的作品，尽量不要读一些忧郁的、基调悲凉的文字，以免对情绪造成负面影响。

 ## 100. 想象胎教：按照你的意愿去勾勒胎宝宝的相貌

在期待宝宝出世的同时，准妈妈和准爸爸一定已经不止一次地想象过小宝宝的模样了。

中国古代有"欲子美好、数视璧玉"的说法，古人看珠宝玉器，欣赏美妙的图画，可以使宝宝有美感；优美的音乐可以融化人心；看军人列队，听雄壮的音乐，可以增加秩序感。

在生活中，有些准妈妈由于身体不适或者感情上的调整不及时而出现对胎宝宝的怨恨心理，此时在母体内的胎儿完全能够感受到妈妈的这种感受，从而引起精神上

的不良反应。因此，准妈妈在怀孕期间最好排除不良的意识和想象，多想些美好的事情。这些美好的事物会让准妈妈处于一种美好的意境中，这种美好的感觉就会通过准妈妈传递给胎宝宝，这就是"想象胎教"。

想象胎教要在安静的环境中进行，采取轻松的姿势，想象宝宝的情形，最好静到连心脏的脉动都能感受到。想象胎教有很多方法，塑造理想的宝宝是其中的一种。准妈妈可以在安静的环境中设计孩子的形象，把美好的愿望形象化，想象着孩子的面貌、性格、气质等。仔细观察自己和丈夫，以及双方父母的相貌特点，取其长处进行综合，在头脑中形成清晰印象，并反复描绘。妈妈的这种愿望会与胎宝宝产生传递爱意的精神回路，愉悦胎宝宝的心情。在这样的心情下长大的胎宝宝，他的面貌必定是可爱的，性格也会很开朗。

##  101. 记忆胎教：用卡片训练宝宝的记忆力

记忆是思维活动的一种形式，记忆能力和人的其他各种能力一样，可以经后天训练而加强，准妈妈可以通过视觉和感觉把外界信息传递给胎宝宝，在这个时候培养胎宝宝的记忆力，会使他们出生后具有超常的记忆力和才能。

准妈妈可以尝试使用彩色教学卡片来训练胎宝宝的记忆力。每天教胎宝宝4～5个汉语拼音，韵母教完后可以继续教声母甚至汉字，也可以教宝宝数字、图形，甚至是计算。卡片可以是买的，也可以是自制的。准妈妈可用彩笔在白纸上写上文字或者数字制作成卡片，制作时要注意内容之间的色彩搭配。

卡片制作完后，准妈妈要一面正确地发音，一面用手指卡片上的内容，并努力将注意力集中到字的色彩上，加深印象。例如，临摹到"海豹、草莓"等字句时，准妈妈要一边发音，一边在脑中想象海豹和草莓的图形。如果能找到带颜色的图画或者是照片就更好了，它可以帮助你建立对这一事物的颜色和形状的视觉映象。此外，准妈妈还要一并讲解一些有关海豹和草莓的常识。如："海豹住在海里，和我们一样是哺乳类动物；草莓长在地上，是一种植物……"有了这样的解说，海豹和草莓在准妈妈的印象中就会更鲜明了，胎宝宝也容易记忆。

# 孕7月：准爸爸也来做胎教

## 102. 准妈妈的变化

到孕7月时，准妈妈的肚子会感到越来越沉重，这时候子宫底的高度上升到肚脐以上，不仅下腹部，连上腹部也大了起来。准妈妈的肚子和乳房上会出现一些暗红色的妊娠纹，从肚脐一直到下腹的竖条纹也会越来越明显；子宫的成长妨碍下半身血流的通畅，可能导致大腿内侧产生静脉瘤，或是长痔疮，脊背痛和腰痛的人增多。宫底上升到了脐上1～2横指，子宫底的高度是24～26厘米。

此时的准妈妈肚子已经很大了，走路会昂首挺胸，长时间这样走路就容易引起后背和腰部疼痛。同时受激素水平的影响，髋关节松弛而导致步履艰难。这时，准妈妈的心脏和肾脏的负担明显增加，有些人可发生水肿、高血压和蛋白尿。这些是妊娠高血压综合征的主要表现，要引起警惕。同时这时期孕妈妈贫血发生率增加，孕妈妈务必作贫血检查，若发现贫血要在分娩前治愈。25周时，准妈妈应考虑进行尿糖测试，防止妊娠糖尿病。在28周左右，一些准妈妈偶尔会觉得肚子一阵阵的发硬，这是正常的假宫缩，不必过分紧张。

## 103. 胎宝宝的变化

孕7月时，胎宝宝身长达35～38厘米，体重1000～1200克，头围26厘米。由于皮下脂肪较少，胎宝宝的脸上布满皱纹，看上去像一位沧桑的老年人。全身皮肤上都有胎毛，头发眉毛已长出，眼睑已能睁开，舌头上的味蕾正在形成。从生殖器来看，男宝宝已经有了明显的阴囊，女宝宝的小阴唇、阴核也清楚地突起了。

此时期胎宝宝骨骼肌肉更加发达，四肢已经变得非常灵活，内脏功能逐渐完善。胎宝宝的大脑发育已经进入高峰期，脑细胞在迅速分化着，到了27周左右，胎宝宝的大脑皮层开始出现了特有的沟回，活动非常活跃。一些专家认为，此时的胎宝宝已经可以做梦了。

这一阶段胎宝宝的神经系统已经开始参与生理调节，有呼吸运动，但肺及支气管发育尚不成熟。若此时早产，会出现呼吸困难、哭声微弱的症状，但也能在器械的帮助下进行呼吸。若经过精心护理，存活的可能性很大。

## 104. 本月胎教要点

这个月胎宝宝听、视、触等多种感觉更加完善，脑部日渐发达，眼睛对光的明暗非常敏感，甚至能逃避强光了。因此，这一时期的胎教内容也可以进一步完善，多多增加与胎宝宝之间的互动。

在日常生活中准妈妈要随时与胎宝宝保持亲密的语言互动，让胎宝宝知道大家都很爱他。聊天的内容可以日常生活为重心，多说家常话。在工作和家务的空隙以及茶余饭后，都可以和腹中的宝宝交流一下。准爸爸也要参与到对话胎教中来，浑厚的男低音更容易传达到子宫内部，久而久之也会令胎宝宝对爸爸产生亲切感。

本月，胎宝宝的形体已可以由腹部外感觉出来。摸到的圆而硬的地方是胎宝宝的头部，摸到的平坦的地方是背部，摸到的不规则又经常变动的是胳膊或者腿，摸到圆而柔软的地方是臀部。准爸爸准妈妈可以在舒缓音乐的陪伴下，轻轻地触摸胎宝宝的全身，就像做按摩一样。

此外，准妈妈应注意豆制品、奶制品、鱼虾等富含蛋白质食物的补充，充足的热量和蛋白质才能保证胎宝宝的健康发育，也为将来顺利分娩打下坚实基础。

## 105. 营养胎教：妈妈的口味会遗传给胎宝宝

很多妈妈都会为自己的孩子不喜欢吃蔬菜而感到头疼。不过近期有研究发现，若女性在孕期的营养胎教中，喜欢吃蔬菜，那么宝宝出生后也往往会喜欢这些蔬菜。美国费城莫奈儿化学中心的朱莉·梅丽娜表示，羊水和母乳可以传递准妈妈所吃食物的味道。如果准妈妈定期吃一些特定的食物，胎宝宝也会慢慢地习惯和喜爱上这些食物。看来要想让宝宝爱上蔬菜，在"娘胎"里就应该抓起了。

准妈妈可以多吃一些西蓝花、胡萝卜等味道大的健康蔬菜来培养胎宝宝的口味，让他们在妈妈肚子里就开始适应这些蔬菜的口味。西蓝花中富含维生素K、蛋白质、脂肪、糖类、维生素A、B族维生素、维生素C及钙、磷、铁等营养素，准妈妈产前经常吃些西蓝花，可预防产后出血及增加母乳中维生素K的含量。胡萝卜中的钙、磷、铁、糖化酶素及维生素A、维生素$B_1$、维生素$B_2$、叶酸等，都是有益于孕期的营养。这些蔬菜不仅能够培养胎宝宝的口味，还能够为孕期提供营养，一举两得。

## 106. 运动胎教：做家务也是锻炼身体的一种方式

很多准妈妈在怀孕之后就立刻变得娇惯起来，任何动作都变得小心翼翼，什么都不喜欢做。其实孕期适当地干一些家务活是有好处的，这可以使准妈妈的气血顺畅、经络疏通、精神愉快，有助于生产也有助于宝宝的健康。而长时间保持休息状态反而会对肚子中的胎宝宝产生不利影响。因此准妈妈要适当地做做家务，活动一下身体，以防止运动不足。

煮饭、洗衣服、打扫房间都是准妈妈可以做的，但要注意的是不要做一些不应该做的动作。首先不要做长时间弯腰或下蹲的家务活，如擦地、在庭院除草一类的活，因为长时间蹲着，会引起骨盆充血最终导致流产，尤其在怀孕后期应绝对禁止。其次做饭的时候，为避免腿部疲劳、水肿，尽量坐在椅子上操作。有早孕反应时，要注意烹调的味道有可能会引起孕吐或过敏。最后不要做晾衣服等向上伸腰的动作，因为做这个动作肚子要用很大的力气，长时间这样做也有可能会引起流产。同时准妈妈在做完家务后要进行充分的休息，以保证体力的恢复。

## 107. 情绪胎教：利用香薰来舒缓身体和心灵

香薰精油是从具有香味的植物中萃取植物精华，萃取的植物精华不仅具有特殊的香味，还有神奇的药效，通过沐浴、按摩等方式可以平衡及舒缓身体和精神。这对调

节准妈妈的情绪是非常有益的。

准妈妈可以通过以下3种方式来使用香薰精油：

1. 可以利用手帕和纸巾进行芳香浴。具体的做法是：准备熏衣草、罗马洋柑橘精油各1滴。将两种精油滴在手帕或者纸巾上，放在枕边，缓慢地进行深呼吸。当两种香气相互融合后，就会起到平复心情的作用。

2. 用毛巾进行芳香浴。具体做法是：先准备熏衣草精油3滴。在盆中注入清水后滴入精油，然后把毛巾放到水中浸湿。浸湿之后，抓住两端拧掉水分，然后将毛巾敷在面部，依旧缓慢地进行深呼吸。此时不安和紧张的感觉会迅速消失。

3. 香薰泡澡。具体做法是：将香薰精油滴在比体温稍高的洗澡水里，让身体浸泡一下。除了全身浸泡外，在工作或做家务时，也可以偷闲浸泡一下手或脚，让心情更舒畅。所选择的香薰精油，最好适合当时的身心状态，同时再加上按摩，会有更好的放松效果。

##  108. 行为胎教：以身作则，为胎宝宝树立好榜样

有一位准妈妈自从女儿出生后，就发现女儿的生活非常有规律，早上6点半醒来，晚上10点左右睡觉，白天很少哭闹，吃饭、睡觉都很按时。上幼儿园以后，对新的环境适应很快，说话、走路都比别的孩子要早。一旦别人问她孩子的生活为什么这么有规律，她便讲述自己在怀孕时就很注重胎教，自己的生活非常有规律。

瑞士儿科医生舒蒂尔曼博士调查发现，早起型准妈妈生下来的孩子，一生下来就有早起的习惯，而晚睡型准妈妈所生的孩子，也同样有晚睡的习惯。这充分说明，新生儿的睡眠类型是由胚胎形成数月之后准妈妈来决定的，也就是胎宝宝在出生前就与准妈妈存在着无形的"感应"。

在第25周，胎宝宝基本上是个完整的小人儿，准妈妈的一些生活习惯会潜移默化地影响到胎宝宝。因此，准妈妈一定要注意日常生活习惯的好坏对于胎宝宝的重要性。同时准妈妈思想道德水平也都非常容易对胎宝宝造成影响。要想让自己的宝宝有良好的生活习惯和性格，准妈妈就要从自身做起，在饮食起居各个方面保持规律协调，保持愉悦心情，多学习知识，多做有益于别人的事情，为胎宝宝树立一个好榜样。

## 109. 环境胎教：和胎宝宝一起享受日光浴

晒太阳对于孕中晚期的胎宝宝是非常重要的。准妈妈可以经常带胎宝宝出外进行日光浴，在沐浴着阳光的同时，还可以和胎宝宝尽情地交流。例如，准妈妈一边晒太阳，一边和腹中的宝宝说话："宝宝，今天阳光真好啊，你听到小鸟在唱歌吗？"等等。

根据中国的地理条件来看，一般情况下，春秋季节每天9~16时、冬季10~13时是阳光中紫外线最充足的时间段，准妈妈可以选择在这些时间外出适当地晒晒太阳。不过，晒太阳的时间也不易过长，每天1个小时就好了。如果是在阳光强烈的盛夏，准妈妈就不必专门出去晒太阳了，在树荫里接受一些散射的阳光就可以满足准妈妈和胎宝宝对阳光的需求了。

在进行日光浴的时候不宜空腹，不可在阳光下入睡，要经常转换一下体位，日光浴后不要立即洗澡。夏天在进行日光浴前，外露部位应涂抹润肤油或防晒霜，要戴草帽和墨镜以保护头、眼，预防中暑；冬天要适当穿得厚一些，一般不宜外露身体，预防患感冒引起其他疾病。

## 110. 抚摸胎教：准爸爸也来一起抚摸胎宝宝吧

抚摸胎教能锻炼胎宝宝皮肤的触觉，且通过触觉神经感受母体外的刺激，从而促进胎宝宝大脑的良好发育，加速胎宝宝的智力发育。一般的抚摸胎教都安排在20周以后，这与胎动出现的时间相吻合，同时要注意胎宝宝的反应类型和速度。

在本月，胎宝宝逐渐长大了，感觉器官在快速发育，对外界的抚摸感受得更明显了。因此，准妈妈要和准爸爸一起做好抚摸胎教，轻轻地抚摸胎宝宝。

需要注意的是，如果胎宝宝对抚摸的刺激不高兴，那么就会很用力地挣脱或者用踢腿来反应。此时，父母要立即停止抚摸。如果胎宝宝受到抚摸后，没有什么明显的表现，而是过一会儿才轻轻地蠕动着来反应，那就表示可以继续抚摸，胎宝宝并未觉得不舒服。

在对胎宝宝进行抚摸的时候，准爸爸还可以协助播放一些优美的音乐，这样效果会更好。另外要注意，宫缩出现过早的准妈妈不适合采用这样的胎教方式。抚摸胎教一直可以进行到孕期结束。准妈妈或准爸爸在做抚摸胎教时，要轻柔有序，并体会每次胎宝宝的反应情况。

 ## 111. 对话胎教：培养宝宝"听"的意识和能力

胚胎学研究证明，胚胎从第 8 周开始神经系统初步形成听神经开始发育。到了孕7月时，胎宝宝的听力完全形成，能分辨出各种声音，并在母体内作出相应的反应。如果胎宝宝喜欢听某种声音，就会表现得安静，而且胎头会逐渐移向妈妈腹壁；如果听到不喜欢听的声音，胎头就会马上扭开，并且用脚踢妈妈的腹壁，表示不高兴。

这个时候准妈妈可以开始培养胎宝宝"听"的意识和能力，让胎宝宝对语言产生一定的感觉。在晚上胎动比较频繁的时候，可以和胎宝宝说说话。比如："宝宝，你看今晚的月亮又大又圆；宝宝，你瞧，满天的星星多美啊！"也可以通过描述胎宝宝的形象和动作来训练胎宝宝的听力。例如，可以说："这是宝宝的小拳头吗？昨天你往左边伸，今天你向右边伸，左三拳右三拳的，看来你比爸爸更爱锻炼。"

准妈妈用这种承载着深切爱意的丰富语言，很容易唤起胎宝宝对外面世界的好奇心，提升胎宝宝的听力和记忆力，为宝宝出生后的智力发展奠定良好基础。

 ## 112. 音乐胎教：不妨听听轻松活泼的音乐

孕期经常聆听悦耳动人的音乐，除了可以帮助准妈妈保持心情愉悦，增进和胎宝宝的情感交流外，还能促进胎宝宝身心发育，培养他的音乐兴趣和天赋。

给胎宝宝聆听的音乐最好是轻松活泼、音量大小适中的，这能促进胎宝宝对声浪产生良好的感应。音乐的选择应该以C调为主、与子宫内胎音合拍的音乐，西欧古典乐曲特别是巴洛克风格的乐曲、圆舞曲等。在巴赫、莫扎特的乐曲中，蕴藏着和人类生命节律相通的部分，那是一种犹如河水潺潺流动样的周期波声音，与大脑中的阿尔发波和心跳波动的图形相似，很容易被胎宝宝和准妈妈接受。于准妈妈来讲，这样的胎教音乐不仅能刺激胎宝宝的听觉和大脑发育，还能给自己一个怡情冶

性的时机，真可谓两全其美。

但要注意的是，节奏性过强、节奏变化大的刺激性音乐不适合做胎教音乐，如激烈摇滚舞曲、迪斯科舞曲、爵士乐等，因为这类节奏过强的音乐会导致胎宝宝的组织细胞损伤，给胎宝宝的发育造成负面影响。

## 113. 美育胎教：教胎宝宝识别图形

这个阶段的胎宝宝已经具有很强的感受力和学习能力了。不但外界的人、事、物可能在胎宝宝脑中留下潜在的印象，准妈妈的一举一动都能给他带来影响。准妈妈不妨用自己的言行和想象来教胎宝宝认识一下图形，这对开发宝宝的智力是非常有益的。

学习图形最好将学习内容与生活紧密地联系在一起，比如教胎宝宝认识正方形的时候，可以先找出身边的正方形实物来讲解；认识长方形的时候，可以找出身边的长方形桌子来和胎宝宝一起辨识。一般可以先提出问题："和画上的图形一样的东西在哪儿呢？"然后就和胎宝宝一起去寻找，"有了，是坐垫，桌子。"此时可以拿起一个正方形，一边说"这是正方形"，一边手描画这个图形的轮廓来教胎宝宝认知。

准妈妈还可以利用积木来教胎宝宝认识图形，把积木、图片和生活中的物品结合起来可以对图形有一个更为直观的印象。按照这个顺序，可以先学完正方形、长方形、正三角形、圆形、半圆形、扇形、梯形、菱形等平面图形，然后再认识立方体、长方体、球体等。

## 114. 光照胎教：对胎宝宝实施光敏感训练

美国哈佛医学院报道，利用仪器得以目视观察妊娠后半期的胎儿眼睛显影，辨认区分眼动的方式。胎宝宝在16周出现慢速眼动，23周开始出现快速眼动，而在第24～35周较频繁出现眼动。36周后常见的是眼无活动，呈现出"深睡眠"状态。实验证明：适当地光照胎教对胎宝宝的视网膜和视神经是有益无害的。因此，本月中，准妈妈可以给胎宝宝进行胎教，让胎宝宝感受光线的明暗之差。

此时胎宝宝对光照已经十分敏感，可以接受光敏感训练了。光敏感练习的具体做法是：准妈妈每天定时用手电筒的微光紧贴着腹壁进行反复的开关数次，一明一暗地照射胎宝宝的头部位置，每次持续约5分钟。注意不要用强光，也不要时间太长。当光源经过准妈妈的腹壁照射到胎宝宝的头部时，胎头就会转到光照的方向，并出现胎心率的改变。不要在胎宝宝睡觉的时候进行光照胎教，以免打破胎宝宝的生物钟。

经过这么久和胎宝宝的相处，准妈妈应该已经知道了胎宝宝的作息规律，可以根据他的作息来进行光照胎教了。另外，只要不是特别刺激的光线，都可以予以适度的明暗周期来刺激胎宝宝脑部的发育。天气晴朗的时候，准妈妈如果能外出，可以到室外让胎宝宝感受光线明暗的变化。

## 115. 艺术胎教：手工编织有利于养胎养心

做一些编织手工是很多准妈妈喜欢的活动。准妈妈在进行编织的时候手指的动作灵敏、精细，可以有效地促进大脑皮层相应部位的功能发展，通过传递信息，能够促进胎宝宝手指的精细度、灵敏度，同时能激发胎宝宝大脑中思维能力的提升。五颜六色的毛线可以让准妈妈感到心情愉快，编织过程中准妈妈的心情也能够平静下来，有利于养胎养心，激发她们的母性光芒。

常见的编织物品有：设计图案，给宝宝织毛衣、毛裤、毛袜子或者是线衣线裤等；用钩针钩织出胎宝宝的一些生活用品；绣花，在家可以适当做点十字绣，没事可以给宝宝绣一条方巾；编织一些其他的美术品，如各种壁挂娃娃或者贴画等。编织这项静心的活动，让准妈妈在优美的音乐中创造着花样漂亮的物品，不仅愉悦了身心，对胎宝宝来说也是一种很好的美育教育。

## 116. 语言胎教：用卡片教胎宝宝学习语言文字

有些准妈妈准爸爸一直怀疑教胎宝宝学习的必要性，觉得还未出世的孩子并不具备学习能力，其实不然。科学研究发现，在孕期受过语言、文字、数学方面教育的宝宝出生后在学习语言、文字、数学时比普通孩子学得更快、更好。

准妈妈和准爸爸可以利用彩色的卡片来教胎宝宝学习语言和文字。这种卡片可以从书店购买，也可以自制。首先要从汉语拼音的a、o、e、i、u、ü学起，每天教4~5个。如果父母想发掘一下胎宝宝的外语天赋，那就可教给胎宝宝26个英文字母，可以先教单个的字母，然后再教一些简单的单词。具体怎么操作呢？例如，教"a"这个汉语拼音时，父母要一面反复地发好这个音，一面用手指写它的笔画。此时最重要的是能通过视觉把"a"的形状和颜色印在脑海里。这样一来，你发出的"a"这个字母的信息，就会以最好的状态传递给宝宝，从而利于宝宝用大脑去理解它并且记住它。

汉语拼音的韵母教完之后，可以接着教声母和一些简单的汉字，例如"大""小""天""儿"等等，教宝宝学习语言和文字的时候，准妈妈要饱含感情，有充分的耐心，不要急躁，更不能敷衍了事。

## 117. 想象胎教：利用音乐激发胎宝宝的想象力

音乐的熏陶可以使胎宝宝的大脑得到充分有效的信息刺激，提升以后在时间与空间推理、注意力、想象力与创造力等方面的能力，提高大脑的功能。正确有效的音乐胎教能促进胎宝宝大脑发育更充分，神经网络更丰富，所以未来的情商、智商和体质都优于一般孩子。

为了激发胎宝宝的想象能力，在这个阶段准妈妈要多听一些音色优美悦耳、节奏平和舒缓、能使人产生联想的乐曲，例如巴赫的《B小调弥撒曲》、舒伯特的小提琴曲《小夜曲》等等；旋律轻盈明快、安详酣畅、可以使人心情平稳的乐曲，例如勃拉姆斯的《摇篮曲》、贝多芬的钢琴奏鸣曲《月光》第一乐章等；旋律活泼柔美、明快清晰、有助于舒缓疲劳的乐曲，例如维瓦尔第的小提琴协奏曲《四季》中的"春"等；旋律轻柔安详、能把人带入梦乡的乐曲，例如门德尔松的管弦乐序曲《仲夏夜之梦》等等。

在听的时候，可以随着音乐展开美妙的想象。这些音乐，可以于不同的意境之中，激发胎宝宝无限的想象力，完善其智力的发育。也可以陶冶准妈妈和胎宝宝的情操，给人以心智的启迪。

 ## 118. 阅读胎教：给宝宝讲一些好听的故事吧

给胎宝宝讲故事是一项不可缺少的胎教内容，将优美的文学作品以柔和的语言传递给胎宝宝，是培养胎宝宝想象力、创造力的优秀教材。准妈妈可以给胎宝宝讲一些优雅美丽的胎教故事，继续刺激胎宝宝听觉系统的同时，也能培养胎宝宝对书籍的感受和对故事世界的领悟，开发智力。

准妈妈准爸爸每天应排出固定的时间来给胎宝宝讲故事。可以随意讲些书上看过的故事。也可以读故事书，最好图文并茂的儿童读物。还可以给胎宝宝朗读一些儿歌、散文等。《小蝌蚪找妈妈》《皇帝的新装》等经典儿童故事可以讲给胎宝宝听，《千字文》《三字经》《百家姓》这样的中国传统书籍也可以朗读给宝宝听。也可以选择一些有趣的寓言故事、童话故事给胎宝宝讲述。

讲故事时要把胎宝宝当成一个大孩子，就像幼儿园老师给小朋友讲故事那样，故事的内容不宜过长，讲故事既要避免尖声尖气地喊叫，又要防止平淡乏味的读书，做到富有感情，声情并茂，绘声绘色。

# 孕8月：给肚里的宝宝多读书

## 119. 准妈妈的变化

这个月开始，准妈妈进入孕晚期。本月准妈妈的体重会增加1300～1800克，子宫的宫底上升到胸与脐之间，宫底高度为26～32厘米，子宫不断增大使腹壁绷紧，腹部强力纤维出现浅红色或暗紫色的妊娠纹，有的准妈妈乳房及大腿部也会出现这种现象。同时由于激素的作用，乳头周围、下腹和外阴部的颜色日渐加深；骨盆、关节、韧带都出现松弛，属于正常现象。

准妈妈的身体越来越笨重，支撑大肚子的双腿会感受到较大的压力；胸口、胃部会受到子宫的压迫而产生心悸、恶心、腹胀等症状，有些准妈妈因胃部受到压迫饭量减少，而且还会非常健忘。有的准妈妈出现妊娠高血压综合征、贫血、眼花、静脉曲张、痔疮、便秘、抽筋等，如出现这些状况应及时就医。

准妈妈要尤其注意胎位的问题。孕晚期，胎宝宝在子宫内的正常姿势应该是头部向下臀部向上，以使分娩的时候头部先娩出。本月，准妈妈会感觉胎宝宝的胎动越来越少了，但并不用担心，胎动减少是因为随着胎宝宝的增大，可以供他活动的空间越来越少，他的手脚不能自由伸展了。只偶尔能感到宝宝在你腹中的活动，就表明他很好。

## 120. 胎宝宝的变化

孕8月时胎宝宝的身长约为40～44厘米，体重约为1700克左右，头围在30厘米左右，羊水量增加速度减缓，胎宝宝生长迅速，到了32周末时，已没有自由活动的余地了。

此时胎宝宝的皮肤由暗红色变成了浅红色，但由于皮肤的皱褶仍然很多，所以看起来依然酷似一位满脸沧桑的老人。头上已长出了一头的胎发，眉毛已经长出来了，眼睑的轮廓越发清晰；鼻子也开始变得好看；耳朵像个小元宝。呼吸系统发育已基本成熟，肺泡开始合成肺泡表面活性物质，以促进肺的成熟。头部还在继续增大，大脑发育非常迅速，脑和神经系统的发育已经达到一定的程度。到了8月的最后一周，生殖器发育已接近成熟，男宝宝的睾丸可能已经从腹腔进入阴囊，但有的宝宝可能会在出生后的当天才进入阴囊；女宝宝的大阴唇已明显地隆起并左右紧贴。

这时，迅速长大的胎宝宝的身体紧贴着妈妈的子宫，能够在此自由自在地回转，然而一旦遇到强烈的声音刺激和震动，胎宝宝就会大惊失色，张开双臂似要抓住什么，作出非常惊愕的样子。

##  121. 本月胎教要点

这个阶段胎宝宝大脑连接的回路更加发达，母体腹壁与子宫壁变得更薄，更容易听到外界的声音。他对外界的任何刺激都有明显的感觉，还会作出相应的反应。

孕后期的胎宝宝更喜欢有韵律的声音刺激。这时候准妈妈可以随时给胎宝宝朗读一些节奏抑扬顿挫的儿歌，播放一些意境饱满、富有节奏感的音乐，在宝宝还未出生之前就打下良好的语言基础。

美育胎教也是这个月要着重培训的，它可以训练培养胎宝宝的心智能力。准妈妈可以选择阅读一些优美的作品和欣赏一些美丽的图画，在阅读和欣赏的过程中要注意细细品味其中的美感，尽可能地开拓自己对美的感受和理解力，然后将这种感受传输给胎宝宝。

这个时期准妈妈依然要保持愉快的心情，以促进胎宝宝的身体和智力朝着更加健康的方向发展。自我心理暗示是帮助准妈妈调节心情的好办法。准妈妈可以经常暗示自己："现在我的身体所承受的沉重和不适，都是为了宝宝能够健康地成长；只要宝宝健康，我就开心；只有我快乐，宝宝才能健康。"这样一想，心中的沉郁很快就会烟消云散了。

## 122. 营养胎教：警惕孕期肥胖

到了孕晚期，准妈妈体重增加的速度应该较中期稍慢，一般每月约增加1千克。如果此时体重猛增，每周体重增加超过500克，那通常是由于脂肪摄取过多造成的。

为了防止肥胖，准妈妈在日常生活中应注意合理饮食，膳食内容均衡多样，不可过量。要注意少吃一些脂肪含量高的食物，同时注意适当地运动来消耗热量。在饮食方面，准妈妈要控制糖类食物和脂肪含量高的食物的摄入，米饭、面食等粮食均不宜超过每日标准供给量，可多吃一些蔬菜水果，注意要选择含糖分少的水果，既缓解饥饿感，又可增加维生素和有机物的摄入。在肉类的选择上多吃鸡、鱼、虾这些脂肪含量相对比较低的肉，控制猪、牛、羊肉的摄入量。另外，一些零食，如花生、瓜子和小食品等等也最好要少吃。

已经超重的准妈妈万不可以通过节食和药物来进行减肥，也没必要每天都掰着指头去计算一个馒头的热量有多少，一碗饭含有多少热量等，只要调整饮食习惯，注意少吃或者不吃那些容易发胖的食物，体重就会逐渐减轻的。

## 123. 运动胎教：给胎宝宝适度的运动刺激

胎宝宝的正常发育需要适当的运动来刺激。准妈妈适当地散散步、做做运动可以刺激胎宝宝的前庭觉，如果前庭刺激不足，日后宝宝出生后，动作协调度会有所影响。运动还可以促进血液循环，增加氧气的吸入，加速羊水的循环。

准妈妈可以根据自己的身体状况，适当地做以下12种胎教运动：晨起散步、足尖运动、踝关节运动、搓脚心运动、膝胸卧位、骨盆韧带运动、盘腿坐、骨盆肌肉运动、站立、行走、手指健脑操以及腹式呼吸。这其中，晨起散步是最适宜进行的运动。准妈妈可以到绿树成荫、环境幽静的公园、田野、树林和河畔等处散步，在这些空气新鲜的地方，准妈妈可以呼入较多的氧气，既有助于改善和调节大脑皮层及中枢神经系统的功能，还可以增强对疾病的抵抗能力；既能够防止疾病，还有助于胎宝宝的发育。不过在孕期的第8个月时，准妈妈腹部膨大，行动很慢，运动一定要适宜。

有些体质不好，必须安胎的准妈妈，可以坐在安全度高的摇椅上来回晃动，同样也能达到刺激的效果。

 ## 124. 情绪胎教：用卧室放松法来舒缓情绪

在孕晚期，由于准妈妈的身心负担都加重，常常感到疲劳和烦恼，又即将面临分娩，因此做好心理保健是很重要的。这个时候，准妈妈不仅要休息好，更要学会主动放松，调整好心态。感兴趣的准妈妈不妨学习一下卧室放松法，对缓解情绪非常有作用。

具体的做法是：当你的身体日益"庞大"的时候，会觉得身心很累，此时可以侧卧在床上或者沙发上，将头部和腰部用垫子垫起来。刺激内关穴（位于手腕向上三横指正中线上），可以缓解不安和紧张焦虑的症状。另外还有平心静气、稳定血液的功用。在起身的时候一定要先用四肢支撑。

准妈妈还可以练习一下呼吸放松法。闭上双眼，深吸气，屏气并慢慢数到5，然后呼气。使全身肌肉放松。先放松右手、右上肢、右肩，然后是左侧。随后向外转膝，放松髋部、腹部、胸部。给身体放松时应保持深呼吸，并尽可能地把呼吸放慢而且要匀速。把精力集中在呼吸运动上，倾听自己的呼吸，还可自言自语"吸气、屏气、呼气"，这样可消除紧张不安及焦虑的情绪，有助于精神的放松。

 ## 125. 行为胎教：种植一些花草来调节心情

在孕8个月的时候，准妈妈可以种植一些花草来调节心情，培养情操。这个时候准妈妈身体变得比较笨重，不再适宜经常外出做运动，而一直在家待着也容易感到无聊和烦闷，种花草这样有趣的事情可以让生活更充实和丰富一些；另一方面，花草有助于改善室内的空气，带来清新、略有香味的气息，让准妈妈心情舒畅，也美化了居住环境。在种植花草的过程中，准妈妈要给花草浇水，接触阳光等，这些活动会让准妈妈心情愉快，而这种心情会传递给胎宝宝，让胎宝宝感到快乐，思维也变得丰富。

需要注意的是，不是什么花都适合准妈妈来养，因为有些花香能刺激孕妇神经，

有些花粉还可能引发过敏，引起头痛、恶心、呕吐，并影响食欲。因此准妈妈最好少接触一些有浓烈气味的鲜花，比如茉莉、夹竹桃、一品红等。可以养芦荟、吊兰、虎皮兰、竹芋、石榴、仙人掌等，因为这些植物香气清淡，白天晚上均能释放氧气，对空气调节有一定作用，芦荟能在一定程度上吸收一些室内有害物质，益处多多。

 ## 126. 环境胎教：在家里营造一个"大自然"

到了孕8月，准妈妈的腹部更大了，行动很不方便，如果不能到大自然中去呼吸清新空气，那么不妨在家营造一个"大自然"，同样可以呼吸自然的味道。享受纯天然的自在与清新。

洗澡时点--支天然檀香或香蜡，滴几滴精油，在宁静中舒缓紧张的神经，洗浴也变成一件浪漫的事情。拖地的时候，在最后的漂洗水中放入几滴安全的精油，如茶树油或者柚子油等；在房间的喷雾器中放入4滴。在室内喷洒适宜的有花香味道的水，让室内充满优雅的气息，同时还能清除令人不快的气味，例如香烟味和宠物的味道等。在厨房内放入一小碗苏打或者白醋或者半个柠檬，将厨房里难闻的气味吸走，在少量水中加入一小把的丁香和碎肉桂，煮开，让香味飘满厨房。在海绵上倒上一点香子兰精油，放入冰箱、厨房或者是汽车中。

这些事情都可以让室内变得充满自然之味，让准妈妈在芬芳中体验一种贴近自然的舒缓，减轻内心的焦虑和烦躁。

 ## 127. 抚摸胎教：随着音乐和胎宝宝进行身体接触

孕晚期，胎宝宝的身体发育就基本成型了，这时候，胎宝宝可以依自己的意思活动身体，也开始对外界的声音、动作有了反应，准妈妈摸着肚子可以感受到他的身体，甚至可以感受到胎宝宝的动作和情绪。

本月的抚摸胎教中，准妈妈可以随着音乐与胎宝宝做身体接触。准妈妈可以把两条腿盘起来，就可以在腹部慢慢地抚摸，如果摸到圆圆的、硬硬的部位，就是胎宝宝的头部，如果摸到一块大块的部位，就是胎宝宝的背部，如果摸到凹凸不平的，就是手和脚。

准妈妈可以抚摸他的圆圆且又发硬的头部、平坦的小背部、不规则同时又经常动来动去的四肢和圆圆的柔软的臀部等。这些小动作可以帮助胎宝宝转动身体和四肢，既像是让胎宝宝做"体操"，又像是在推着他们散步。做抚摸胎教的时候，准妈妈应该一边轻轻地抚摸，一边跟胎宝宝聊聊天。羊水可以有效地保护胎宝宝，因此，准妈妈不用担心胎宝宝被压坏。

另外，帮助胎宝宝运动最好要时间固定，一般在晚上8点左右进行比较好。每次进行的时间不宜过长，一般以5~10分钟为宜。

## 128. 对话胎教：教胎宝宝认识小动物

孕8月里，胎宝宝各方面的发展更进一步了，之前我们已经教胎宝宝认识过图形、文字等等，此时给胎宝宝进行对话胎教时，不妨再深一步地和胎宝宝做认识动物的小游戏。

准妈妈可以制作一些简单的图画卡片，或者是去书店购买一些动物卡片（这些卡片在宝宝出生之后还可以继续使用）。之后，通过一些深刻的视觉印象将卡片上的图像、形状和颜色传递给胎宝宝。比如，准妈妈可以找出一张画着小猫的卡片，读给胎宝宝听，教胎宝宝辨认，然后再找出一张画有小狗的卡片，也读给胎宝宝听。都看过之后，就可以抚摸着肚皮对胎宝宝说："你认得小猫和小狗吗？说说看，小猫和小狗哪一个更可爱一些？"

如果家里有一些动物形状的毛绒玩具或者小物品就更好了，准妈妈可以看着这些动物玩具发挥自己的想象来跟胎宝宝对话，教胎宝宝认识动物，这样就能寓教于乐，达到母子间情感的充分交流，非常有益于胎宝宝的身心发展。

## 129. 语言胎教：把生活中的点滴快乐讲给宝宝听

到了孕8个月时，胎宝宝已成为一个有生命、有情感，甚至能够听懂大人说话的"小大人"了。此时，父母要积极地和胎宝宝讲话，积极地进行语言胎教。

准爸爸和准妈妈可以把生活中的点滴快乐都讲给胎宝宝听，和胎宝宝共同生活，共同感受。胎宝宝通过听觉、感觉等来感受父母的声音及语调，感受来自父母的爱，会使他对家人更信赖，更有安全感，未来对生活的适应能力更强，也牢固了母子、父子之间的纽带。分娩的日子即将临近，准妈妈可以主动和胎宝宝进行沟通，告诉胎宝宝你们非常期待他的到来，所有人都非常地爱他。以此来促进母子、父子之间的感情建立和心灵的沟通。

在进行语言胎教时要把胎宝宝当作一个有选择能力的宝宝来对待，内容和方法要生动活泼、简明易懂，不要像上课一样严肃正式。此外，进行语言胎教，还要采取一种能与胎宝宝互动的方式，也就是准妈妈说话的时候要兴致勃勃的，选择的材料也是鲜活的，首先要能引起自己的兴趣。

 ## 130. 音乐胎教：给胎宝宝哼唱几首歌

澳大利亚堪培拉产科大夫介绍，他曾让36名准妈妈每天到医院来进行音乐胎教，也就是欣赏音乐。当这些准妈妈的宝宝降生后，他发现他们的神经细胞发育很好，体格健壮、智力优良，反应能力也很强。10年后，经过追踪观察得知，有7名儿童获得了音乐奖，2名成为了舞蹈演员，其他的孩子成绩也均为良好。显而易见，音乐确是一种促进胎宝宝体、智健康的有效方法。可以这么说，音乐在诸多的胎教方法中占有重要的地位。

唱歌不错的准妈妈在心情舒畅的时候可以用柔和的声调哼唱一些轻松的歌曲，同时想象着胎宝宝正在倾听，由此可以达到爱子心音的谐振。准妈妈在家里做家务的时候，也可以哼唱几首儿歌或者轻松愉快的曲子，让胎宝宝不断地听到妈妈的歌声。这样既可以传递给宝宝爱的信息，又能有意识地为胎宝宝播下艺术的种子。哼歌的时候，声音不能过大，应以小声说话的音量为准；不能大声高唱，以免影响到胎宝宝的听力。歌曲可以选择《妈妈的吻》《早操歌》《小宝宝快睡觉》等等，唱着这些歌的时候可以边唱边描述，将自己对歌曲的理解说给胎宝宝听。

 ## 131. 美育胎教：熟悉一下中国传统文化

准妈妈闲暇的时候可以熟悉一下中国的传统文化：国画和书法。艺术的影响是潜移默化的，传统文化对人有很好的熏陶作用，此时准妈妈练习和欣赏一下国画和

书法，有助于胎宝宝对它们的熟悉，为宝宝未来的气质塑造和艺术学习奠定基础。

准备好相关的用具后，就可以开始练习了。准妈妈可以先画几幅泼墨山水画，或者适当地练习书法，一边画一边讲。例如画竹子时，可以对胎宝宝讲："宝宝，这是竹子，你看，要先画出一个长长圆圆的竹身，竹子上一节一节的……"相信，胎宝宝也会在准妈妈的腹中跟着学习新知识，同时，在绘画的过程中，还能把这些美好的信息传递给胎宝宝，宝宝出生后，就会在审美能力上有更好的表现。

不会画画、书法的准妈妈可以试着欣赏一些相关的艺术品。艺术品欣赏的要点是去看它们的色彩、线条、造型、节奏，由此体会它们所包含的情调和哲理，能受它们感染是一大收获，能从中悟到智慧又是一大收获。这对胎宝宝来说是非常好的美育胎教。

 ## 132. 阅读胎教：给胎宝宝读一些引人入胜的文学作品

怀孕后期，准妈妈应该多读一些引人入胜的文学作品。在安静的环境里读一本好书，这不但能让准妈妈自己觉得充实、丰富，同时也能熏陶腹中的胎宝宝，激发他的成长，培养他的美感，使其大脑的发育优于其他的宝宝。

准妈妈可以看一本好的儿童画册，可以将画册中每一页所展示的幻想世界，用你富于想象力的大脑放大并传递给胎宝宝，从而促使胎宝宝的心灵健康成长。可选那些色彩丰富、富于幻想的内容，可以是提倡勇敢、理想、幸福、爱情的。只要适合胎宝宝成长的主题都可以采用。让胎宝宝感受到这诗一般的语言、童话般美的仙境，能使胎宝宝提前拥有朦胧美的意识，因而出生后会比一般的宝宝更加聪明、活泼和可爱。宝宝与妈妈之间的关系也会加倍亲密。

要注意读书的时候一定要把感情注入故事情节中，通过语气声调的变化使胎宝宝了解故事是怎样展开的，一切喜怒哀乐都将通过富有感情的声调传递给胎宝宝，让他感知到这大千世界。

# 孕9月：别让宝宝太受累

## 133. 准妈妈的变化

孕9月准妈妈的腹部变得更大了，体重会增加1300~1800克，此时的子宫还在继续往上、往大长，子宫底的高度已达到28~30厘米，约莫升到了心口窝的位置；腹部也在继续向前挺进，身体变得更加沉重，容易感到疲劳，休息不好，行动更加不便，食欲因胃部不适也有所下降。阴道和子宫口变得柔软，阴道分泌物增多，排尿次数也增多，感到腹部发胀或大腿根部疼痛时要立刻休息。

在本月，如果是初产孕妇，胎宝宝的头部已经进入骨盆，紧紧压在宫颈上；而对于经产妇，胎宝宝入盆的时间会相对较晚。准妈妈仍然要特别关注胎位。胎位如果是臀位，也就是胎宝宝的臀部朝下，就是胎位不正，要立即在医生的帮助下纠正，以便顺利生产。此时的胎动会越来越少，准妈妈更要留意做好胎心和胎动的监护工作，以防发生不测。

由于胎宝宝的位置逐渐下降，孕妈妈们此时会觉得腹坠腰酸，骨盆后部附近的肌肉和韧带变得麻木，甚至有一种牵拉式的疼痛，使行动变得更为艰难。日益临近的分娩会使准妈妈感到紧张，此时要正确调整心态，多和丈夫、亲人聊一聊，缓解一下自己内心的压力。

## 134. 胎宝宝的变化

本月的胎宝宝已经成长为大宝宝，身体变得圆润，皮下脂肪开始丰富，皮肤的褶皱也相对减少。胎宝宝的体重增加非常明显，出生时的体重，几乎有一半是从33周到

40周这7周里增长的。

此时胎宝宝的身体转为头朝下的姿势，头部已经进入骨盆，身体其他部分的骨骼也已经变得很结实。呼吸系统和消化系统已经接近成熟，听力已经充分发育，对外界的声音有了反应，而且表现出了喜欢或者厌恶的表情；肺部的发育基本完成，出生后就可以自主呼吸了，本月出生存活几率为99%；中枢神经系统已发育完善，更容易被惊醒。到了月末，胎宝宝的手肘、小脚丫和头部都可以清楚地在腹部突现出来；指甲开始超过指尖了；两个肾脏都已发育完全，肝脏开始能够自主处理一些代谢废物。

随着胎宝宝不断向骨盆方向移动，胎心最清晰的位置也逐渐靠下了。仰卧位时听得比较清楚，胎心率还是140~160次/分钟。如果小于120次/分钟，或大于180次/分钟，要注意观察，要想到胎儿异常的可能，发现异常要及时看医生。

## 135. 本月胎教要点

孕9月时已经到了怀孕的最后时期，准妈妈要继续坚持对胎宝宝进行胎教，直到宝宝降临人世。

到了这个月，准妈妈已经可以清楚地分辨出胎宝宝的头部、背部和四肢。因此准妈妈不妨多摸摸胎宝宝的头部，有规律地抚摸其背部，轻轻触摸他的四肢。顺序可以从头开始，然后沿着背部到臀部直到躯体，要轻柔且有序。需要注意的是，若在触摸中，胎宝宝的反应较大，例如感觉到他在用腿蹬的话，说明他可能不高兴或不舒服了，要立即停止抚摸。

准妈妈很快就要见到胎宝宝了，这会让很多年轻的准妈妈感到又兴奋又紧张焦虑，过度焦虑极有可能影响到胎宝宝而造成早产，因此千万别疏忽大意了。准妈妈不要过分担心，调整好心态，暗示自己一定能顺利地生下健康聪明的宝宝，储备好精力，为分娩做好准备。

由于子宫的增大影响了肠胃的蠕动，因此很多准妈妈会发现自己的便秘症状加重了。此时准妈妈应多吃一些富含膳食纤维的食物，以促进肠胃蠕动，缓解便秘。同时准妈妈还应该开始练习一些帮助分娩的动作了，以减轻分娩的痛苦，帮助胎宝宝顺利出生。

## 136. 营养胎教：准妈妈要多吃一些海产品

英国有研究人员发现，怀孕期间多吃鱼和海鲜的妇女生下的孩子较之那些少吃鱼和海鲜的妇女生下的孩子在发育能力测试中表现得更出色，这一测试的内容包括沟通能力、协调能力以及智商等，前者在5岁之前身体协调能力更强，7岁时行为能力更优秀，8岁时智商值更高。

营养学家称海洋动物食品为高价营养品，它们富含脂肪、胆固醇、蛋白质、维生素A和维生素D，与人体眼睛、皮肤、牙齿和骨骼的发育关系密切。研究显示：海鱼中含有大量的鱼油，鱼油具有促进新陈代谢正常进行的特别功用。海鱼还能提供丰富的矿物质，例如铁、镁、碘等，它们对促进胎宝宝的生长发育有良好作用。除此之外，孕期中的女性由于偏食会容易缺碘，缺碘会造成死胎、流产、早产和先天性畸形。海带、海鱼、紫菜、贝类等海产品中含碘量较高，准妈妈若每2～3天吃一次海鱼等海产品，便可满足机体对碘的需求量。

胎宝宝的大脑发育需要海产品中的营养元素，因此准妈妈应该多吃一些营养丰富的海产品，为宝宝的聪明、健康奠定良好的基础。

## 137. 运动胎教：胎位矫正要及时

正常的胎位应该是胎头俯曲，枕骨在前，分娩时头部最先伸入骨盆，医学上称之为头先露，这种胎位分娩一般比较顺利。在28孕周前胎宝宝尚小，羊水相对较多，即使胎位不正大多也能自行转正，但到了怀孕8个月以后，如果准妈妈的胎位不正就要赶紧纠正了，否则容易危及到胎宝宝的安全。

这里介绍三种矫正胎位的方法：

一、胸膝卧位法：准妈妈于饭前、进食后2小时或早晨起床及晚上睡前，先去排空尿液，然后放开腰带，双膝稍分开，胸肩贴在床上，头歪向一侧，大腿与小腿成90度直角，双手下垂于床两旁或者放在头两侧，形成臀高头低位，以使胎头顶到母体的横膈处，借重心的改变来使胎宝宝由臀位或横位转变为头位。每天做2～3次，每次

10～15分钟，一周后进行胎位复查。

二、侧卧位：适宜于横位和枕后位，侧卧时可同时向侧卧方向轻轻抚摩腹壁，每天做2次，每次10～15分钟。

三、拱形运动。拱形运动是要把棉被叠起来，让自己的身体呈现拱形躺在棉被上。

在做胎位纠正的过程中，准妈妈要避免持续睡在同一边，要经常性地换着方向睡。一般情况下，坚持做这三项运动，慢慢地就可以把不正确的胎位给矫正过来。如果依然没有效果就需要求助于医生了。

 ## 138.情绪胎教：让胎宝宝感受到父母心中的欢乐

父母双方乐观的性格会影响胎宝宝性格的形成趋向。如果准妈妈的性格比较内向和消极，怀孕阶段就要注意试着把自己的情绪调整到好的状态，多看美好的事物，多讲一些真善美的故事给胎宝宝听，一方面能培养胎宝宝的性格形成，另一方面也能在无形中逐渐清除自己的消极悲观情绪。准妈妈豁达乐观的情绪有助于胎宝宝的健康发育，也有助于宝宝出生后活泼性格的形成。准爸爸也应该情绪乐观地积极配合准妈妈，让胎宝宝同时感受到父母的双重欢乐。

同时要营造好的家庭氛围，夫妻双方要相互理解，经常交流感情，尤其是准爸爸要为准妈妈和胎宝宝好好服务，不断地给准妈妈的精神和饮食输入营养，给正在孕育着的胎宝宝创造有利的内外环境，扮演好未来父亲的荣耀角色，这会让准妈妈感到幸福，也会让胎宝宝感到开心，在如此和谐的家庭氛围中生活，对母子的身心健康均大有裨益。孕晚期的准妈妈虽然身体有诸多不适，但也应该体谅一下准爸爸，给准爸爸一定的关怀和理解，为给胎宝宝打造一个快乐而温馨的家庭而努力。

 ## 139.行为胎教：纠正自己身上的不良习惯

孕晚期，准妈妈依然要多注意自己的行为，留心生活中的小细节，纠正自己身上的不良习惯，以防对胎宝宝的健康造成负面影响。

很多准妈妈会注意到一从外面回来就洗手，却不会在意嘴唇的卫生，而不清洗嘴

唇就吃东西，是会有害处的。空气中的有害物质一旦通过准妈妈的嘴唇进入体内，会危害到胎宝宝的健康，严重的甚至引发胎儿畸形。因此，准妈妈要千万注意。外出时最好能在嘴唇上涂上能阻挡有害物的护唇膏。回到家后，洗手的同时不要忘了给嘴唇做清洁。

怀孕期间，女性激素和内分泌的变化，会使脸上出现一些斑，但最好不要使用祛斑产品。等生完宝宝后，体内激素恢复正常了再用也不迟。而且选用祛斑产品时，也要注意看清楚产品是否合格，如果不合格一定不能使用。

有些准妈妈在孕前不测定，这是有一定风险的。产前测定能及早发现并预防疾病，保护准妈妈的健康。产前测定可以及早发现畸形，适时终止妊娠，医生也可以了解胎宝宝生长发育是否正常，适时给准妈妈以生活、卫生、保健指导。因此准妈妈要重视孕前测定，怀孕3个月起应每月测定一次。

## 140. 抚摸胎教：通过肚皮把积极情绪传递给宝宝

准妈妈可以时不时地用手轻轻抚摸胎宝宝或轻轻拍打胎宝宝，通过肚皮把积极的情绪传达给胎宝宝，形成触觉上的刺激，促进胎宝宝感觉神经和大脑的发育。

和着美好的音乐，我们可以继续按照以前的方法给胎宝宝做抚摸胎教。可以按照从上到下、从左到右的顺序，轻轻地在腹部做抚摸的动作。开始的时候，先用中指和食指轻轻并反复地触压胎宝宝，之后双手稍微握成拳头，轻轻叩击腹部。胎宝宝会马上用轻微的胎动来反应，但有时需要过一阵子才有反应。此时，准妈妈不要急，这是正常的现象。如果以前做抚摸的时候胎宝宝都有反应，但这个时候没有反应了，准妈妈就要赶紧联系医生，查看原因。

胎宝宝需要妈妈温柔的爱抚，在出门晒太阳的时候，准妈妈可以一边走一边轻轻抚摸胎宝宝，这样可以激发胎宝宝运动的积极性，准妈妈会感受到胎宝宝轻轻地蠕动起来，缓慢而又有节奏。

到本月，胎宝宝已经足够大了，准妈妈的腹壁越来越薄，因此抚摸不宜时间过长，每天2~3次即可，每次不超过10分钟。同时，抚摸和触压胎宝宝的时候，要注意动作轻柔，避免用力。

 ## 141. 对话胎教：教胎宝宝一些基本的常识

对准妈妈来说，喃喃自语地把一天中看到的、听到的、经过的各种事情讲给胎宝宝听，既是语言胎教中非常有意义的常识课内容，同时又是牢固母子间的感情交流、培养宝宝感知能力及思维能力的基础。

例如，当准妈妈在散步时，可以一边走路，一边给腹中的胎宝宝上常识课："宝宝，瞧，树上有两只小鸟。小鸟是有翅膀的，可以在天空中自由自在地飞翔，它们还会唱歌，歌声很好听哦！""宝宝，你看这棵大树，树干这么粗，枝叶这么繁茂，应该有上百年的历史了。"当准妈妈吃饭的时候可以告诉宝宝："米饭是白色的，吃起来香香软软的；菠菜是绿色的，吃了可以补充铁和维生素。"虽然这只是一些非常普通的小常识，但当准妈妈娓娓道来时，腹中的胎宝宝感受到的却是母亲的真挚关爱，这样可以明显地提高胎宝宝的感受力，让宝宝出生以后更聪明，对事物的接受和感知能力更强。

 ## 142. 语言胎教：教胎宝宝背诵几首简单的儿歌

到了孕9月，准妈妈和准爸爸就可以开始教胎宝宝背诵几首简单的儿歌了。宝宝喜欢听富有韵律的儿歌，经常给胎宝宝背儿歌，等宝宝出生后会背儿歌的时间也会相应地提前。有研究发现，有些宝宝在16个月的时候就会背诵儿歌了；而在没有受到过语言胎教的宝宝中，大部分都要到18~20个月的时候才会说押韵的字，到24~28个月的时候才会背诵整首儿歌，几乎慢了8~12个月。宝宝能够背诵儿歌说明他能连续按照顺序记忆4句12~14个字的短语。

准妈妈、准爸爸可以买一本优秀的儿歌书籍，从中选择几首富有韵律的儿歌。儿歌的背诵要押韵，多次重复之后才有印象。因此，练习过程中，要先背一首，重复7~10天，然后再背第二首，背第二首的时候也要经常重复第一首。这样下去，只要有1~2首经常重读背诵就可以了，不要过多，也不能背得太快。背诵的时候要一个字一个字地说清楚，特别注意把押韵的字重读。等到宝宝长大以后真正学习儿歌的时候，也许会对你现在教给他的儿歌产生"莫名其妙"的熟悉感呢。

## 143. 音乐胎教：多欣赏古典音乐

怀孕9个月的准妈妈就要分娩了，心理上难免会有些紧张，此时，准妈妈就可以选择一些古典的音乐来进行音乐胎教。古典音乐舒缓优雅，情景交融，可有效地缓解准妈妈的紧张情绪，带给准妈妈美妙的联想和盼望。同时古典音乐的复杂性及其模式有利于培养胎宝宝及婴幼儿的认知能力，有助于开发胎宝宝的智力，提升逻辑思维能力。

在这里给准妈妈推荐几首古典音乐，比如李斯特的《爱之梦》，此曲具有美丽爱情般的梦幻感觉，在情绪、速度各方面都相当适合做胎教音乐；比如费尔德的《第四号夜曲》，此夜曲以简短的音符描绘夜晚浪漫气氛，十分浪漫动人；比如舒曼的《梦幻曲》，此曲是《儿时情景》中的第七首，曲风温馨感人，犹如回到母亲的怀抱。还可以欣赏德彪西的名曲《月光》，这首曲旋律明亮柔缓，将淡淡的月光描绘的更加有诗意，于优美的旋律中浮现出浪漫的情调。当一曲终了，准妈妈会感觉到镇静和淡淡的睡意袭来，而腹中的胎宝宝此时已在这优美的旋律中安然入睡了。

## 144. 日记胎教：在日记中写下对胎宝宝的期待

胎宝宝马上就要出生了，这时候准妈妈可以继续写胎教日记，在心里想着将要出生的宝宝，借此来使自己逐渐进入宁静而平和的状态。以前不太爱写胎教日记的准妈妈此时也不妨拿起笔来写一写。

日记中可以写出你对胎宝宝的期待，比如希望他长得好看、人品端正、聪明善良、快乐健康等等。写的内容越详细越具体越好，一边写还可以一边怀着美好的心情对未来进行畅想，想象着宝宝正如你所期待的那样降生，这种潜意识的期待一定会被胎宝宝感觉到，进而对他的大脑发育和智力发展产生积极影响。

同时准妈妈也可以在日记里对自己的内心进行一番探索，坦率地写下心底的真实想法，和自己对对话可以更好地了解自己，有时候心中的郁结在书写过程中就逐渐化解开了。这可以让准妈妈不安的内心逐渐平静下来，加深对胎宝宝的爱，也能够更加坦然平和地迎接胎宝宝的到来。

## 145. 光照胎教：胎宝宝的光影新概念

一般来讲，胎宝宝的视觉发育比听觉发育要缓慢一点，原因就是，虽然子宫内不是漆黑一片，但也不适合用眼睛来看东西。从妊娠初期到中期，外界的光线一直被准妈妈的腹壁和羊水遮住，子宫内确实很黑暗。实验表明，用手术室专用的强光照射准妈妈的肚子，子宫内也只能透进很微弱的光线，在那样的能见度下，人类的眼睛还不能发挥作用。

到了孕期的第9个月，随着胎宝宝的不断增大，准妈妈的腹壁也随之变薄了，此时胎宝宝对光线有所反应。若准妈妈进行日光浴，胎宝宝就能随之感受到光线的强弱。

从孕期36周开始，胎宝宝的眼睑、眼球开始对光照变得很敏感，头部也会回旋着做躲避运动了。怀孕37周以后，反应逐渐明显。实验证实，光照胎教不但可以促进胎宝宝对光线的灵敏感应和视觉功能的健康发育，还有助于宝宝出生后行为动作的发展。

胎宝宝36周了，各项生理功能都基本齐全了，因此可以将光照胎教和数胎动以及对话胎教相互结合起来进行。当胎宝宝觉醒时，用手电筒的微光照射准妈妈的腹部，用来训练胎宝宝的昼夜规律，也就是夜间睡觉，白天活动，进而促进胎宝宝视觉功能的健康发育。准妈妈可以定时地每天照射腹部3次，同时告诉胎宝宝现在是早上还是中午。应该注意的是，光照时，千万不要用强光照射，时间也不能过长。

## 146. 美育胎教：给胎宝宝听一听大自然的声音

大自然发出的旋律温和自然、有规律性的声音，如大自然的河川溪流声、虫鸣鸟叫声，对于准妈妈放松心情、舒展情绪、陶冶情操、恢复精神大有裨益。

大自然的声音即便胎宝宝整天听，也不会觉得厌烦，因为自然景物太丰富，鸟语花香，时刻演变，美轮美奂。自然的天籁之音可以让准妈妈保持愉快的心情，也可以很好地刺激胎宝宝的脑部发育和审美意识的形成。到了孕晚期，准妈妈不能经常外出了，这时候最好能将大自然的各种声音录下来，播放给胎宝宝听，例如：鸟儿的啁啾声、草丛里昆虫的唧唧声、簌簌的风声和淅淅沥沥的雨声等等。或者可以播放一些带有自然之声的瑜伽音乐和钢琴作品等。

胎宝宝即将来到人世了，在出生后也要坚持给他听胎教音乐，这是最简单的早教方法。给宝宝听他胎儿时期经常听的声音或者类似妈妈体内的声音，能稳定情绪，令他感到愉悦舒适富有安全感。

## 147. 阅读胎教：把感情融入胎教故事中

在前面我们已经说过，给胎宝宝读故事时，要绘声绘色，富有情感，不要单调而机械地进行朗读。想要做到这一点，准妈妈在给胎宝宝讲故事和描述事物时，最好要选择自己熟悉的、理解的故事和事物，这样才能更好地融情感于其中。

给胎宝宝讲故事或者对话的时候，声音要明快柔和，注意把形象和情感融合起来，创造出一个情景交融的意境。例如你到野外散步，一边散步，一边会涌上来安详、宁静的感情，这个时候，你就可以通过语言，将美好的感受讲给胎宝宝听。同时还要注意声像结合。胎宝宝虽然还不能看到书本上画出的形象和外界事物的形象，但经过准妈妈细致的描述，胎宝宝是能够用脑来感受的。跟胎宝宝说话前先在头脑中把所讲述的东西形象化，如同看到影视的画面一样，之后再用动听的语言将脑中的画面讲给胎宝宝听，这就是声像结合。这样，一幅美丽的图画就通过声音传递到胎宝宝的大脑中，才能让胎宝宝融入你所描述的精彩世界中去。

# 孕10月：还要坚持做胎教

## 148. 准妈妈的变化

孕10月准妈妈的体重增加达到最大，子宫增大到极限，体重已经增加了11～14千克，身体变得越来越笨重，行动起来很不方便。

这段时间准妈妈会出现皮肤苍白、食欲减退、活动后头晕心悸等症状，随着增大的子宫的压迫，水肿现象会加重。准妈妈还可能会有"现血"的现象，也就是子宫颈变软、变薄后，黏液栓塞会和血液混合在一起流出阴道。这是一种正常的出血现象，子宫颈为分娩作准备而扩大，是接近分娩的开始，准妈妈不必过于担心。此外，这个时候羊水的体积有所减小，宫缩的频率继续增加，准妈妈常感到肚子一阵阵地发硬和发紧。

这一阶段准妈妈平卧时子宫压迫下腔静脉，使血液回流受阻，会有出冷汗、恶心等不适症状，因此，睡觉时应尽量采取侧卧位，最好是左侧卧位。随着分娩期的接近，子宫的分泌物会增多，要经常换洗内衣，勤洗澡。由于随时都有分娩的可能，因此本月准妈妈要特别注意谨慎活动，避免长时间站立，洗澡时要避免滑倒等。此外，还要好好休息，密切关注自己身体的细小变化，为临产做好充分准备。

## 149. 胎宝宝的变化

孕10月时胎宝宝的各项器官已经非常发达，完全具备了出生的条件，可以随时和爸爸妈妈见面。

此时胎宝宝身体大约是头的4倍，体重为3400克左右，头臀长度为37厘米，身体长度为49厘米。皮下脂肪日见增厚，体型圆润，皮肤上的皱纹几乎看不见，皮肤呈富有光泽的粉红色。骨骼发育结实，头盖骨变硬，指甲继续向外长。之前覆盖在胎宝宝身上的那层细细的绒毛和白白的胎脂都逐渐脱落消失了，所以胎宝宝现在的皮肤已经变得很光滑了，脱落的物质和分泌物会随羊水进入胎宝宝的肚子里，存储在他的肠道中，出生后形成黑便随即排出。

到了临产前的最后两周，胎宝宝已经整个倒立过来了，没有以前那么活跃了，他的头部此时已完全固定在骨盆中，随着头部不断下降，就会来到这个世界上了。大多数胎宝宝都会在第40周诞生，但只有极少数胎宝宝会很听话地在预产期出生，所以提前两周或推迟两周出生都是正常现象。此时准妈妈要格外注意3个重要现象：宫缩、破水和流血，这些都是临产的征兆。

 ## 150. 本月胎教要点

本月首要任务就是学会平静地面对即将到来的分娩，越接近最后的临产时刻，准妈妈越紧张，这时候你可以多和过来人交流一下经验来缓解内心的忧虑。对于分娩，不要过分期待，也不要过分焦虑，不要把分娩看成一个重大的困难，这是每一个女性一生中都要经历的一件事情，没什么大不了的。

此时，准妈妈依然可以给胎宝宝听音乐，而且应该成为每天进行的胎教内容，每天可以听5分钟。在感觉胎宝宝蠕动的时候与他亲密地聊天，不仅对胎宝宝有益，更能有效地舒缓准妈妈的担忧和紧张。而此时胎宝宝的感官系统已经接近完善了，对于音乐节奏的敏感度也增强了，因此要多给胎宝宝听一些节奏轻快、旋律柔和的音乐，这能够很好地安抚他的情绪。准妈妈还可以继续用彩色卡片来教胎宝宝学习语言、认识文字、懂得算术等，为生出一个健康聪明的宝宝继续努力。

因为分娩要消耗很多的热量，因此准妈妈在最后两周可以多吃一些热量稍微高一些的食物，为之后的分娩储备能量，但还是要控制脂肪的摄入量，以免胎宝宝体重增长过快，增加分娩的难度。

## 151. 营养胎教：多吃些有助于分娩的食物

离胎宝宝出生的日子越来越近了，这个时候准妈妈应该重视饮食，可多吃些帮助分娩的食物，帮助分娩，让产程顺利些。

多补充蛋白质。母体需要蛋白质来供应分娩的需要，而胎宝宝也需要蛋白质来建造组织，因此蛋白质的量一定要增加。准妈妈每天要增加10克，例如1杯牛奶+30克肉类或者蛋、1份豆制品+1盘青菜、半碗饭+1个蛋等搭配，即可满足1天所需的量。

吃一些消水肿的食物。冬瓜性寒味甘，水分丰富，有止渴利尿的功效，可以减轻准妈妈在孕后期的下肢水肿。另外，南瓜的营养也很丰富，不但可以促进胎宝宝的脑细胞发育，还可以防治妊娠水肿。

另外，此时准妈妈全身的血液循环增加，而生产的时候又会大量流血，所以最好在生产前储备足够的铁元素。充足的铁元素也可以预防准妈妈产后患上缺铁性贫血，胎儿在出生之后也不会因为缺铁而免疫力低下。

临产前吃一点巧克力。生产前准妈妈可适量食用些巧克力，因为其中所含的糖分在准妈妈体内转化成热能，可增强产力，帮助顺利分娩。

## 152. 运动胎教：学习拉梅兹分娩法

拉梅兹分娩法，也被称为心理预防式的分娩准备法。这种分娩方法通过对神经肌肉控制、产前体操及呼吸技巧的训练，有效地让准妈妈在分娩时将注意力集中在对自己的呼吸控制上，从而转移疼痛，适度放松肌肉，有助于顺利地分娩出宝宝。具体做法如下：

放松颈部。准妈妈采取仰卧位，准爸爸在准妈妈的头顶处用双手托住她的脖子，轻轻抬起，之后再慢慢地放下，如此反复。

放松肘部。准妈妈采取一个舒适的坐位，准爸爸在一旁用左手托住准妈妈的右肘关节，按照正常的运动方向弯曲、伸直。另一侧也做同样的练习。

放松腕部。准妈妈采取一个舒适的坐位，准爸爸在一旁用右手轻轻握住准妈妈的左手手腕，左手捏住准妈妈的左手指进行上下运动。另一侧也做同样的练习。

放松大腿。准妈妈采取仰卧位，准爸爸用左手握住准妈妈的右边膝盖，右手握住右脚踝，按照膝关节运动的方向做圆圈运动。另一侧也做同样的练习。

放松膝盖。准妈妈采取一个舒服的坐位，两臂放在身后支撑住身体。准爸爸用右手握住准妈妈的左边膝盖，左手握住她左脚的脚踝，按照关节运动的方向，将她的膝盖弯曲、伸直。另一侧也做同样的练习。

放松脚踝。准妈妈采取一个舒服的坐位，将双腿伸直。准爸爸在一旁用右手握住准妈妈的左脚脚腕，左手握住左脚脚趾，前后运动，放松肌肉。另一侧也做同样的练习。

## 153. 情绪胎教：从产前的忧郁焦虑中走出来

很多准妈妈在产前会有强烈的焦虑感，尤其是没有分娩经验的年轻准妈妈，对即将到来的分娩会感到分外的紧张，害怕分娩疼痛、担心宝宝畸形、暴露出身体等等。过度焦虑会引起准妈妈肾上腺素分泌增加，导致代谢性酸中毒，引起胎宝宝宫内缺氧。还有可能引起准妈妈自主神经紊乱，导致分娩时宫缩无力，造成难产。因此准妈妈要在产前调整好心态，改善产前的焦虑与不安。

首先，准妈妈要勇敢而正面地面对生产这件事情。生育能力是女性与生俱来的能力，绝大多数女性都能安全而顺利地生出宝宝。即便存在着一些特殊情况，现代医疗技术也能为你提供强劲的助力，最大限度地保证你和宝宝的平安。

其次，准妈妈要多学习一下孕产知识，多了解相关的分娩常识，以减少分娩时的紧张和不必要的担心，增强对自身的了解，增强生育健康宝宝的自信。

最后，有产前并发症的准妈妈应积极治疗并发症，与医师保持密切联系，有问题时及时请教，不要总是自己胡思乱想，保持良好情绪。

## 154. 行为胎教：给宝宝当勇敢者的榜样

科学研究表明，胎宝宝在准妈妈肚子里的时候就已经受到准妈妈生活习惯和性格情绪的影响，在他出生之后，会潜移默化地继承下来。

分娩的过程尽管对宝宝的一生来说非常短暂，但这短暂的过程却能影响到一个人

的性格、脾气和气质。准妈妈在分娩的过程中所表现出来的承受能力、心理素质，也会被胎宝宝感知到，随之传递到胎宝宝的身上。

在分娩的过程中，子宫一阵阵地收缩，产道才可以一点点地被打开，宝宝才由此被生下来。在这个过程中，妈妈产道产生的阻力与子宫收缩帮助胎宝宝前进的动力相互作用，给准妈妈带来了很强烈的痛苦和不适。针对这些痛苦，准妈妈应提前做好心理准备，为自己打好"预防针"。分娩过程中准妈妈要表现坚强，克服担忧和紧张，努力快速地让胎宝宝降生，给宝宝做一个勇敢者的榜样。这是给胎宝宝上的最后一堂胎教课，也是第一堂早教课，能够帮助他在未来成长为一个勇敢而坚强的人。

##  155. 环境胎教：给胎宝宝欣赏不同类型的音乐

这一阶段胎宝宝的各项器官基本发育完善，听觉功能发育已经基本完成了。此时，准妈妈可以给胎宝宝倾听各种声音，以促其听觉系统进一步完善。

在这里推荐巴赫的《D大调第三管弦乐组曲》，这首组曲由5个乐章组成，每个乐章都展现出不同的音乐风格和特点。第1乐章序曲气势庄严、雄壮。第2乐章咏叹调，非常具有抒情性，旋律质朴，富于浓郁的感情，带有巴洛克后期的夜曲风格。第3乐章加沃特舞曲和第4乐章布列舞曲都表现出一种活泼愉悦的情绪。第5乐章吉格舞曲，是一首以双簧管和小提琴为主演奏的华丽舞曲。

情绪较忧郁的时候，准妈妈先听一会儿单调、略带悲伤的音乐，形成一种情绪过度，然后再听高兴的音乐；稍稍感觉不安的时候，可以听一些弦乐器演奏的乐曲，这类音乐可以稳定情绪。在听不同的乐曲和声音时，不仅仅是单纯地感官享受。此时准妈妈要展开联想和想象，在美妙的音乐中注入自己丰富的感情色彩，让诗情画意的景象于脑海中翩然而至，这样更有助于胎宝宝对音乐的接受，从而使音乐胎教达到良好的效果。

##  156. 对话胎教：把家庭成员介绍给胎宝宝

宝宝就要出生了，提前和推后的时间如果不是特别长，都属于正常的范围。因此，准妈妈要抓紧时间来为胎宝宝介绍家庭成员，让宝宝提前感受一下大家庭的温

暖和睦。

找出一张全家福照片，准妈妈可以一边抚摸着肚子里的胎宝宝，一边开心地给他介绍："亲爱的小宝宝，这个月你就要来到人世，融入我们的大家庭了，这是咱们的全家福，妈妈现在给你——介绍我们这个大家庭中的各个成员：这个是你的爸爸，他高高帅帅的，非常善良；站在爸爸旁边的就是我啦，你的妈妈，你看妈妈长得漂亮吗？这是慈祥的爷爷，站在他旁边的是你的奶奶，他们是爸爸的爸爸和妈妈。这两个是和蔼的姥爷和姥姥，他们是妈妈的爸爸和妈妈。我们大家都非常爱你，都在期盼着你的到来，相信你生活在我们这个家庭中会幸福的。"

准妈妈可以根据不同的情况来介绍家里人，越详细越具体越好，让宝宝熟悉的更多，加深印象。

## 157. 语言胎教：教胎宝宝一些礼貌用语

在本月中，胎宝宝马上就要降生了。准妈妈在进行语言胎教的时候，可以经常对胎宝宝说一些礼貌用语。例如常用的"谢谢""对不起""您好""老奶奶，老爷爷先坐"……最好一个词能重复几遍，给宝宝一个较深刻的印象，让宝宝提前认识到礼节和礼貌对人，这对宝宝出生后的良好品质形成很有帮助。

在宝宝到了牙牙学语的时候，你在孕期教他的礼貌用语会起到一定的积极作用，这时，父母可以延续胎教时的内容，教他一些简单的礼貌用语，比如"谢谢""对不起""请""再见""您好"等等，继续培养宝宝成为一个讲文明懂礼貌的孩子。

常言道"言为心声"。准妈妈和准爸爸在孕期要尽量避免讲脏话，避免吵架等；应该增加语言、文学的修养；要以优美的语言充实、丰富、美化自己的生活，在宝宝出生以后应继续构建文明、温馨的家庭环境。给宝宝创造好的环境，树立好的榜样。

## 158. 音乐胎教：爸爸妈妈一起来给宝宝唱歌吧

怀孕时期准爸爸、准妈妈温柔的说话声，可以刺激胎宝宝的听觉发育，有助于胎宝宝性格和智力的完善。胎宝宝在准妈妈的肚子里就能够开始记忆父母的声音了，也

因此而有舒适和安定的感觉。准爸爸和准妈妈如果能时常以温柔的声音和腹中的胎宝宝说话，会让胎宝宝充分感受到关爱。

近期，许多专家都观察到夫妻唱歌对胎宝宝的特殊效果。夫妻双方共同给胎宝宝唱歌听有两大好处，一个是二人合唱会使夫妻双方都感到很快乐，能增进夫妻感情。快乐的情绪能够刺激脑啡肽的产生，而脑啡肽可以有效缓解准妈妈对分娩的紧张情绪，增加自然分娩的自信心。另外一个是二人合唱无论是音频还是音量都不会超过胎宝宝的适应范围，这是最天然而又无害的胎教。

因此，准妈妈和准爸爸应该每天抽出一些时间来给胎宝宝合唱一首歌曲，这样等宝宝出生后，他会唱的第一首歌很可能就是爸爸妈妈在孕期经常唱的这首歌。想一想宝宝出生以后一家人一起唱他在妈妈肚子里听过的歌是一件多么幸福的事情呀。

# 早教：宝宝心智的全面开发

# 系统了解早教

 ## 159. 什么是早教

　　0~6岁是幼儿大脑发育最快的时期，早教就是成人针对幼儿在这一年龄段的成长特点，给予正确的教育，帮助其开发内在潜能，以便加速幼儿智力的发展，为良好的行为习惯和个性品质的形成奠定基础。早教是成人对幼儿实施的人生启蒙教育，对其一生具有奠基的意义。

　　"早教"的重心不在一个"教"字，提前学习多少知识、让孩子变得多么聪明并不是早教的重点。它最大的目的是为宝宝打造一个能够给予他来自听觉、视觉、触觉、嗅觉、冷热觉等多种感觉刺激的环境，进而丰富孩子的情感、激发孩子对事物的好奇心、引起孩子对知识的兴趣、端正思想态度、养成良好的行为习惯，帮助他成长为一个更好的人。

　　从妈妈怀胎10月到宝宝出生后的前几年，宝宝一直处于生长发育的关键时期。人类各种能力的产生和发展都有一个重要的关键期，如果能利用好这一重要时期，我们就更容易获取相应的能力；而如果错过了关键期，虽然最终还是可以学会，但需要付出更多的努力。0~6岁是宝宝人生最初的时光，也是最宝贵的一段时光，爸爸妈妈应抓住这一时期对宝宝进行正确的早期教育，充分开发宝宝的智力，这将对宝宝一生的发展产生极为重要的影响。

 ## 160. 早教对宝宝的意义

　　宝宝的大脑好像一张白纸，需要经过外界环境的不断刺激，听觉、视觉、触觉等感官才会渐渐发达。刺激得越多，大脑也就越发达，智力的发展简直称得上日新月

异。婴幼儿时期是人类神经系统发育最快、各种潜能开发最关键的时期，此时进行启蒙教育确实能够为其漫长的一生打下良好的基础。

在婴幼儿阶段，宝宝在好奇心的驱使下去探索世界，学习未知，反复操练并熟练掌握某项基本技能，这个过程对他们而言是快乐的。宝宝如果从小就被有意识地激发学习潜能，探索出学习的乐趣，那么在今后他们便能够不断发现学习的乐趣所在，把学习看做一件有趣且容易做到的事，这样就把那些没有经过早教的宝宝远远甩在身后了。

同时，经过早期教育的宝宝心理发育稳定，情绪更好，抗压能力更强。经过早期的情商教育后，宝宝的性格、情感和精神会更加完善，在这个竞争激烈的社会中竞争力更强，是当之无愧的未来强者。

 ## 161. 早教都教些什么

对宝宝的早期教育主要包括以下几个方面：

德育。对宝宝道德品质的教育从幼年时就要抓起，学会做人对一个人一生来讲是最为重要的。0～6岁是对幼儿进行道德教育的重要阶段，一个人的思想品德、道德习惯、性格特征等，基本上都是在这个时期奠定的基础。这一阶段，父母要着重培养宝宝善良、宽容的品性，诚实、勇敢、坚韧的特质，讲文明、懂礼貌的习惯，乐观、开朗的性格等。

智育。智力开发是早教的核心。父母应抓住宝宝在不同阶段的智力发育特点有针对性地进行智力开发。教他们语言、阅读、写作、计算等方面的知识，提升学习初步知识的能力，发展逻辑思维和观察能力。

体育和美育。体育用来强健宝宝的体魄，促进左右脑的平衡，提升意志力。美育包括画画、音乐等艺术教育，用来陶冶宝宝的情操，培养艺术气质，提升创造力和想象能力。

感官教育。对宝宝进行系统的和多方面的感官训练，使他们通过对外部世界的直接接触，发展敏锐的感觉和观察力。这是宝宝高级智力活动和思维发展的基础。

## 162. 早教应从何时开始

在出生的前6年里，良好的刺激对宝宝大脑的功能和结构会产生重要的影响。父母应抓住宝宝在不同年龄段的发育特点来有针对性地进行早教。

6个月是宝宝学习咀嚼的关键期。经过这个月后，宝宝就能伸手抓东西，过了这个关键年龄，宝宝就可能拒绝咀嚼，从口中吐出食物。

出生后9个月至1岁是宝宝分辨多少、大小的开始。

2~3岁是宝宝学习口头语言的第一个关键时期，也是计数发展的关键年龄段。

2岁半至3岁半是教宝宝学习规则秩序的关键年龄，良好的卫生习惯和作息制度应该在此时形成。

4岁以前是宝宝形象视觉发展的关键年龄。

4~5岁是宝宝开始学习书面语言的关键时期。

5岁左右是宝宝掌握数学概念的关键年龄，也是宝宝口头语言发展的第二个关键时期。

5~6岁是宝宝掌握语言词汇能力的关键时期。

由此可见，宝宝早期教育的时机稍纵即逝，教育内容是不可逆转的，其重要性不言而喻。

## 163. 接受早教的宝宝一定更聪明吗

新生儿出生后大脑已经发育完备，具有反应能力和学习能力，已经可以开始接受早期教育。在这个阶段，宝宝具有非常大的潜力，教育开始得越早，越有利于潜在能力的发挥。如果父母能够重视早教，宝宝各方面的素质会开发得更好。

良好的环境和教育对宝宝的智商发育有着重要的影响。科学而系统的教育和训练对宝宝智商的发展起着主导作用。大脑的活动是在外界各种信息的刺激下进行的，如果让宝宝接受良好的教育，让宝宝感受到诸多良性刺激，就有利于宝宝的脑部发育和智商发展，缺乏教育或是生活的环境恶劣，宝宝的大脑活动能力也不能得到发展，这也就是为什么生活在缺乏关爱、远离社会的环境中的儿童智商会偏低的重要原因。

早教有助于宝宝变得更聪明，但早教并不局限于智力的开发，更主要的是促进他的智力、身体和心理方面的健康成长发育，同时为提升社交能力和良好生活习惯奠定基础。

## 164. 早教没有固定的方法

早教并不拘泥于固定的方法和形式，每个孩子和每一个家庭都有各自的特点，如果拿一些早教的具体方法生搬硬套到宝宝身上，不仅不能育儿成才，反而会给宝宝带来负面影响。因此，早教可以随时随地、顺其自然地进行，不要追求徒有其表的形式。

早教中"顺其自然"的理念，指的是要顺应宝宝身心发展的自然规律，提供适宜的教养环境，促进宝宝和谐健康地发展。父母应以自己家的实际情况，遵循宝宝的天性，采取启发、诱导的方法，在日常生活和游戏玩耍中激发孩子的兴趣，开启孩子的智慧。

自由自在地做游戏是宝宝进行学习的一种好的方式。父母要根据宝宝不同年龄和身心特点，以不同的态度对待宝宝，和宝宝一起玩玩不同的游戏。与其不停地对宝宝进行说教，倒不如放手让他去玩他喜欢的游戏，让他自主地在游戏的氛围里去吸收他想要的知识，形成对事物的最初态度，掌握最初的技能。父母只要适当做一些正面引导就可以了。

## 165. 早教的效果因人而异

宝宝性格千差万别，不同性格的宝宝在早期教育上所适用的方法也不同。爸爸妈妈在为宝宝选择早教方案时应该首先从宝宝的个性、年龄特点出发，有的放矢地进行，否则容易适得其反，令宝宝产生强烈的抵触情绪和叛逆心理。

性格内向安静的宝宝通常小心谨慎，而且不善于表达自我情感。对待这种类型的宝宝，家长应该多鼓励宝宝，多夸奖宝宝，培养宝宝的自信心，少伸食指，多伸拇

指。同时，还要多带宝宝接触大自然，接触各种社会关系。外向调皮的宝宝好奇心重，思维敏锐，精力充沛，好动活泼，若是能够合理利用其优点，他们的智商发育就会比普通孩子更快；但若是任其发展，宝宝过分贪玩，错过了智力开发的最佳期，就会对今后的学习生活形成阻碍。

每个宝宝都有偏好学习的内容，这就需要爸爸妈妈根据自己的经验仔细耐心地帮助宝宝，寻找适合宝宝的学习方式和内容。很多问题都是双向的，有时候并非仅是宝宝不爱学、学不好的问题，爸爸妈妈也应该积极主动地反思教育方法，找到适合自己的方法与宝宝互动，进而实现效果的最优化。

## 166. 不要抱有功利性

很多父母在对宝宝进行早教的过程当中过于急功近利，宝宝在某一方面能力表现得突出他们就会感到分外高兴，如果宝宝比别人家的孩子稍微差一点他们就会觉得丢脸又沮丧。

其实早教不仅仅是智力开发，不仅仅是以学习走路有多早、认字有多快来衡量，还要注重非智力因素的培养，把性格培养、习惯培养等融会贯通在幼儿的早期教育之中，要以一颗平常心对待早教，不要以宝宝一时的智力表现、身体发育为衡量标准。那些以平和而有爱的心态来对待宝宝的父母所造就出来的孩子往往具有情绪稳定、通情达理、乐观开朗的特点，这样的孩子在日后更容易生活得幸福和快乐。宝宝各种能力的发展是综合的，如果心理发育不健康，就会影响智力的发育；如果身体发育得不健康，就会影响能力的发挥。

如同一个人长相、身高一样，每个宝宝在各方面能力的表现上都是不同的。爸爸妈妈要保持平和的心态，分析出宝宝身上各项能力的长短之处，轻松而有针对性地来培养宝宝。只要爸爸妈妈的观念正确，方向把握得好，就能很好地开发出宝宝各方面的智力和潜能。

## 167. 早教应以尊重宝宝的意志为前提

教育大师蒙特梭利曾经说过："儿童的成长没有一样是由母亲来完成的，它属于儿童自己的成就。婴儿的语言不是来自母亲，而来自婴儿自觉的学习。"每一个宝宝从出生那天起就是一个对外部世界充满学习精神的探索者。他会不断地伸展自己的能力所及，想尽办法去了解身边的世界，并学习控制环境，达到满足自己需要的目标。

孩子并不是父母的附属品，也不是单纯的接受者，在和孩子打交道时，要尽量以尊重他们的意志为前提，早教更是如此。虽然宝宝的年龄还小，还是一个需要我们照顾和喂养才能生存下来的孩子，但他同样需要被尊重，希望自己能够成为一个控制外界环境的自信的人，而不是处处受到父母压制、环境限制的被动接受者。因此，从宝宝出生那天起，父母就应该充分尊重宝宝的发展要求，一点一滴地满足着宝宝的发展愿望，而不是强制和命令宝宝去接受早期教育。宝宝的探索精神得到充分的鼓励，身上的每一种能力都得到充分的发展，他就会从认识世界一开始，就建立起对自己能力的信心，自信的种子便深深根植于孩子的精神世界之中，他也会成长为一个更加独立和强大的人。

## 168. 家庭是最好的早教课堂

现在社会上存在的普遍误区是盲目追捧各类早教机构的培训课程，很多父母也以为这些早教机构会更为专业，不惜花重金让他们为孩子制订项目繁多的兴趣培养计划。很多早期教育机构资费不菲，动辄每课时几百元，这是一笔不小的家庭支出，事实上很多时候过度迷恋早教机构也与早期教育的初衷背道而驰。最优质的早期教育环境是家庭。

专家指出，早期教育核心在于提供优质的教育环境。优质的教育环境就像一片肥沃的土壤，阳光明媚，雨露充沛，萌芽般的孩童只有在这样的环境下才能成长为参天大树。而良好的家庭环境才是宝宝最好的早教课堂。和宝宝接触最多的爸爸妈妈或其他养育者（爷爷、奶奶、姥姥、姥爷）无疑对宝宝的生活习惯、脾气秉性、情绪行为等更为了解，更能够有针对性地来教育宝宝。同时家庭内部的亲子活动相比早教机构而言更加灵活，形式更加多样，不受场地时间限制。因此早教应根植于家庭之中，把家庭环境充分利用起来，在家庭环境下展开的互动式教育更有助于宝宝身体、情感、智力、人格、精神等多方面的协调发展与健康成长。

## 169. 父母是最好的早教师

　　父母对宝宝成长发育过程看得最清楚，并对宝宝的成长发育起着重大的影响。因此宝宝所获得的信息大多来源于父母。父母是最好的早教师，他们可以从最佳的角度给宝宝建立一个理想的学习环境，这是任何教师和儿童发育专家都做不到的。

　　家庭教育对一个孩子的身心发展有着巨大的影响，尤其是0~3岁的宝宝，他们几乎每天都与父母生活在一起，在头3年里，父母的教育方式正确与否对宝宝的智商发展起着非常重要的作用。并不是每一个孩子都要到早教机构学习，父母可以阅读相关的早教书籍，多关注最新的早教知识，以身作则，言传身教，自己对宝宝进行早期的智力开发，并在生活中对宝宝进行潜移默化的好影响。

　　即便是宝宝参加了早教机构的一些培训，父母依然不能放松对宝宝的教育。宝宝在早教机构上课的时间是有限的，而大多数时间还是和父母在一起生活在家庭环境中。父母不要简单冀望于某些早教机构、老师或帮助带养孩子的人，而应以自身对宝宝的教育为中心，以家庭为场所施行早教，这样才能给宝宝的成长带来最好的影响。

## 170. 国外流行的早教法

　　近些年，早教不仅仅在我国流行开来，世界各个国家都纷纷掀起了"早教热潮"，我们不妨看看其他国家的父母和老师是怎样对宝宝进行早教的。

　　美国：美国人十分重视人的独立性和自力更生精神。因此，从宝宝1岁半起就开始培养其自理能力，包括系鞋带、穿衣服、洗脸、刷牙、梳头、吃饭、上厕所等等。和学习具体的学科相比，美国的老师更崇尚让宝宝多动手、多体验，在各种益智、团队游戏中学会体验和探索的本领，更主动更交互地认识周围的事物。

　　英国：英国政府很重视5岁以下孩子的学前早期教育，为有孩子的家庭提供了很多的服务。从出生到5岁，宝宝可以加入由社区、幼儿园、教会组织的各种各样的活动中心，这些社区活动中心，每天会有不同的主题活动让孩子们参与。并且所有的活动基本上都是免费的。

法国：浪漫的法国人非常重视对孩子的艺术教育。法国的早教课更像是艺术细胞的培养和激发课程。他们首先是尊重孩子，在这个基础上培养孩子的感性认识。

日本：日本人很注重培养孩子的自理能力和自强精神。很多事情年幼的孩子都要自己去做，家长和老师只是在一旁略加指导。

 ## 171. 避免早教的误区

很多父母认为，早教就是提前教育，学认字，学英语，学数学，学音乐、美术、舞蹈等。他们在为子女选择早期教育内容的时候并不是因材施教，而是弥补自身童年的缺憾。在某种程度上，这不仅扼杀了孩子仅有一次的童年，而且很可能埋没宝宝真正值得开发的潜能，知识学习的低龄化还容易导致厌学等不良情绪和行为的产生。

早教不是单纯找老师报班上课，额外加强知识训练，而是在宝宝成长发育的基础上进行的，应该遵循不同年龄段宝宝的生理、心理特点，规律有序地进行相关教育。早教也不是急功近利地与别人家攀比谁的孩子更早学会走路，更早学会说英语，每一个孩子都有自己的长处和短处，各方面的能力发展都是不一样的，在早教中应尊重和接受孩子各方面的发展进程和特点。

早期教育要循序渐进、因材施教，千万不能操之过急。过早地开始早期教育开发只能将家长对宝宝的期望值无限拔高，一旦宝宝达不到目标便容易造成亲子关系的紧张，这无疑会给宝宝今后的发展增添巨大压力。因此，建议父母谨慎选择对孩子的早期教育模式，根据自己宝宝的情况谨慎选择早教开始的时间，揠苗助长不是明智之举。

# 聪明源于好大脑：
# 婴幼儿大脑的开发与保护

## 172. 宝宝智力水平取决于什么

宝宝的智力发育水平是由多方面因素所决定的。其中遗传、营养、教育、环境、运动是最主要的几个因素。

遗传：一般来说，父母智商高，孩子的智商也不会低。这种遗传因素还表现在血缘关系上，父母同是本地人，孩子平均智商为102；而隔省结婚的父母所生的孩子智商达109；近亲结婚容易带来生出低智商孩子的风险。不过遗传因素虽然是智商发展的自然基础，却并不是智商本身。

营养：大脑是宝宝智商正常发展的物质基础，而营养又是宝宝大脑正常发育的物质基础。因此，营养的充足与否与宝宝智商的发育有着直接的关系。

环境和教育：大脑的活动是在外界各种信息刺激下进行的，外界刺激越丰富多彩，大脑的活动也就越积极。生活在枯燥环境里的孩子，如弃婴，得不到母爱及良好的教育，智商会较低。据研究调查表明，这类孩子3岁时平均智商仅为60.5，反之，处于良好环境的3岁儿童智商平均为91.8。

运动：运动会使大脑处于最初的启动或放松状态，会让孩子变得更加敏捷而富有创造力。而运动不足会导致额叶联络区功能降低，给宝宝的智商造成一定的负面影响。

## 173. 激发宝宝的智力潜能

准妈妈在怀孕期间进行良好的胎教及父母在宝宝0～3岁时给予良好的引导和教育，对于宝宝的智力开发和能力培养是很重要的。在0～3岁时，宝宝处于脑部快速发育的时期，可塑性很强，对外界的刺激很敏感，也很容易接受外界的影响而获得某些能力。开发宝宝的智商，激发宝宝的智力潜能，就应该把握与宝宝智商息息相关的器官——大脑发育最迅速的时期。

智商与后天的环境和教育等因素有很大关系，如果宝宝生活在一个良好的环境中，得到了很好的培养和教育，智商也会相对较高；反之，疾病、营养不良、生存环境恶劣以及无法接受教育等因素将会导致个人的智商低下。想要激发宝宝的智力潜能，首先要做到的是为他创造一个好的生活环境；其次，个人的智力实际上包含着诸多方面，如观察力、记忆力、想象力、思维能力、分析判断能力、应变能力等，父母如果想要激发和培养宝宝的智力，应该根据宝宝的具体情况和特点，创造条件，循序渐进地加强这几方面能力的培养。

## 174. 提高智商，重在早期开发

生活中，除了遗传因素，影响宝宝智商的因素还有很多，比如准妈妈的生育年龄、怀孕时的心理状态、营养状况以及胎教等。不过，除了先天因素的影响，后天的生活环境和智商的早期开发也对宝宝的智商起着十分重要的作用。

美国一所大学曾经做过这样的实验。实验者选取了一批贫困家庭的4月龄婴儿，把这些婴儿分成两组，其中一组送进教育中心，让老师与他们做游戏和唱歌；另一组则只提供足够的营养，而不进行早期教育。到了学龄期，实验者对这两组儿童的智商进行了测试，发现第一组儿童的智商比第二组要高10～20分；到了15岁的时候，第一组孩子的语文和数学成绩均高于第二组。

科学家认为是早期教育促进了智商发展。婴儿出生的时候有几十亿个脑细胞，其中有些细胞彼此连通，用来调节心跳和呼吸等基本的生理活动，其他的神经元则要经过后天的刺激之后才能连通。刺激每重复一次，神经元之间的联系就被加强和巩固一次。孩子0～2岁的时候是神经元联系增加最多最快的时期，以后连接形成速度会逐渐变慢。如果脑细胞最终没有形成连接，这些脑细胞就不能再形成连接了。

孩子在幼年时期所接受的早期教育就是为了让这些神经元之间形成连接。在整个儿童期，脑细胞的活动都很频繁，即使错过了最佳的0～2岁这一时间段，父母还是有大量机会促进它。整个儿童期的早期教育对孩子的智商提高都有作用。

## 175. 情商同样很重要

情商就是指一个人管理情绪的能力，它包括了一个人认识自己和他人情绪的能力、控制和驾驭自己情绪的能力、协调人际关系的能力、自我激励的能力等，表现为个人在情绪、情感、意志、耐受挫折等方面的品质。

近些年情商越来越受到人们的重视，甚至很多人认为，一个人能否在社会上立足，能否在工作领域取得成功，情商所起到的作用要高于智商。很多孩子也许学习成绩很好，头脑很聪明，却处理不好人际关系，不会调整自己的情绪，经常感到不快乐。这样的孩子即便考第一名，未来的幸福感也未必会强，在工作领域上也未必能取得多大的成就。因此，在开发宝宝智商的同时，提升宝宝的情商也是同样重要的。

宝宝的成长包括生理和心理两个方面，父母不能只关注身体健康，忽略宝宝的情商培养。事实上，情商的培养也是越早越好，在婴幼儿时期就应该开始。父母要注意培养宝宝与人沟通的能力，管理自我情绪的能力，乐观面对生活的能力等等。在赞扬、鼓励和爱护中开发宝宝的情商，使得宝宝健康、快乐地成长。

## 176. 影响情商的因素

同智商类似，影响情商的因素主要包括遗传、环境、教育这三个方面。

遗传：和智商一样，情商也与遗传因素有着一定的关系，其中最为明显的是表现在个人的性格、脾气等方面。有着积极向上性格的父母相对来说更容易养育出乐观的宝宝；如果父母的脾气较好，宝宝脾气温和、性情善良的可能性也会大很多。

环境：在成长的初期，宝宝的神经系统和大脑中的情感反应区逐渐发育，将发展出多样化的情绪，而其所获得的信息多数源于父母和家庭环境，父母的性情和行为、家庭氛围等都会对宝宝的身心造成很大的影响。温馨快乐的家庭环境、乐观而充满爱心的父母会对宝宝情商的发展起到积极作用；反之则会对宝宝的情商带来负面影响。

教育：宝宝的性格是由先天遗传和后天教育共同形成的。因此，要培养高情商的宝宝，教育的因素也是不容忽视的。家庭是宝宝最先接触到的环境，因而在宝宝的成长过程中，父母千万不要忘了给宝宝以良好的家庭教育，而要以自己的言行教育引导宝宝，为宝宝树立良好的榜样。

 ## 177. 早期开发情商的意义

父母注重对宝宝的情商培养，对于宝宝的健康成长和成才也是十分重要的。从宝宝出生后到四五岁，是其大脑发育的重要时期，也是宝宝各方面能力的培养和发展的关键时期。如果能抓住这段时间，给宝宝以良好的熏陶和教育，宝宝的能力，尤其是情感方面的能力将得到很大的发展，这是宝宝日后成才的重要基础。

父母应该在宝宝的成长过程中努力培养宝宝积极乐观的性格，这有利于宝宝日后正确世界观和人生观的养成；努力培养宝宝坚强、勇敢的品格，能让宝宝在今后的成长中直面困难、迎难而上、积极进取；努力培养宝宝关心他人、与人和谐相处的品格，能帮助宝宝增强人际交往能力，营建良好的人际关系；对宝宝进行自信方面的情商教育，能让宝宝更加清晰地认识自己，发挥自己的特长和优势。

总之，父母要重视起宝宝情商的早期开发，这样宝宝认识情绪的能力、管理和控制情绪的能力、人际交往的能力等才能得到良好的发展和实质性的进步，他的身心发育才会更健康，智力方面的才华才能更好地施展出来。

 ## 178. 母乳是最天然的大脑益智品

母乳是宝宝来到这个世界上最先接触到的食物，也是宝宝最天然的健脑益智佳品。

母乳中含有较多的脂肪酸和乳糖，磷脂中所含的卵磷脂和鞘磷脂较多，这有利于宝宝脑细胞的发育和智力发育。母乳中富含的蛋白质主要是乳清蛋白、酪蛋白等，能满足宝宝神经发育所需的蛋白质，而且这些蛋白质凝块小，脂肪球也小，且含有多种消化酶，利于吸收；母乳中所含的溶菌素、巨噬细胞和分泌型IgA可以起到直接灭菌和增强呼吸道抵抗力的作用；母乳中还含有诸多利于脑细胞发育的物质，如牛磺酸等。

母乳喂养除了能为宝宝提供充足营养、促进其身体和脑部发育之外，哺乳时母子间亲密接触、眼神交流、语言交流等还能增强母子间的感情，使新生儿感受到更多的母爱，增强安全感，利于培养宝宝的好性格，让宝宝变得更加聪明而懂事。

正因为母乳喂养的好处很多，既能让宝宝健脑益智，也是一种良好的启蒙教育方式，因此，为了帮助宝宝健康成长，在初期最好采用母乳喂养，尤其是在宝宝出生之后的6个月内，更应如此。

## 179. 蔬菜是营养素的集中地

蔬菜营养丰富，含有维生素、钙、铁、磷等多种营养物质，这些营养素对于促进宝宝的身体发育，保证宝宝的身体健康有重要作用。蔬菜的种类十分丰富，每种蔬菜所含的营养成分也是不尽相同的，如叶类蔬菜中萝卜硫素、维生素C等的含量十分丰富，豆类蔬菜中的蛋白质、类黄酮等的含量相对要丰富一些等。

据相关统计，人体必需的维生素C的90%、维生素A的60%来自蔬菜，对人体健康很有益处的类胡萝卜素、二丙烯化合物、甲基硫化合物等也多来源于蔬菜，所以蔬菜几乎能够满足人体各方面的需求。这些营养素对于促进宝宝身体的成长发育有着重要作用。比如，维生素E能促进大脑发育，钙、磷、钾等矿物质为宝宝的正常发育和成长提供了保障，同时多吃蔬菜还能帮助宝宝有效预防慢性疾病，增强宝宝的身体免疫力。

因此，为了宝宝的健康和聪慧，在日常饮食中父母应重视荤素搭配，选择多种多样的蔬菜，告诉宝宝多吃蔬菜的好处，防止挑食与厌食。同时父母也应该以身作则多吃蔬菜，为宝宝树立良好的榜样。

## 180. 水果可增强大脑的生命力

水果中含有人体必需的多种营养成分，营养价值极高，是增加大脑生命力的"良药"。

水果中含有多种维生素、葡萄糖、有机酸及钙、磷、铁、钾等微量元素。其中含量丰富的葡萄糖能较快地被吸收，提高体内血糖水平，及时满足大脑的需要；水果中含有的钾元素有助于宝宝保持注意力集中，缓解宝宝精神紧张、情绪不安等症状；水果中含有的微量元素锰能维持细胞代谢，保持骨细胞的活性和保护心血管，同时也能促进宝宝脑部细胞的发育，有助于宝宝记忆力、认识和接受事物等能力的提高等等。

水果的种类繁多，色泽鲜艳。由于味道酸甜可口，所以比蔬菜更容易受到孩子们的喜爱，父母不妨多为孩子准备几样水果，让宝宝能够自主选择。对于不喜欢吃水果或者过度偏爱某一种水果的宝宝，父母可以多给他们讲讲多吃水果的好处和每种水果的营养，教育宝宝最好是每种水果都吃。如果宝宝听不进道理，就不要强迫他去吃某种水果，不妨动动脑筋换换花样来让宝宝接受这种食物，比如榨成果汁或者做成水果沙拉等，这样改善了口感和外貌后，也许会激发起宝宝吃水果的兴趣。

## 181. 蛋类是补充能量的必需品

蛋类中含有丰富的蛋白质、卵磷脂、多种维生素、钙、磷、铁等，这些营养素是身体机能正常运转不可或缺的物质。多吃蛋类食物能保障宝宝大脑的正常发育和身体新陈代谢的顺畅，有利于满足宝宝身体发育的需要。

蛋白质是构成脑细胞的主要成分之一，在构成脑细胞的诸多成分中，蛋白质所占的比重差不多达到三分之一，这些蛋白质能控制脑神经细胞的活动，能够维持大脑内环境稳定，帮助记忆和思考，同时也能参与脑的其他生理功能和代谢活动。如果缺乏蛋白质，宝宝的脑部发育、语言功能、运动能力等诸多方面都会受到不同程度的影响。同时蛋类中的卵磷脂也有助于宝宝记忆力的提高。

蛋类食物的品种也比较多，其中最常见的是鸡蛋。每天给宝宝吃一两个鸡蛋，能更好地加强其大脑的发育。很多宝宝不喜欢吃煮鸡蛋，觉得没有味道难以下咽。这时父母不妨动脑筋，把鸡蛋做成蛋羹、荷包蛋、蛋花汤等，来改良它的味道，让宝宝更容易接受这种食物。

## 182. 豆类能提高大脑的活跃度

豆类也是我们日常生活中常见的食物，而豆制品也是健脑益智食品，是提高宝宝大脑活跃度、补充丰富营养的好食物。

豆类食物中的蛋白含量很丰富，几乎所有的豆类食物中都含有约40%的优质蛋白。豆类食物中还含有丰富的钙质，能促进宝宝的骨骼成长和大脑发育。同时豆类食物还含有丰富的B族维生素，维生素$B_1$能调节神经、肌肉系统的兴奋和传导，维持大脑正常

生理功能；维生素B₂能避免不饱和脂肪酸对人体的不利影响，促进宝宝的成长发育；维生素B₁₂能有效地维持红细胞生成速度，从而预防贫血。同时，豆类及其制品中还含有其他多种丰富的营养素，如纤维素、钙元素、钾元素等等，有了这些元素，人体的正常运作，人体新陈代谢等方面功能的发挥才能得到保障。

在日常饮食中，父母可以多为宝宝做一些豆类食物，比如炒黄豆芽、豆腐汤等，还可以鼓励宝宝适当喝一些豆浆。这种物美价廉的营养佳品对增强宝宝的健康、开发宝宝的智力是最好不过的选择了。

 ## 183. 鱼类是优质蛋白的供给站

鱼肉中富含优质蛋白、不饱和脂肪酸、多种维生素、DHA，以及钙、磷、钾等多种营养素，这些营养素都是构成脑细胞重要物质，能有效地提高脑细胞活力，促进智力发育。

鱼肉中的碘和磷的含量很丰富，能帮助宝宝预防疾病，提高其肌体的免疫力。鱼肉中的各种维生素保障着宝宝的身体健康和智力发育，如维生素A有助于保护视力，提高免疫力；B族维生素能将食物转化为能量，增强人体的免疫力和抗压能力等；维生素D则对骨骼的生长发育、钙的代谢起着重要作用；水溶性维生素硫胺素能缓解疲劳、肠胃不适等。鱼肉中氨基酸、卵磷脂等的含量也是非常丰富的，这些营养物质对宝宝的脑部发育有很大的作用。鱼肉中还含有能有效促进脑神经生长和脑部发育的不饱和脂肪酸DHA，这种营养物质是大脑不可或缺的营养素，有着十分显著的健脑功能，如果补充得当，就能很好地改善脑部功能，帮助宝宝提高记忆力、理解力和学习力等多方面的能力。

一些科学研究成果表明，喜欢吃鱼的宝宝比不喜欢吃鱼的宝宝更加聪明，而且也更善于表达自己的情感和与人交流。因此，为了让宝宝变得更聪慧，父母应该给宝宝多吃一些鱼类和其他海鲜。

 ## 184. 体操是最简单的健脑运动

在前面我们已经讲到，运动是影响宝宝智力的一个重要因素，因此，想要益智健

脑，不仅需要在饮食方面加以注意，运动也是必不可少的。

体操是一项非常好的运动，每天跟宝宝在一起，做一些体操动作，可以使得宝宝的手臂、手指、颈部、腰部、腿部等身体部位得到较好的锻炼。同时通过身体的协调运动来调节脑部神经系统，促进宝宝精神神经发育，从而能够开启宝宝的智慧，达到益智健脑的效果。而且运动对于宝宝以后各方面的发育，比如主动性、协调性、平衡功能等都会起到很好的推动作用。

因此，在宝宝的成长中运动发育的关键时期，父母可以多花一些时间和精力教宝宝学习一些体操动作，多和宝宝一起动一动，使得宝宝的身心发育都更为健康。

## 185. 用按摩帮宝宝进行立体式的大脑开发

在宝宝处于婴儿阶段的时候，还没有运动的能力，这个时候父母可以给宝宝做一些身体按摩，这种简便而高效的健脑方法能够帮助宝宝改善身体和脑部的血液循环。

在这里推荐一种简单而有效的四肢按摩方法：让宝宝保持舒适的睡姿，妈妈做好按摩的准备；用双手抓住宝宝双手靠近肩部的位置，由上至下，轻轻地进行按摩，直到双手手腕处；帮助宝宝按摩手背和手心，并活动其手指关节；由接近臀部的大腿位置开始轻轻地按摩，直到小腿脚踝处，在这个过程中要注意掌握好力度，并用适当的力量搓揉宝宝的大腿肌肉群和关节。

这样的按摩不仅能够促进宝宝的血液循环，还是一种很好的爱抚，有助于增进亲子感情。而且有助于宝宝身体动作的发展和大脑皮层功能的调整，能帮助宝宝消除疲劳，振奋精神，促进智力发育等。因此，父母要抽出一些时间，多给小宝宝做一些按摩。

## 186. 爬行是开启宝宝潜能的智力快车

爬行是宝宝对这个世界最早期的"探险活动"。在爬行的过程中，宝宝的四肢得到了很好的锻炼，身体的平衡能力、四肢的协调性、方向感都得到了增强。与此同时，爬行还能增强宝宝脑细胞的活性，有助于其脑部发育。

大约到了8个月左右的时候，宝宝就能学会爬行了。这时候父母要给宝宝开辟一

个"运动场"，好让宝宝无拘无束地学习爬行。可以用沙发围出一块宽敞的活动场地，再在地板上铺席子、毡子或棉垫之类的东西。为了保护宝宝的膝盖手肘不受伤害，还应该给他们佩戴婴儿护膝、护肘。

在刚开始训练爬行时，父母可以先尝试着用双手推动宝宝爬行。爸爸妈妈先让宝宝趴下，成俯卧位。爸爸妈妈找些宝宝平时喜欢的玩具在前方引逗，宝宝自然而然就会把头仰起，爸爸妈妈再帮助宝宝用自己的胳膊把身体撑起来，然后把宝宝的腿轻轻弄弯放在他们的肚子下，呈屈膝式。最后在宝宝的面前，放些会动的、有趣的玩具，如不倒翁、会唱歌的娃娃、电动汽车等，以提高宝宝向前移动的兴趣，从而引逗他们爬行。

 ## 187. 游戏是开发宝宝智力的最佳途径

有一位教育家曾经说过："对宝宝来说，游戏是学习，游戏是劳动，游戏是重要的教育形式。"游戏对于宝宝来说是非常重要的，是他一切学习的基础，也是开发智力的最佳途径。

游戏能够提升宝宝的观察能力，在游戏过程中，好奇的宝宝会不停地对周围环境进行观察和探索，他的手直接接触到玩具和各种材料，通过具体的操作发展各种器官的感知能力、动手操作能力和观察能力；游戏还能锻炼宝宝的思维能力，角色扮演游戏中如何与他人更好地互动，智力游戏中如何能更好地闯关，这些都需要宝宝进行积极的思考，不断地解决问题，而那些包含想象能力的游戏更能促进宝宝发散性思维的发展。与此同时，通过游戏还能够让宝宝分辨出美丑善恶，培养良好的品德；在与他人的互动中增强口语表达能力和人际交往能力。

应该注意的是，在宝宝热衷于某一项游戏时，父母最好不要横加干涉。为宝宝创造好的游戏氛围，鼓励宝宝玩游戏是父母应该做的。父母有空时不妨多陪宝宝玩一玩游戏，这样不仅可以使宝宝身心愉快，而且还能达到开发智力及培养良好品德的目的。

# 0~1个月：智力开发培养的第一堂课

## 188. 宝宝的能力

刚刚出生不久的宝宝小手会经常握成小拳头的形状，在他握住拳头的时候，拇指会放在其他手指的外面。到了10天左右宝宝可以自己左右地转动头部了，满月时宝宝已经可以自己抬起头来看物品，下巴也可以离开床面或者桌子3~4厘米了。宝宝不会随意地运动，不能改变自己身体的姿势和位置，其动作多是无规则、不协调的小动作。

此时的小宝宝能够发出各种细小的吼声，当有人跟宝宝说话时，宝宝的小嘴会一张一合的，无声地同人对话。新生的宝宝会随着父母的提示看着大人所指示的物品，被父母抱起来时会和父母对视。在不睡觉的时候，听到任何声音，宝宝都会回转头观看，大人在宝宝的身体一侧说话，宝宝也会转头。

当宝宝啼哭的时候，妈妈走过来安慰，并跟宝宝说一些话，这时候宝宝就会停止啼哭，甚至会上下地点头。另外，当宝宝啼哭的时候，大人若转移他的注意力发出一些声音，而宝宝会不自觉地学习这些声音，到大约20天以后，宝宝就能发出"啊咕，啊咕"的声音来自娱自乐。

## 189. 本月早教重点

父母要多和宝宝进行皮肤接触，多抚摸和搂抱宝宝。在抱着宝宝的时候，以微笑和丰富的表情看着他，这样可以促进父母和婴儿之间的感情交流，促进新生儿的神经系统发育。在抱着宝宝的时候，多和宝宝逗笑，约在2~3周的时候，宝宝就会在大人

的逗笑之下微笑了。这和宝宝睡觉之前，因面部肌肉放松而出现的笑容不同，是自发内心的。

为了锻炼宝宝的手脚，不妨试试让他玩手足蹬物的游戏。把一个软球玩具放在宝宝的小床的一侧，之后大人把这个玩具推到宝宝的手边，宝宝会用手推开这个玩具。大人把玩具推到宝宝的小脚旁边，宝宝的小脚就会去蹬玩具。

自理能力方面，在宝宝出生半个月左右，他的大便时间会相对固定，经常是在早晨吃饱之后。此时应该训练宝宝"识把"，为日后把持宝宝大便建立条件反射。建议在宝宝相对固定的大便时间，解下宝宝的尿布，并发出声音来帮助宝宝用力。多数宝宝在7~10天内就能建立条件反射，这可以为日后把持宝宝大便打下基础。

这一阶段，还要经常和宝宝说说话，给他唱唱歌，讲讲故事，以促进宝宝听力的提升和大脑的发育。同时要注重及时补充维生素D、DHA、ARA等营养素。

##  190. 与妈妈对视是亲子交流的开端

刚出生的小宝宝虽然还不会说话，但他已经可以通过动作与妈妈进行交流了。当妈妈和新生儿柔声说话的时候，宝宝就会像在表演舞蹈一样作出不同的面部表情和躯体动作来回应，例如扬眉、伸脚、举臂等，表情愉悦，动作欢快优美；当妈妈停止说话时，宝宝也会随之停止运动，两只眼睛凝视着妈妈看；当妈妈再次说话的时候，宝宝又会重新变得活跃起来，动作也随之增多。当宝宝哭闹的时候，妈妈把他抱在怀里，用亲切柔和的语言对宝宝说话，同时用疼爱的眼神和他交流，小宝宝很快就安静下来了。

宝宝从一出生就会表现出与外界交流的天赋，新生儿与妈妈对视正是亲子交流的开始。这种交流对宝宝行为能力和心理的健康发展都有着非常重大而深远的意义，它可以帮助宝宝建立起与妈妈之间亲密的依恋关系，有助于宝宝形成安全感，还能够为宝宝长大后与人交往打下坚实的基础。

##  191. 初生的宝宝也会有情绪

很多父母以为刚刚来到这个世界上的新生儿还什么都不懂，不会有什么情绪和思想。其实，宝宝从出生那天起就开始有了情绪。有专家认为，新生儿主要具有三种

情绪：爱、怒、怕，之后在家人的关心和照料下，再逐渐地分化为更加广泛的各种情绪，同时情绪中的社会化成分越来越多。

对于还不会说话的婴儿，很多年轻的父母都很难了解他们真实的情绪状态。这就要求父母平时要多观察宝宝，多注视他们，了解他们的情绪。比如当宝宝饥饿的时候就会迫不及待地要吃奶，妈妈稍微慢一点，宝宝就会着急地大哭，或者发出尖叫声。宝宝受到惊吓时哭声会高且尖，回声长且短。宝宝睡醒之后着急玩，如果这时还没有人出现，他就会发出"咿咿呀呀"的叫声，好像是在叫人，又仿佛在发脾气，这些行为都鲜明地显露出宝宝早期的情绪。

只有用心去了解宝宝的情绪，找出引起宝宝哭闹和不开心的原因并及时进行处理才能更好地照顾宝宝，让宝宝更快乐、更有安全感。

## 192. 多逗宝宝笑一笑

宝宝的微笑分为三个阶段。

第一阶段为自发性微笑。刚出生宝宝的微笑是生理性的，只要得到满足，例如吃饱、睡好，刚换上干燥尿布，听到熟悉的声音，看到妈妈的脸等都会让宝宝发出这样的微笑。第二阶段为诱发性微笑。此阶段最重要的是要及时对宝宝的微笑作出应答，并采用各种方法诱导宝宝再次发出微笑。这时宝宝最感兴趣的是人脸的轮廓，经常会盯着熟悉或者不熟悉的人脸看，因而此时多接触人脸图案，宝宝都会喜笑颜开。第三阶段：社会性微笑阶段。此阶段应该让宝宝多与人接触，只要发觉周围的人在逗弄他，他就会向人们奉献更多的笑脸。当然，爸爸妈妈仍然是教育的主角，要多和宝宝说话，多哼唱宝宝喜欢的歌曲，多搂抱他们，多与他们一起玩，他们不仅会多笑，而且还会高兴地笑出声来。

需要强调一点，逗宝宝笑也是一门学问，需要把握好时机、强度与方法。如进食时逗笑容易导致食物误入宝宝气管，引发呛咳甚至窒息；睡觉前逗笑可能导致宝宝过度兴奋，反而无法入睡。另外，逗笑要适可而止，过度大笑可能使婴幼儿发生瞬间窒息、缺氧等危险。因此父母在逗宝宝笑时应该遵循科学的指导，杜绝不正确的逗笑方式。

## 193. 为宝宝抬头做好准备

一般来讲，宝宝出生后几天就可以俯卧，但是一个月内的宝宝俯卧的时候还不能自己抬头，只能本能地挣扎着使面部转向一侧。但是，宝宝只有抬起头，视野才会变得更加开阔，智力也才可以得到更多的发展；而且，抬头是婴儿第一个出现的大动作能力，是后期大动作能力的基础，因此爸爸妈妈要积极训练婴儿的抬头能力。

0~1个月的宝宝可以用下面的方法来进行抬头训练。首先父母可以为孩子准备好拨浪鼓和小枕头。随后让婴儿俯卧在床上，把柔软的小枕头放在他的前胸下，起到支撑作用。然后爸爸妈妈可以在婴儿头部上方用拨浪鼓逗引宝宝，并亲切呼喊其乳名，吸引宝宝把头稍稍抬起。如果宝宝不能主动抬头，爸爸妈妈可以用手轻轻地托起他的下巴，让他了解抬头的感觉。这样的训练每天可以做2次，每次3分钟左右。

在做这个训练时要注意以下几点。首先父母在吸引宝宝抬头时要控制高度，0~1个月的宝宝只能使口、鼻稍微离开床面，不能抬很高，不要强求宝宝；训练不要选在宝宝刚吃完奶的时候，要在吃奶后至少半个小时才能做抬头训练。

## 194. 给宝宝提供适当的听觉刺激

新生儿的听力是与生俱来的，他们还在妈妈肚子里的时候就已经具有了听力，妈妈的心跳声、血液流动声等都是胎宝宝最熟悉的声音。在这个时期内，宝宝会表现出对声音的独特爱好：一有声音响起，就会转头去看，听到动听的音乐时会感到兴奋。如果此时父母有意识地对宝宝进行听觉刺激，那么宝宝的听力就会迅速提高。

父母可以用音响玩具来对宝宝进行听觉能力的训练，这样的玩具品种非常多，常见的有各种音乐盒、摇铃、拨浪鼓和各种形状的吹塑捏响玩具，以及能轻轻拉响的手风琴等。在宝宝醒着情绪良好的时候，可以一边呼唤宝宝的名字一边在宝宝耳边轻轻摇动玩具，发出一些响声，引导宝宝去寻找声源。进行听觉训练的时候，要注意声音柔和、动听，时间也不要持续太长，否则宝宝会因为失去兴趣而不配合。

除此之外，可以让宝宝适当地听听音乐，最好能够选择优美、轻柔、明快的音乐，比如古典乐、现代轻音乐等，它们可是促进宝宝右脑发育成长的最佳养料。最好能每天固定一个时间，播放一首音乐，一次时间以5～10分钟为宜。

## 195. 换尿布也不忘和宝宝说说话

婴儿出生之后6个月的这段时间内是脑细胞爆发性成长的时期，在这个时期如果接受丰富的语言刺激，那么，在婴儿的头脑里就会有优秀的语言回路打开，因而能够培育出脑细胞发达的宝宝。

父母在平时要多和宝宝说说话，利用一切机会与宝宝交流。换尿布、喂奶的时候都要经常和他说说话。换尿布时可以微笑着告诉宝宝，现在要换尿布啦，换完屁屁就干净啦。吃奶的时候可以跟宝宝说，宝宝真乖，看看妈妈吧。如果宝宝在吃奶时听那些话，就会停止吸吮或改变吸吮的速度，说明宝宝在听妈妈讲话。

刚出生的新生儿就会对声音作出反应，但他的发音器官还不完善，因此不能发出明确的音节，只是一些细小的喉音，一般14天左右才能分辨人的声音和其他事物的声音。当听到宝宝第一次发声的时候，妈妈可乘机与宝宝做发声游戏，父母可以重复或模仿他的表情和声音，会激起宝宝更大的兴趣，令他继续尝试发声。宝宝啼哭之后，父母可以模仿宝宝啼哭的声音。此时宝宝会试着再发出声音，几个来回之后，宝宝就会喜欢上这种游戏似的叫声了，渐渐地，宝宝就学会了叫而不是哭。

## 196. 激发宝宝的说话兴趣

宝宝从出生后几分钟就有了看的能力，出生1～2天的宝宝就喜欢睁大眼睛专注地看着妈妈了。妈妈可以选择一些孕期听过的音乐给宝宝听，或者把孕期唱过的歌直接面对面地唱给宝宝听。观察宝宝的表情和反应。妈妈的口形对宝宝很有吸引力，这样做游戏可以刺激宝宝张口发音。妈妈的表情可以夸张些，这种神情会带动宝宝处于活跃状态，刺激宝宝想要模仿你的口形。

出生两周以后，当宝宝啼哭的时候，父母可以用"啊"代替宝宝的哭声来诱导宝宝对答，循序渐进地教宝宝发音。如果宝宝在无意中发出了一个"a"或者"o"的音都要予以肯定，要以赞扬的语气用回声给宝宝以巩固强化，并且将这一事件记录下来。这一阶段父母一定要抓住机会，多和宝宝说话，多给宝宝赞扬和微笑，虽然宝宝还小，但他也喜欢肯定和鼓励。这能够激发宝宝说话的兴趣，为以后开发语言能力奠定良好的基础。

## 197. 对宝宝进行感觉训练

嗅觉和触觉是宝宝的感觉体系中不可缺少的组成部分，新生的宝宝能够对各种不同的气味作出反应，而且全身的皮肤都具有非常灵敏的触觉能力。父母不妨对宝宝进行一些感觉训练，发展一下他的感觉功能。

新生宝宝能对各种气味作出典型反应，并能由嗅觉建立食物性条件反射，偏爱甜味和咸味，对妈妈身上乳香的味道特别敏感。小宝宝嗅到刺激难闻的气味时，他就会作出打喷嚏、皱眉、摆头等动作；闻到妈妈身上的奶味时，就会作出舔嘴的动作，脸上也呈现出愉快满足的表情。自然界和生活中的气味非常丰富，可以让宝宝多闻一下各种各样的气味，比如饭菜的香味，妈妈衣服上的味道以促进宝宝嗅觉的发育，但注意一定是安全的气味。

新生宝宝的触觉器官是最大的，他们非常喜欢妈妈的怀抱，还喜欢接触一些质地柔软的物品。父母可以采取一些小方法来刺激宝宝的触觉。比如妈妈在喂奶的时候可以将奶头放在宝宝的口边晃动，让他主动地寻找奶水；喂完奶或者睡觉醒来时，经常抚摸宝宝的头、四肢和身体的其他部位。平常要经常按摩宝宝的四肢、手掌和手背，用力地勾拉宝宝的四个手指，让宝宝的手掌充分活动起来。

## 198. 多抚触宝宝，有利于促进神经系统发育

新生儿全身的皮肤都有非常灵敏的触觉能力，每一个宝宝天生就渴望爸爸妈妈的拥抱、抚摸，希望父母跟他肌肤亲密接触。多抚摸宝宝可以加强父母和子女之间的情感交流，促进新生儿的神经系统发育，提高其身体免疫力，减少新生儿哭闹，增加睡

眠，增加新生儿体重，益处多多。因此，爸爸妈妈应该积极学习各种方法来刺激宝宝的触觉，以促进其心智的发育。

日常生活中，父母可以给宝宝进行一些力度适当、手法轻柔的全身或局部地按摩、揉捏，刺激宝宝的身体穴位和肌肉的发育。一般来说，抚摸宝宝的顺序是：头部—胸部—腹部—上肢—下肢—背部—臀部，这样不仅可以有效地促进血液循环，还能增强肠胃的消化功能和各项身体机能的活动量。在为宝宝做抚触的时候，可以配合使用一些婴儿润肤液，可起到润滑的作用。不过，抚触等活动，不宜在宝宝刚进食之后进行，以免导致呕吐。爸爸妈妈的双手要保持干净、温暖、光滑，指甲要短，不戴首饰，以免划伤新生儿的皮肤。

## 199. 用儿歌训练宝宝的语言智能

当宝宝还在腹中孕育时，很多父母就已经开始给宝宝听音乐、唱儿歌了。新生儿的听觉系统发育基本完成，也许他们并不能理解儿歌和音乐的内容，但他们是可以感知到各种声音的，而且听到喜欢的儿歌的时候会作出高兴的反应。声音和语言的刺激越多，宝宝发育得就越快，语言能力就越容易被开发出来。

除了一些适合胎儿和新生儿听的音乐以外，父母不妨选一些好听的儿歌来给宝宝听一听，或者亲自给他唱一首儿歌。比如一些传统的儿歌《丢手绢》《小燕子》《小兔乖乖》等等。宝宝在哭闹时，轻快柔和的儿歌会让他们马上破涕为笑，引起极大的兴趣。不久之后，宝宝在听到熟悉的旋律时，就会立刻表现出愉悦的感觉。当他们稍微大一点的时候，听到父母所唱的儿歌，甚至会咿咿呀呀地试图学唱呢。

## 200. 不要过分限制宝宝的运动

宝宝出生后，在新生儿时期就会表现出较强的运动能力，这主要是受到来自身体内部生物钟的支配。过去人们常常习惯把新生儿，甚至是两三个月大的婴儿的胳膊、腿和整个身体都用衣物或者被褥裹得紧紧的，以为这样宝宝的腿将来才不至于"罗圈"，而且会睡得踏实。实际上，这样做虽然让宝宝很安静，有效地避免了宝宝的四肢抖动和身体的颤动，但却会限制宝宝的运动能力正常发育，是不可取的方式。父母

应该让宝宝有足够的活动空间，使宝宝的呼吸功能得到促进，同时情绪更加活跃，运动能力更快速地发展。

当宝宝会走会跑以后，一些父母总是很疼爱自己的宝宝，怕他累到、伤到，什么都不让他自己去探索，去发现，结果过分保护宝宝的结果反而使他变得娇惯、懦弱，甚至会因为缺乏触觉的刺激而引起感觉统合发展失调。因此，从宝宝来到这个世界那天起，在保证基本安全的前提下就要放手让他去体验周围的事物，去感知自己的身体，哪怕会有一些小磕小碰，对他的成长也是有利的。

# 1~2个月：咿咿呀呀学说话

## 201. 宝宝的能力

2个月宝宝会偶尔发出类似"a""o""e"等元音，有时候还能发出"咕咕"的声音或者"嘟嘟"的声音。大人对宝宝讲话的时候，宝宝可以集中注意力来听，有时候还会发出一些模糊的音节作为回应。

此时宝宝的双手都能把拿到的东西放入口中，双手会引起眼睛的注意。有时候宝宝会把双手举起来，或者握在一起，举到眼前进行观看。当父母把玩具或者其他东西放入宝宝手心的时候，宝宝就会马上握紧它们放入口中，他还会很灵敏地将能够抓取到的任何东西放入口中，这是探索未知世界的本能。

2个月的宝宝认知能力比刚出生时有了更明显的改善。从宝宝的态度和反应中，可以发现他们不但认识妈妈，还认识爸爸和其他的家庭成员，并且已经很喜欢与家庭成员交往了。此时的宝宝已经会笑，一个可爱的玩具、别人的一个鬼脸，都可能会逗得他笑出声音。先天愚型的宝宝学笑会稍有延迟。如果宝宝到了42天还不会笑，就要引起父母的注意了；如果56天的时候依然不会笑，就有必要去咨询一下医生了。

## 202. 本月早教重点

此时的宝宝喜欢看手、玩手。父母可以把花布条缠在他的手腕上或者给他戴上花手镯，还可以在他的手腕上系上飘荡的气球，并且把他的手递到他眼前，引起宝宝的注意。这是宝宝手眼联合的第一步，是以后一切肢体活动的开端。

在大动作方面，可以扶住肩部让宝宝坐着，宝宝的头会前倾下垂，但能够使头反复地抬起来。还可以托着宝宝胸腹部，让宝宝面朝下悬空，这时候宝宝的头能够举到

与躯干同一水平的高度，但是腿会垂下去。在精细动作发展方面，把气球挂在婴儿床的上方，或宝宝的手足都能够够到的地方。大人轻轻地拍打气球，宝宝就会伸出双手和双足同时去够气球，以此练习手足和眼部的协调能力。

此时宝宝会发出一些无意识的声音。此时把宝宝的声音记录下来，例如"呀呀""啊啊""哦""咿咿"等，就会听到宝宝有时候会把一个音拉得很长。和宝宝讲话时，可以故意提高一下音调，或者拉长某个字的发音，都可以引起宝宝的注意，甚至能让宝宝笑。

此外，父母要训练宝宝有规律的生活习惯，包括排便和睡眠等等。适当带宝宝出去晒晒太阳，给宝宝做体操做按摩，全面提升宝宝的能力。

##  203. 给宝宝看几张黑白图片

对于新生儿来说，黑白相间的图片是非常有吸引力的。因为此时他们色彩感觉器官还没有充分发育，无法辨认色彩过于复杂的图案，而黑白图片轮廓鲜明、对比强烈，能够引起宝宝的注意。多给宝宝看一些黑白图片，不仅能够促进宝宝视觉的发育，还能通过这种外部刺激锻炼宝宝的视觉记忆和分辨能力。

在宝宝出生后的第2天，就可以给他看黑白图片了。一般宝宝喜欢看模拟人脸的黑白挂图，也喜欢看条纹、波纹、棋盘等图形。网上有大量黑白图可以下载，打印出来给宝宝看就可以了。有兴趣的父母也可以买一个小白板，用黑色马克笔在上面画几个给宝宝看。黑白图应距宝宝眼睛20厘米处，每隔3～4天应换一幅图。宝宝对图片是有记忆的，注意一下宝宝注视新画的时间，就会发现，宝宝对新鲜的图像凝视时间较长，熟悉图片后凝视时间会缩短。

当到了两三个月时，宝宝就可以看色彩更丰富的挂图了，他们会对突然看到的色彩斑斓的图片表现得非常兴奋，甚至手舞足蹈。这时候从黑白图就可以过渡到彩色图案了。

##  204. 在宝宝耳边说说话

新生儿喜欢柔和、缓慢、淳厚的声音，听到这样的声音时他们会很快安静下来，流露出微笑的表情，而尖锐的声音是宝宝所不喜欢的，这会令他们感到烦躁不安。为

了促进宝宝的智力发展，尽早训练他的感觉和知觉是十分重要的。因此，父母和家人最好能柔声在宝宝耳边说一说悄悄话，或者在宝宝身边说一些亲切和温馨的话。

宝宝躺在床上较为安静的时候，妈妈在宝宝耳边轻声叫他的名字，可分别在左、右两个方向叫，以促进宝宝转动头部；也可以抱起宝宝和他说说话、唱唱歌，不时地轻轻摇动、转个圈，让宝宝的头部向左右转动。日常生活中，家人要频繁地跟宝宝说话，宝宝的吃、喝、拉、撒、睡、看到的、听到的、周边的环境等都可以作为谈话内容。同时引导着宝宝咿咿呀呀地发出声音，随后大人可以模仿宝宝刚才的发音，以此来提高宝宝对发音的兴趣。

这样的训练能让宝宝的语言能力更快更好地发展，也能让宝宝感觉到与家人初步的情感交流。

 ## 205. 给宝宝做做触觉按摩

触觉按摩能增进亲子关系，增强宝宝的安全感和信任感，对于容易烦躁、不易入睡的宝宝尤其适用。

让宝宝仰卧在床上，由头开始到手臂，再由肋骨开始到脚轻抚宝宝。步骤如下：

一、轻柔地从头的一边移动双手，向上绕过头顶绕至另一边；轻柔地从颈部向上移动双手，到头的顶部；轻柔地以横卧"8"字的姿势移动头部。

二、一手在肩部处固定宝宝的手臂，另一手拿起宝宝的手，轻柔拉伸手臂。由手肘至手腕做抚摸，前臂内侧向下及外侧向上；由手肘至肩部做抚摸，内侧向下及外侧向上。

三、由臀部开始轻抚宝宝的双腿至脚踝。一手固定髋骨（手够不到的可用脚代替），另一手拿起脚踝，轻柔拉伸腿部；由膝头至脚踝做抚摸，腿部内侧向上外侧向下。由膝头至臀部做抚摸，内侧向上至大腿，环绕屁股，向下沿着大腿外侧。

四、由肩部至脚踝，轻柔但坚定地轻抚全身。

 ## 206. 摇豆子给宝宝听

父母可以有意识地制造有声音刺激的环境，促进宝宝的听力发展。比如将一把豆

子放入玻璃瓶中，在宝宝的身边摇晃，让宝宝听一听豆子与玻璃瓶碰撞的声音，他会刻意去寻找这种有趣而新奇的声音；也可以在宝宝的屋子里挂上一串风铃，风一吹就会发出清脆的响声。这些轻微又美妙的声音不但能够刺激宝宝的听力，还能带给宝宝美的享受，是一举多得的事情。

一些父母会担心声音会惊吓到娇嫩的小宝宝，便给宝宝一个相对安静的环境。专家认为，没有必要给宝宝制造一个安静的环境，让宝宝处于正常的生活环境中更好，家人的正常生活会产生各种声音，走路、关开门、做家务、说话等，还有来自室外的汽车声等，这些杂的声音会刺激宝宝听觉和认知水平的发展。2个月的宝宝会开始有意识地寻找声源，他们想弄清楚到底什么发出了那样的声响，这对宝宝的听觉发育是有益的。所以只要不是分贝过高、过于尖锐的声音，日常生活中产生的声音是可以让宝宝听的。

## 207. 多抱宝宝，提高他的颈部支撑力

当宝宝被父母抱起来之后，想看清周围的东西就必须努力地调动肌肉支撑起头颈，上身也总是本能地想要挺直，这就使宝宝的背部、胸部和腹部的肌肉得到充分的锻炼。因此，在宝宝两个月大的时候，父母应该多抱抱宝宝，每天累计2个小时左右，姿势最好是竖抱。

竖抱的时候，父母可以用两只手分别托住宝宝的颈背部和小屁股，让宝宝竖起来，使得宝宝能够看到室内或者是室外的景色事物。这样的锻炼不仅可以帮宝宝练习抬头的动作和颈部的支撑力，同时可以激发宝宝对各种事物的关注和兴趣。由于本阶段宝宝的骨骼发育还不是很好，因此竖着抱的时间不能过长。每次锻炼完之后要让宝宝仰卧在床上休息一会儿，同时还要用手轻轻抚摸宝宝的背部，帮助宝宝放松肌肉。经过这样不间断地练习，到两个月末的时候，发育比较好的宝宝就可以自己抬起头颈一段时间了。

## 208. 让宝宝多享受空气浴和日光浴

宝宝满月以后，父母可以适当抱着宝宝出去走一走，晒晒太阳，呼吸一下新鲜空

气，享受享受"空气浴"和"日光浴"。

新鲜空气中含氧量很高，可以促进宝宝的新陈代谢，提升抵抗力。满月后的宝宝除了寒冷的天气外，只要没有风雨，都可以包裹好到户外去。夏天最好能选择早晚到户外去，冬季则可以选择中午外界气温较高的时候去户外，出去的时候衣服不能穿得太多，也不要包裹得太严。每天进行1～2次，每次约3～5分钟。

晒太阳可以增强人体的新陈代谢，促进人体吸收食物中的钙质和磷。选择晴朗而阳光充足的日子抱着宝宝出去晒晒太阳，但在夏天要注意不能让宝宝的皮肤直接在阳光下暴晒，这样容易导致皮肤损伤，可以到一些树荫下面去让宝宝间接地接受日晒。晒太阳的时间随天气状况和宝宝的适应能力而定，可以是几分钟，也可以是一两个小时。

## 209. 多做抬头练习

俯卧抬头不仅会锻炼宝宝颈部、背部的肌肉力量，增加肺活量，还能使宝宝较早地面对世界，接受较多的外部刺激。父母不妨参考以下方法教宝宝做一些抬头练习。

一、喂奶完毕后，妈妈一手托腰一手托颈，把宝宝头部靠在自己的肩膀上，然后轻轻地移开托颈部的手，让宝宝自己竖直一会儿，这种动作每天要重复四五次。这种训练在宝宝空腹且精神愉悦时也可以做。

二、妈妈仰卧，让宝宝自然地俯卧在妈妈的腹部，把手扶在宝宝头部的两侧，逗引宝宝抬头片刻。或者让宝宝趴在床上，摇晃小铃铛、拨浪鼓或者呼唤宝宝的乳名等，靠声音吸引宝宝抬起头。

在日常生活中，还可以在室内的墙壁上挂一些图画或者色彩很鲜艳的玩具，抱着宝宝让他欣赏这些图画和玩具，这样的方法也可以在无形中锻炼宝宝的头颈部肌肉，对抬头的训练帮助很大。

## 210. 扳着宝宝的腿做床上骑车

宝宝的大脑通过对周围环境的反馈而不断发育，并基于早期经历而发展成一个能思维、有情感的器官，越早对宝宝进行身体运动方面的训练，对宝宝智力开发的作

用越大。当宝宝兴奋地摆动小手和小脚的时候，父母不妨训练宝宝在床上做骑车的运动，这不仅有助于他锻炼肢体，还能促进大脑和身体的发育。

选择宝宝情绪良好的时候，让宝宝平躺在床上，扳着他的腿，做出骑自行车的动作。扳动宝宝腿的时候，可以哼唱有关自行车的歌谣或者其他富有韵律的歌谣。比如这样一首简单的儿歌：骑、骑、骑车车，骑到街上兜圈圈；好玩，好玩，真好玩，宝宝乐呵呵。

当宝宝大一些的时候，妈妈可以和宝宝面对面坐着，手拉手、脚碰脚，手和脚对应做踩踏自行车的动作，有助于宝宝的四肢协调发展。

##  211. 用婴儿操促发育

经常给满月后的宝宝做婴儿操，不但可以增强宝宝的生理功能，使宝宝的动作变得更加灵敏、肌肉更发达，而且还可促进宝宝神经心理的发展。父母不妨给宝宝做一做以下几种婴儿操：

一、屈腿运动：妈妈用两只手分别握住宝宝的两个脚踝，使宝宝的两条腿伸直，之后再使两条腿同时屈曲，让膝关节尽量地靠近腹部。这样的动作练习重复3次。

二、俯卧运动：操作的时候，宝宝要呈俯卧的姿态，两只手臂向前伸，不能压在身下，妈妈此时站在宝宝的前面，用玩具来逗引宝宝自然地抬头。

三、扩胸运动：先要让宝宝仰卧，妈妈握住宝宝的手腕，把大拇指放在宝宝的手心，让宝宝握住；使宝宝的两臂左右分开，手心向上，之后两臂在胸前交叉，最后还原到最开始的姿势。

四、转侧运动：拿一个宝宝感兴趣的发声玩具，在他的头部左右引逗他，使他的头部左右侧转注意玩具。每天可训练2～3分钟，每天数次。这个训练可以促进宝宝颈肌肉的灵活性和协调性，为宝宝侧翻身做好准备。

五、侧翻运动：宝宝满月之后，可以开始训练侧翻动作。先拿一个发声玩具，吸引宝宝转过头注视，之后，父母一只手握住宝宝的一只手，另一只手把宝宝同侧的腿搭在另一条腿上，辅助宝宝向着对侧侧翻注视。左右轮流侧翻练习，能帮助宝宝感觉到体位的变化，学习侧翻的动作。每天进行2次，每次侧翻2～3次即可。

## 212. 注重手部精细动作能力的训练

手部精细动作能力的发展与宝宝大脑的发育息息相关。一般来讲，宝宝的手越灵活，他的大脑发育越快越完善。1~2个月的宝宝会对自己的手产生浓厚的兴趣，已经可以做到把两只手握在一起。为了更好地提升宝宝精细动作能力，爸爸妈妈可以尝试以下的方法：

1. 宝宝看手的时候不要打扰：宝宝此时会对手产生浓厚的兴趣，可能会长时间地观察自己的小手，也可能会把手放进嘴里"品尝"。这些动作都有助于唤醒手的力量。因此，当孩子目不转睛地看手或者专心致志地吃手时，爸爸妈妈不要打扰，只要安静地观察就好。

2. 被动抓握训练：爸爸妈妈要经常按摩宝宝的小手，然后把笔杆等棒状的东西放进宝宝手里，让宝宝尝试抓握。由于宝宝手部力量不足，不能长时间抓着小棒，此时爸爸妈妈可以用自己的手轻轻握着宝宝的手，给他额外的力量，以此来延长抓握时间。

3. 主动抓握练习：选择不同材质的布料，缝制几个小口袋，也可以用废弃的手套，里面用柔软的东西填充之后吊在宝宝的床上，高度以宝宝可以触摸为准。然后爸爸妈妈可以在床边摇晃这些东西，吸引宝宝主动抓取。

## 213. 常与宝宝进行语言交流

过了满月之后，宝宝高兴时就会发出咿咿呀呀的叫声，虽然这还不能算是说话，但却是进入说话的第一步。此时，父母要趁热打铁常与宝宝进行一下语言交流。虽然你和宝宝说话时他还不懂每一个字的确切的内容和含义，更不能对此有什么正确的回应。但在这样的交流沟通中，一方面加强了宝宝与爸爸妈妈之间的亲情联系，另一方面也满足了宝宝与他人交往的需求，甚至身体也有了接触，这为宝宝发展语言能力和社会交往行为奠定了良好的基础。

在与宝宝进行语言的"交流"时，一定要面对面地说话，发音的口形要准确，

声音不但要轻柔还要保持清晰。当宝宝注视着你的时候，你可以慢慢地移动头的位置，吸引宝宝的注意力，让宝宝的视线随着你移动。这样不仅能锻炼宝宝的听力，还能锻炼他的视力。如果宝宝听到你的声音时会安静下来，专心地看着你的嘴唇的动作，或者扭动身体表现出兴奋的样子，就说明这种有意识的语言"交流"起到作用了。

##  214. 合理选择宝宝的玩具

从出生那天起，宝宝就在用自己的方式认识周围的世界。玩具是帮助他们探索世界、促进身心发育的一项重要而有趣的工具。父母不妨选择几样适合新生儿的玩具，来激发宝宝对外界事物最初的兴趣。

摇响玩具非常适合给新生儿来玩，比如拨浪鼓、铃铛等。父母在宝宝周围把拨浪鼓摇出响声，让宝宝通过寻找声音的源头来锻炼听觉能力；当宝宝月龄稍微大一点的时候，就可以自己拿着玩具摇晃着玩了。还可以在宝宝的床头悬挂气球或者贴一张图片，用以吸引宝宝的视线，锻炼视觉能力。音乐盒、会唱歌的布娃娃也是适合宝宝的，让宝宝倾听这些新奇玩具的声音，既能锻炼听觉能力，又可以愉悦他的情绪，陶冶性情。

要注意的是，给宝宝选择玩具时，最好挑选天然耐用、触感好、容易清洗、能够重复使用的玩具；玩具应该是安全无毒的，体积过小容易误吞进肚子里的玩具不可选，有尖锐边角的金属玩具不可选，含有有害化学成分的玩具不可选。同时父母还应注意宝宝玩具的卫生，定期给宝宝的玩具进行清洗和消毒。

##  215. 给宝宝的体能发展多创造机会

对宝宝来说，出生1～2个月的时候是其发育成长的关键时期，而在这个阶段，抬头翻身是其全身运动发展的先导。宝宝从出生起大部分时间里是仰卧姿势，翻身对他来说是一个大动作。只有翻身成功后，宝宝才能继续学习爬行、站立等动作，因此学会翻身是至关重要的。为此，在这个月，爸爸妈妈就要开始有意识地帮助宝宝练习，从而为下个月翻身做准备了。要做到以下5个方面：

一、逐渐建立起吃、玩、睡的良好生活规律，保证良好的体力和精力。

二、让宝宝每天俯卧一小会儿，练习背部的肌肉力量。

三、悬挂一些鲜艳的、可以动的玩具，吸引宝宝看、触摸、抓握，激发他抬头翻身的兴趣。

四、给宝宝做婴儿操，帮助宝宝增加腹肌的收缩力。

五、在宝宝体力许可的情况下，在仰卧姿势下，将宝宝一条腿轻轻侧翻，搭到另一条腿上方，同时顺势轻推宝宝肩背，让宝宝身体侧卧，然后慢慢由侧卧变成俯卧，多次重复，宝宝就能体验翻身的感觉了。

由于这个时期的宝宝身体发育还远远不成熟，身体还非常柔软，因此在训练的时候一定要注意动作轻柔缓慢，不要扭伤宝宝的手和脚。

## 216. 智力开发，要以平常心对待

许多父母在早教中抱着功利且急于求成的心态，可以教宝宝一些本领，希望宝宝赢在起跑线上。其实，所有的早教内容都是以三个字为根基的"平常心"。父母过于想让宝宝能力突出，变成"小天才"，反会欲速则不达。早教要树立长远的眼光，以快乐和平和的心态来对宝宝进行各方面能力的培养，这样才能起到早教应有的作用。

用平常心造就的宝宝往往具有以下特点：情绪愉悦，爱笑；即使摔倒了，疼了，也很少哭；不高兴的事情忘记得很快；很少耍赖和胡闹，具备等待和忍耐的性格特征；听从劝告，明白事理；为人大方，与人分享玩具或食物等。父母应时刻牢记，宝宝各种能力的发展是综合的。早教不仅仅是智力开发，把性格培养、习惯培养等融会贯通在宝宝的日常生活中，宽容地对待宝宝身上的缺点和成长过程中出现的小状况，以一颗平常心对待早教，这样才能培养出一个聪明而快乐的好孩子。

# 2~3个月：让宝宝全面动起来

## 217. 宝宝的能力

3个月的宝宝已经开始有意识地利用一切机会和场合使自己发出一些声音，以此来吸引人们的注意，并且还知道能够通过不同的声音来表达自己的喜、怒、哀、乐等情绪。一般情况下，宝宝在发音的时候都是在元音上添加上辅音，而第一个出现的辅音往往是"m"，接下来的就是那些爆破音。当别人和宝宝"说话"的时候，他们的整个身体都将参与"对话"，手会张开，一只或者两只手臂上举，且上下肢都可以随着别人说话的音调而进行有节奏的舞动。

有些宝宝已经能够翻身，暂时不能翻身的宝宝也已经能够将身体由平躺姿势变为侧卧姿势。宝宝开始有目的地用手够东西，并能把放在手中的玩具紧紧握住。宝宝现在不满足于仅仅吸吮小拳头了，开始学着吸吮大拇指。

近3个月的宝宝可以准确认识妈妈，看到妈妈就会迫不及待地探出头和上身投入妈妈的怀中，看到妈妈的乳房或者奶瓶的时候，宝宝会非常高兴，流露出期待的表情。如果妈妈一时离开，宝宝就会马上啼哭起来。

看见熟悉的面孔的时候，宝宝会很兴奋地全身"扭动"。有时候宝宝会模仿他人的面部表情，例如别人说话的时候他们会张开嘴巴，并且睁开眼睛；别人伸出舌头的时候，他们也会随之做同样的动作。

## 218. 本月早教重点

此时可以锻炼一下宝宝的声音分辨力。爸爸和妈妈可以分别坐在宝宝的两侧，分

别和宝宝说话。如果爸爸叫宝宝或者同宝宝说话的时候，宝宝会看着爸爸，妈妈插话就会望向妈妈，就说明宝宝可以分出男女不同的声音，知道爸爸的声音低，妈妈的声音高。

大动作方面，妈妈不妨让宝宝俯卧在桌子上，宝宝就会抬头，下巴可以离开桌面约5厘米。宝宝抬头之后还可以控制自己头的运动方向，能自己再把头低下。试着扶着宝宝坐起来，宝宝的头也许能竖起来，但会稍微摇动并向前倾。精细动作方面，可以将一个大一些的响铃挂在宝宝的视线范围之内，用一根绳子连在一个松紧带的环上，再把松紧带环套在宝宝的右腕上。爸爸妈妈握着宝宝的右腕来回晃动，弄响响铃。此时宝宝会全身活动来弄响响铃，但训练一段时间之后，宝宝就会知道运动右腕可以让铃响起来。

此外，父母要多陪宝宝玩一玩，说说话，多拥抱宝宝。婴儿床上的挂吊玩具要安全和牢固，还要经常更换挂吊玩具的方向和角度，以免宝宝长时间观看造成斜视。

## 219. 进一步训练握的能力

手指的运动可以刺激大脑的广大区域，而通过大脑的思维和眼睛的观察又可以不断纠正改善手指动作的精细化程度。眼、手、脑的配合协调能够极大地促进宝宝的智力发展。因此父母应多让宝宝动动手，继续训练他的抓握能力。

进入第3个月后，宝宝手的控制能力增强了。这时候的宝宝常常会目不转睛、全神贯注地研究自己的手指，看它们怎样协作配合。如果有玩具放到宝宝面前，宝宝就会伸出小手笨拙地去抓取面前的玩具，然后又无意识地松开。宝宝喜欢看自己的手握紧又张开，还会像拍手那样把手掌压合在一起。妈妈可以把玩具放到宝宝手中，握住宝宝小手，放到宝宝眼前晃动，再把玩具拿开，放在宝宝能够得着的地方，让宝宝自己去拿，也可以握住宝宝的手腕部，帮助宝宝够到玩具，这样可以训练宝宝手眼的协调能力。

在训练宝宝的握力之前，要多给宝宝触摸一些有质感的玩具或者物体，例如光滑的塑料玩具、柔软而且容易挤压的玩具、拿在手里会变形的玩具或者表面凹凸不平的玩具等等。让宝宝的小手尽可能多地增加一些触觉的感受，这对于宝宝接下来的握力训练非常有帮助。

## 220. 训练宝宝的俯卧抬头能力

俯卧抬头的练习，不但可以锻炼宝宝颈部和背部的肌肉力量，还可以增加宝宝的肺活量。具体方法如下：

首先让宝宝俯卧在床上，妈妈或者爸爸取一些色彩艳丽的或者有声音的玩具，在宝宝面前引逗，宝宝一看到这些色彩鲜艳的玩具并听到声音，就会努力地抬起头来看。宝宝的运动发育是连续性的，在他可以俯卧抬头45度之后，他的颈部肌肉的力量也在随之增强，双臂的力量也会增强，慢慢地就可以将头高高地抬起，逐步达到与床面呈90度的程度。等宝宝的头部稳定并且可以自如地向两边张望的时候，就可以把玩具从宝宝的眼前慢慢地移动，先移动到右边，再慢慢地移动到左边，让宝宝的头部随着玩具从右转到左。这样的方法很好地锻炼了宝宝俯卧抬头的持久力和颈部的灵活性。

训练可以在宝宝睡醒了之后、喂奶之前1小时进行。训练强度可根据每个宝宝的能力来安排。但要注意每次锻炼的时间不能超过2～3分钟，每天练习2～3次即可。以后可以再根据宝宝的实际情况，逐步增加训练的时间和次数。

## 221. 让宝宝踢蹬大球

对于3个月的宝宝，不但要加强对其手部技巧的训练，还要加强宝宝大肌肉的运动能力，锻炼腰腹部和腿部肌肉的力量。

父母可以找一个里面装有小铃铛的大皮球轻轻碰宝宝的脚底，以引起宝宝的注意和刺激脚的感觉。当宝宝的小脚碰到大球的时候，铃铛的响声很自然地会引起宝宝的兴趣，宝宝就会主动蹬脚来回应。此时，父母要配合宝宝不断移动大球的位置，让宝宝每次蹬脚都能够碰到大球，每次成功之后父母可以用亲吻、拥抱或者赞许的言语来对宝宝表示鼓励。

爸爸和妈妈还可以将宝宝抱起，放在自己腿上或者手掌上站起，让小腿自然绷直，然后扶持宝宝上下蹦跳。在宝宝努力蹬脚的同时，爸爸妈妈要用亲切柔和的语气

说"宝宝跳跳，宝宝跳跳"。每天练习5次，以后逐步加大练习量，这种方法可有效地锻炼宝宝的腿部肌肉群。

## 222. 进行俯卧支撑和拉坐训练

俯卧支撑是在巩固俯卧抬头训练的基础上进行，一旦宝宝俯卧时头部能稳定地挺立到90度，爸爸或妈妈就可以在距宝宝1米左右的地方，手拿摇铃或者一捏就响的玩具来逗引宝宝，以此来训练宝宝独立用前臂和胳膊肘支撑头部和上半身体重，使宝宝可以直视前方，胸部尽可能抬高。每日可训练数次，每次持续数分钟。此外，还要用手抵住宝宝的脚底，观察宝宝是否有向后蹬踏的动作，从而判断宝宝是否有向前爬的意思，以便为将来的爬行做准备。

为了活动宝宝的颈部、腹部和背部的肌肉，促进宝宝动作的灵活性，对于3个月的宝宝还可以进行拉坐训练。具体的方法是：先让宝宝仰卧在平整的床上，爸爸或者妈妈双手握住宝宝的前臂拉向胸前，一面喊着口号"一、二，宝宝坐起来"，一面轻轻地拉宝宝坐起来；再一面喊着口号"三、四，宝宝躺下去"，一面把宝宝轻轻放到仰卧的姿势。如果宝宝的头颈部比较软，可以一手托住头部，一手握住宝宝的双手来做。最后让宝宝的双臂放下还原。如此反复几次，每天坚持数次。

## 223. 给宝宝看一些彩图

颜色视觉是对光谱上不同波长的光线的辨别能力。3个月的宝宝已具有三色视觉，有了一定的色彩辨别能力，他们非常喜欢鲜艳的颜色。父母不妨给宝宝看一些彩色图片，来提升他们对颜色的感知能力，发展宝宝的视觉。

找一些色彩鲜艳、图案简单、尺寸不小于13厘米×13厘米的图片，最好是一图一物的。在宝宝心情愉悦的时候搂抱着他，一边指着图片一边跟宝宝说，"看，这是红色的小汽车！""哎呀，这根黄色香蕉味道一定很香甜！"宝宝在看到这些彩色图片时会感到很兴奋，妈妈一边看一边讲解，不仅能促进宝宝的视觉发展，也是提升语言能力、引起宝宝对图画书的兴趣的好时机，为今后真正地看图说话打好基础。

同时，父母还可以在宝宝床头上方两侧及周围（最佳视距为20厘米）悬挂一些五

颜六色的小图片、彩色气球、彩条旗等。宝宝醒来的时候，就会去看这些感兴趣的东西随时随地刺激宝宝的颜色视觉的识辨能力，增强对色彩世界的好奇心。

 ## 224. 为宝宝折个小风车

简易的纸风车是我们童年时喜欢的玩具。它外表新奇美观，风一吹又能在转动中发出欢快的沙沙响声。爸爸或妈妈不妨亲手制作一个风车给宝宝玩，让宝宝的视线追逐风车的转动，既锻炼了他的视力，又能逗得他心情愉快。

拿一张硬一点的纸，制作成正方形，四个角对折，沿着对折线剪开，不要彻底剪开，在这张纸的中心位置留下一小块位置，用来固定从对角线剪开的风车纸片，剪开以后是八个角，然后取其中单数或者偶数角固定在中心位置，这样一个简易的风车就制作好了。纸最好选择色彩鲜艳的彩色卡纸，或者可以用彩色蜡笔在白纸上画上图案。

一边拿风车逗宝宝玩，一边可以给他唱《大风车》：

> 大风车吱呀吱扭扭地转
>
> 这里的风景呀真好看
>
> 天好看，地好看
>
> 还有一群快乐的小伙伴
>
> 大风车转啊转悠悠
>
> 快乐的伙伴手牵着手
>
> 牵着你的手
>
> 牵着我的手
>
> 今天的小伙伴
>
> 明天的好朋友
>
> 好朋友

 ## 225. 让宝宝听听铃铛响

宝宝到了3个月的时候，视听能力都有了进一步地提升。父母可以给宝宝听一听

看一看带悦耳响声的小铃铛，逗他视力跟踪，逗他伸手抓握，开发视、听、触觉和抓握能力，并让宝宝享受快乐。

妈妈抱着宝宝，用一个声音柔和或美妙清脆的摇铃，在宝宝头部的左侧或右侧轻轻地摇动，并观察宝宝的反应。当宝宝转头过来找声音的来源时，把摇铃换到宝宝的另外一边，躲避宝宝的视线。反复几次后，让宝宝发现铃铛；摇动铃铛发出有节奏的声音，让宝宝听，并和宝宝一起手舞足蹈起来。这个过程不仅可以锻炼宝宝的听力，而且还可以锻炼宝宝的脖子扭动力。

还可以准备一个有短拉绳的小铃铛和一把带扶手的高椅子。将小铃系于椅子的扶手上，其位置刚好让宝宝能够拉到绳子，让铃铛发出声音。妈妈先示范动作，然后引导宝宝自己拉绳子听铃声。当宝宝因为拉动绳子而发出声音时，会很兴奋，他（她）会很想知道这是为什么。妈妈可以告诉宝宝为什么，有助于宝宝理解因果关系。

## 226. 让宝宝与水来场"亲密接触"

水浴，是利用人体体表温度和水的温差来锻炼身体的一种方式，比日光浴、空气浴都更容易掌握，且一年四季都适宜进行。对3个月的宝宝来说，水浴是一项比较好的锻炼方式。由于水的导热能力比空气高30倍，因此对人体体温的调节作用非常大。

一般来说，1个月以内的宝宝可以进行温水锻炼，1个月以后就可逐渐向水浴过渡，到3个月的时候就可以正式开始水浴了。

水浴的方法有很多，一般有冷水浸浴、冷水擦浴、冷水冲淋等。3个月的宝宝可进行冷水浸浴。具体的方式是：用一个较大的盆盛水，水量以宝宝半卧于盆内时，锁骨以下的部位都浸入水中为宜。室温要控制在20℃~21℃，水温在36℃左右。每天可以进行1次水浴，浸泡的时间为5~6分钟。浸浴后，再以低1℃~2℃的水冲洗全身。洗浴完毕后，要用大毛巾将宝宝裹好，擦干水，适度地摩擦宝宝的皮肤直到泛红为好。

随着宝宝年龄的增长，耐受性的增强，可以逐渐降低水温到28℃~30℃。除了冷水浸浴之外，宝宝平时洗澡、洗脸、洗脚的水温也不宜过高，以便增强其耐寒的能力。

 ## 227. 给宝宝做个健身操

做全身操不但可以促进血液循环，还可促进宝宝骨骼、肌肉的发育。父母可以帮着宝宝做做健身操，让宝宝在愉快的情绪中自由地活动四肢，伸展全身。以下推荐两组锻炼四肢的健身操：

一、伸展上肢运动

预备姿势：宝宝仰卧着，妈妈两手握住宝宝两手的腕部，让宝宝握住妈妈的大拇指，两臂放在身体的两侧。

第1拍：两臂向外平展，掌心朝上；

第2拍：两臂在胸前交叉；

第3拍：两臂举过头顶，掌心朝上；

第4拍：还原姿势。

重复2次。

注意事项：两臂上举的时候要与肩同宽，动作要很轻柔。

二、下肢伸直上举

预备姿势：宝宝仰卧着，两个下肢伸直平放。妈妈的两个掌心向下，握住宝宝的两膝关节。

第1~2拍：把两下肢伸直向上举90°

第3拍：还原姿势。

各自重复两个8拍。

注意事项：两个下肢伸直上举的时候臀部不离开床面，动作要轻柔和缓。

 ## 228. 给宝宝看看手

快满3个月的宝宝，手开始了有意识地张开、触摸，开始了主动地活动。开始是不准确地抓握，以后逐渐发展到准确的手的精细动作。

手指的运动可以刺激大脑的广大区域，而大脑思维的运转又可以不断地加强手指

的控制能力，改善动作的精细化程度。手脑并用能够极大地促进宝宝的智力发展。3
个月的宝宝手的控制能力进一步增强，这时候的宝宝常常会目不转睛、全神贯注地盯
着自己的小手，研究自己的手指，思考它们之间是如何进行协作的。

　　妈妈可以将彩条和小铃铛系在宝宝的两个小手腕上，让宝宝看看自己的小手上的
色彩。当宝宝手动的时候，就会发出叮当的响声，宝宝听到声音非常兴奋。妈妈可以
拿起宝宝的小手轻轻摆动发出有节奏的声音，有些宝宝能够学会这个动作，他们也会
试图有节奏地摆动双手。爸爸妈妈在给宝宝看挂图的时候，不妨握着他们的小手，让
宝宝边听边触摸。

## 229. 给宝宝一些能抓啃的小玩具

　　当宝宝长到3个月的时候，口唇的功能是极大的。他们可以通过吸吮感知到自
己小手的存在，并且感知到手的抓握能力，而当宝宝知道了自己手的抓握能力后，
又会通过手把周围的东西送进嘴里进行"检验"，这个过程也就健全了口腔的功
能。宝宝从出生不久起就喜欢吃手，这是因为他们需要通过口部来认识外面的世
界。在宝宝6个月之前，父母最好耐住性子，允许宝宝自由吃手和品尝玩具，允许
宝宝用口去探索他们想探索的物品，而不要过多地干涉和纠正宝宝吃手或其他东西
的行为。之后，随着宝宝对用口腔探索事物的兴趣慢慢变淡，宝宝将不再吃手，而
是开始用手去触摸和感觉其他物品了。

　　因此，在宝宝吃手已经吃了一段时间，且已经有能力去抓取一些物品往嘴里送的
时候，父母就可以给宝宝准备一些手的"替代品"，也就是一些各式各样能用嘴去啃
的小玩具让宝宝去抓，进而让宝宝用口去探索。也可以给宝宝一些磨牙的饼干、牙胶
等，让宝宝反复咀嚼，练习咀嚼和咬的能力。当宝宝再大一点儿的时候，可以用盘子
盛放一些物品让宝宝自己选择，让宝宝觉得新鲜有趣的同时也提高宝宝的认知水平。

## 230. 和玩具说说话

　　除了训练宝宝发音，陪他聊聊天以外，我们还可以采用更有趣更新奇的方法来促
进宝宝发音，帮助宝宝提升语言能力。

准备一个能发音的智能布娃娃。让宝宝仰卧在妈妈怀里，妈妈一只手拿着小布娃娃在宝宝眼前轻轻晃动，然后跟宝宝说："宝宝好，姐姐跟宝宝打招呼呢，宝宝好！"重复几次后将布娃娃靠近宝宝的脸庞，摁一下布娃娃，让布娃娃自己跟宝宝打招呼："你好！宝宝好！"并拉着宝宝的两只小手触摸布娃娃，和布娃娃亲昵。

在日常生活中还可以随时随地拿其他可爱的毛绒玩具，装成他们的声音和宝宝对话。父母要经常跟宝宝打招呼，聊天，对宝宝说一些简单的字眼，宝宝开心的时候会发出"啊""哦"的音来回应。这个时候爸爸妈妈要热情地鼓励宝宝，给宝宝一个吻或摸摸宝宝的小脸蛋。

## 231. 教宝宝认识具体的颜色

父母不要以为刚刚二三个月的宝宝对颜色认识能力很差，认为给宝宝看多彩的图案没有必要，其实2～3个月的宝宝已经可以对不同的波长做出区分。到了近3个月的时候，颜色视觉基本已经和成人接近了。如果不抓住机会对宝宝进行色彩训练，就会削弱宝宝这个时期视觉能力的进一步发展。

研究的结果显示，此月龄的宝宝已经有了自己的颜色偏好。大多数宝宝偏爱的颜色依次是：红、黄、绿、橙、蓝。想要训练宝宝的色彩敏感性，爸爸妈妈可以这样做：拿出一件宝宝很喜欢的玩具，例如红色的气球，反复告诉宝宝"这是红色的气球"，重复几次之后再问他："红色的气球在哪呢？"此时宝宝就会把眼睛转向气球。虽然宝宝并不知道红色和气球的意思，但是会在头脑中留下印象，为以后认识颜色打下基础。

颜色是比较抽象的概念，一次只能教给宝宝认识一种颜色，如果一次给宝宝介绍太多颜色，不仅不能给宝宝认识颜色打下基础，而且很容易让宝宝的思维产生混乱。

## 232. 培养宝宝的全面认知能力

一、视觉训练：宝宝采取仰卧位，在他们的胸部上方20～30厘米处悬挂玩具，以吸引宝宝注意。并训练宝宝视线随物体做上下、左右、圆圈、远近、斜线等方向运动，来刺激视觉发育，发展眼球运动的灵活性及协调性。

二、听觉训练：父母可在宝宝周围不同方向，用说话声或玩具声训练他们转头寻找声源。可选择不同旋律、速度、响度、曲调或不同乐器奏出的音乐或发声玩具，或改变对宝宝说话的声调，来训练宝宝分辨各种声音。当然，不要突然使用过大的声音，以免宝宝受惊吓。

三、触觉训练：宝宝的面颊、口唇、眉弓、手指头或脚指头等处对触压觉很敏感。可利用手或各种形状、质地的物体进行触觉练习。光滑的丝绸围巾、粗糙的麻布、几何形状的玩具均可让宝宝产生不同的触觉感，有助于发展宝宝的触觉识别能力。

四、味、嗅、温度等感知觉训练：利用日常生活内容，刺激宝宝各种感觉器官。如吃饭时，用筷子蘸菜汁给宝宝尝尝；吃苹果时，让宝宝闻闻苹果香味、尝尝苹果味道；洗澡时，让宝宝闻闻肥皂香味；用奶瓶喂奶时，让宝宝用手感受一下奶瓶的温度等，均有助于宝宝感知觉的发展。

# 233. 训练宝宝的发音

3个月的宝宝在发音和语言能力上已经有了一定的发展，宝宝能发出很多的自发音，并且可以清晰地说出一些元音，父母可以利用这个机会抓紧培养宝宝的发音，经常和宝宝说话，逗引发音，对宝宝发出的声音要给予不同的反应。

在宝宝情绪愉快时，父母可用愉快的口气和表情，或者用玩具让他发出"呃啊"声，或者"咯咯"的笑声。一旦宝宝主动发声了，就要富有感情地称赞他，亲热地抚摸他，以示鼓励，并和他你一言我一语地"对话"，诱导宝宝出声搭话。

有些时候宝宝会哭闹不止，哭闹的时候，妈妈可以轻轻地抱起宝宝，用手指在他的嘴上轻轻地拍打，让他发出"哇、哇、哇"的声音，或者可以将宝宝的小手放在爸爸或妈妈的嘴唇上，发出"哇、哇、哇"的声音。这些都能成为促进宝宝发音的基本训练，使宝宝感受到多种声音、语调的融合，促进宝宝对语言的感知力。

# 234. 为宝宝与外界的交流创造机会

出生以后，宝宝就开始具有了社会属性。从生物的人转变为社会的人，首先就要建立与他人交往的能力，这种最初的交往常常会影响到宝宝长大成人之后的社会交

往。3个月的宝宝是不认生的，任何一个陌生人去和他玩，他都不会拒绝，可以玩得很高兴。不过他只要见了妈妈，或是听见了妈妈的声音，就会转头去找妈妈，而放弃陌生人。孩子怕生是6个月左右开始的带规律性的现象，如果在这个时候多为宝宝创造一些与外界交流的机会，到了认生的月龄时，宝宝对陌生人的抵触和害怕情绪会比同龄人小一些。

父母可以适当带宝宝出去走走，带宝宝见一见其他宝宝和大人，这会为日后培养宝宝乐观开朗的性格打下良好基础。现在基本上都是独生子女，而且别说是宝宝，就是成年人和邻居交往的也不是很多，因此，父母要把眼光放长远点，适当地给宝宝创造与人交往的机会，让宝宝多见见生人，对更多的人微笑，树立起愿意跟人交往的基调。需要注意的是，不要带宝宝到人过于多的公共场所去，例如商场、超市等，避免给宝宝传染上疾病。

## 235. 从蜡烛包里把宝宝"解救"出来

很多人喜欢用一条大方被把宝宝包裹起来。双臂紧贴躯干，双腿拉直，手脚包在内，只有面部露在外面，形成一个长长的小包，并在包被外面还系上带子，这样包裹宝宝的方法叫"蜡烛包"。

一些父母和老一辈的人认为这样可以防止罗圈腿的形成，而且能够保暖，但他们却不知道这种包裹方法是不符合宝宝生理和心理发育特点的。把宝宝捆绑太紧，不仅妨碍了宝宝的自由活动，还影响宝宝呼气和心肺的发育，会引起宝宝髋关节脱位和股骨头错位。因此，父母们还是把宝宝从蜡烛包里解救出来吧！罗圈腿是由于维生素D缺乏、缺钙所致的，需要补充营养元素而非"捆绑"。如果担心宝宝受凉，可以选用婴儿睡袋，给宝宝穿上小上衣，然后放在睡袋里，既不用担心弄散包被，导致着凉感冒，又有利于宝宝进行自由活动。

## 236. 睡前和宝宝聊聊天

有研究人员对275个家庭的孩子进行跟踪调查，从孩子出生开始，一直持续到他们4岁结束。结果发现，那些在父母的鼓励下参与交谈的孩子的最终得分，是那些被动地听父母读故事书的孩子的得分的6倍。睡前和宝宝聊聊天是比讲故事更为有效的开发智力的方法。

为了让宝宝更聪明，从现在起，不妨每天晚上睡前都和他聊聊天。跟他讲一讲你的喜悦、你的期盼、你的想法、你对他的爱，甚至也可以讲你的烦心事。即便宝宝现在还不会说话，你们之间的聊天也会有助于提高他的语言能力，开发他的智力。日常生活中，也可以随时跟宝宝说说话。聊天的时候要注意自己的语音语调，尽量用亲切柔和的声音和宝宝说话。注意观察一下宝宝的反应，当宝宝对你的话做出咿咿呀呀的回应时，要及时对他进行鼓励。

## 237. 让宝宝摸摸妈妈的脸

和注视静止的物体比起来，3个月的宝宝更喜欢追视运动的物体。妈妈可以把脸或手指凑近宝宝并移动，让宝宝摸一摸、看一看你的脸。

宝宝躺在床上，妈妈可以把脸忽而凑近，忽而离开，忽而又出现，让他去寻找。当宝宝熟悉这样的忽远忽近的移动后，妈妈抓着宝宝的小手，让它摸摸妈妈的脸，告诉他妈妈的脸上有什么，配一支儿歌：乖宝宝，看看妈妈的脸；好宝宝，摸摸妈妈的脸；这是妈妈的眼睛，这是妈妈的嘴巴，这是妈妈的鼻子，这是妈妈的耳朵。

反复多次，训练宝宝的视线跟踪能力，妈妈还可以把脸先靠近宝宝的脸，引起他的注意，然后，妈妈的脸从一侧移向另一侧，并轻轻呼唤宝宝的名字，使他的视线随妈妈的脸移动。妈妈抱起宝宝，看着宝宝的眼睛。在宝宝眼前慢慢晃动自己的食指，以吸引宝宝的注意力。当吸引了宝宝注意力的时候，向左晃动食指，可以看到宝宝的目光也随之移动。向右晃动手指，并观察宝宝的目光是否继续跟随。

活动前妈妈应洗干净自己的手和脸，以免给宝宝带来细菌和灰尘。

## 238. 不要过于着急让宝宝学翻身

到了第3个月的时候，宝宝的全身肌肉已经开始了整体的活动，或者可以采用侧卧的姿势来睡觉了。这个时期训练宝宝的翻身就会非常容易。在训练的时候，要根据宝宝的实际情况来循序渐进地练习。

将一些宝宝喜欢的玩具放在他必须经过翻身才能够到的地方，鼓励宝宝努力向左或右翻身取到玩具，每天可练习多次。刚学翻身时可用手轻推宝宝的背部，并让其最终能取到玩具，使他体会到成功翻身的乐趣。当宝宝能从仰卧翻为俯卧后，再帮助他练习从俯卧翻到仰卧。当宝宝最终会翻身后，用有声有色的玩具逗引宝宝翻身打滚，宝宝一定会乐此不疲的。

如果前一种方法暂时没有成功，不妨试一下接下来这个方法。让宝宝躺在床垫上或者是摇床里，之后爸爸或者妈妈开始摇晃摇床或者床垫。当宝宝被摇晃到半空中身体倾斜的时候，为保持身体的平衡，宝宝自然就会努力地挺起胸膛，挺直腰板，把身体尽量往后仰。注意摇晃的时候要慢慢加大摇晃的幅度，频率也不要太快，还要随时关注宝宝的反应，一旦宝宝有惊慌的样子就要立即停止。这个方法其实就是让宝宝在保持身体平衡的基础上锻炼背部和胸部的肌肉力量，为接下来的翻身练习做准备。

# 3~4个月：多种本领躺着学

## 239. 宝宝的能力

宝宝3个月之后，手会变得更加灵活，出现了真正的抓握行为，大动作能力也有了进一步的提高，同时他的社会交往能力也有了进一步的发展。本月龄的宝宝视野范围有了进一步的提高，可以从原来的45度扩大到180度，同时他的视觉也有了很大的发展，不仅能看清楚8毫米大小的物体，而且还能把目光集中在不同距离的物品，可以由远及近，再由近及远地观察周围的环境。趴着的时候，他能用胳膊撑着自己的身体，把头和肩膀抬起来，有些宝宝可能已学会翻身。在这个阶段，宝宝明显变得更加活跃了，有时候你会觉得眼前这个小人儿是个出色的运动员，他很喜欢踢蹬自己的腿和脚，经常弯曲着小腿在空中做踏脚踏车的动作。

宝宝的交往能力也有了发展，他喜欢和爸爸妈妈咿咿呀呀地"说话"，对每天发生的事情，也已经有了记忆，不过仅能记住7秒前的事情。此时的宝宝开始出现一系列情绪，包括喜悦与不满等，表达情绪的方式也不再仅限于哭泣，当你与宝宝玩耍的时候，他会发出快乐的声音，有时会以微笑和特有的声音来为大家表演。打哈欠、揉眼等方式则是他表达疲惫和厌倦的特殊"语言"。

## 240. 本月早教重点

本月的宝宝已经适应了周围的环境，他们开始把更多的精力放在探索事物和熟悉亲人上，因此要关注动作能力和交往能力的发展，开启宝宝的智慧之门。

大动作能力对于宝宝的正常发育有着非常重要的作用，会为他一生的身体健康

打下基础。本月的宝宝在大动作能力方面进步非常明显，头颈部的力量明显增强了很多，手臂和腿变得更加有力，活动起来也更加灵活。根据宝宝的发育特点，父母应该把重点放在锻炼宝宝的手臂力量和身体协调能力方面。为了达到这个目的，父母可以加强宝宝俯卧抬头的训练，比如用玩具在宝宝面前逗引，并且左右移动玩具，借此延长宝宝抬头的时间。另外父母还可以训练宝宝翻身以及拉坐，提高他身体的平衡能力和灵活性。在动作训练方面，父母也不要忽视精细动作训练，精细动作与大脑发育密切相关，主要表现为手的协调能力和灵活性，此时父母要帮助宝宝提高手指互相配合的能力和抓握的精确性。

尽管宝宝年纪尚小，无法进行独立的社交活动，但从小培养宝宝的社交意识和社交能力是非常重要的。这一阶段的宝宝已经有了初步的情绪表达和与亲人说话的欲望，父母应该及时抓住宝宝的特点，利用这两方面从小培养好性格。

## 241. 寻找一切机会和宝宝说话

在这个阶段，宝宝的语言理解能力有了惊人的进步，他们不仅喜欢听人说话，还开始模仿大人的语调，虽然他们大多数时候只是咿呀学语，但是这同样是提高语言能力的大好机会。

在日常生活中，父母要寻找一切机会与宝宝说话，无论见到什么都可以与宝宝说一说。比如当妈妈在给宝宝喂奶、换尿布的时候，都可以试着和宝宝说说话；爸爸出门之前，也可以和宝宝道个别，对宝宝说"宝贝，爸爸要出门了，晚上见"；下班回来可以跟宝宝"报个到"，"宝宝，今天开不开心啊？爸爸回来了"，等等。家长不要怕麻烦，也不要因为孩子听不懂就不说。尽管宝宝可能并不知道这些话的意思，但时间长了，宝宝就可以和着父母的声音，在模仿中咿呀学语，嘴里逐渐会发出一些"哦""啊"之类的简单元音来。

除了和宝宝说话，父母还可以为宝宝准备一些能发出声音的玩具，比如会唱歌的娃娃或者能讲故事的早教机等，鼓励宝宝做一些简单的发声练习。不过玩具的效果远远不如父母与宝宝互动所带来的效果好。

## 242. 及时对宝宝发出的声音予以回应

要培养宝宝的语言能力，最好的办法就是经常陪宝宝说说话。逗引宝宝说话，让他的发声器官得到练习很重要，父母对宝宝主动说的话积极给予反应的重要性丝毫不亚于对宝宝说话的重要性。对于宝宝的声音及时给予回应，不仅可以提高宝宝说话的积极性，而且还能从中体会到语言的魅力，还可以使亲子之间的感情更加亲密。

当宝宝主动发出声音的时候，父母要根据宝宝的声音中所包含的感情给予不同的反应，比如温柔亲切的话语、命令式的声音或者激动的喊叫等等，可以稍微夸张一些，让宝宝感受到语言的强大力量，不过要注意不要吓到宝宝。

如果你总是很及时地对宝宝所发出的声音做出回应，很快宝宝就会模仿你的样子，学会对不同的声音进行不同的回应。宝宝不仅能够发出单个的元音，而且能够发出拖长声音的单元音或者连续的两个音节，比如"啊呜""啊咕"等，慢慢地他就会通过观察成人的口型发出更多的声音。

## 243. 多逗宝宝笑笑

3个月的宝宝，其微笑已经有了真正的意义，代表了开心和愉快，同时笑也是开启宝宝乐观性格的钥匙。笑还是一种很好的锻炼方式，宝宝笑的时候，不仅面部的肌肉会运动，而且胸肌、腹肌也会参与其中，对多种器官也能起到锻炼和按摩作用，所以多笑的宝宝体格也会更强健。因此，此月龄宝宝的爸爸妈妈应该多逗宝宝笑，为他的性格形成打下良好的基础。不过新手爸妈逗宝宝笑也是需要一些技巧的。

宝宝的个性不同，每个宝宝都有自己的"笑点"。这需要爸爸妈妈平时仔细观察，去发现自家宝宝最喜欢的互动方式，这样不用费很大劲，宝宝就会笑得很开心。有些宝宝是"视觉型宝宝"，最喜欢躲猫猫，或者对大人做鬼脸的样子百看不厌；有的宝宝则是"触觉型宝宝"，当大人触摸他的身体时，他笑得最开心；另外有些宝宝是"听觉型宝宝"，对歌声和奇怪的声音十分敏感。

另外，逗宝宝的时候也要掌握好时机和强度。当宝宝吃奶的时候逗宝宝笑容易引起呛奶甚至窒息；临睡前逗宝宝则会影响宝宝的睡眠质量，使宝宝难以入睡。还要注意

不要让宝宝笑得时间太长，因为这样容易引起瞬间缺氧，引起暂时性脑缺血，会损害脑功能。

 ## 244. 教宝宝认识妈妈

此月龄的宝宝已经产生了记忆，能够分辨出哪些人是生活在自己身边的熟人，哪些是外来的陌生人，有些宝宝已经出现了认生的现象，不再是谁要抱都可以的。此时妈妈要特别注意多亲近宝宝，尽量让宝宝对你产生持久的记忆，这样很容易建立起母子之间的依恋关系，从而为宝宝对世界产生安全感和信任感打下良好的基础。

妈妈可以根据宝宝的发展情况来帮助他认识妈妈。在与宝宝相处的时候，妈妈要经常俯身贴近宝宝，微笑着与宝宝说话，也可以对宝宝做各种各样的表情来吸引宝宝。妈妈还可以拉着宝宝的小手来摸摸的自己的五官，同时还可以告诉宝宝这些部位叫什么名字。当然也可以让宝宝摸完妈妈之后，再拉着宝宝的手去触摸他自己身上相同的部位。

藏猫猫游戏也是很多育儿专家非常推崇的游戏。妈妈可以用双手或其他东西遮住自己的脸，然后突然拿开，做出各种各样的表情。这样的活动不仅可以帮助宝宝认识妈妈，增强亲密感，而且还能训练宝宝的理解能力和接受能力。

 ## 245. 给宝宝照照镜子

对于这个月的宝宝来说，照镜子是帮助他建立自我意识的好办法。要发展宝宝的自我意识，爸爸妈妈首先要抛弃"宝宝什么都不懂"的观点。父母要在与宝宝玩耍的同时，有意识地引导他认识自己与外界的关系，由此促进其自我意识的初步形成。

那么，如何让镜子充分发挥自己的"功能"呢？爸爸妈妈可以试试以下的方法。把宝宝抱到镜子面前，用语言提示宝宝注意镜子中的自己；然后拉着宝宝的手去摸一摸镜子里面的他，告诉他："这个也是宝宝哦！是镜子中的你！"再引导宝宝观察镜子中的父母，让他学着区别镜子内外的父母。确定宝宝注意到镜子里面的自己之后，爸爸妈妈还可以拉着宝宝的手摸摸他的眼睛，让他观察镜子中眼睛的位置，告诉他："这是眼睛！"这种方式可以更直观地帮助孩子认识五官和自己的特点。

需要注意的是，由于宝宝的年龄比较小，理解能力有限，因此每次指认之后都要给宝宝一定的时间进行反应和理解，不要说得太快，否则宝宝会因为理解不了而变得焦躁不安，进而会影响他的心理发展，这样就得不偿失了。

 ## 246. 对宝宝进行视觉训练

宝宝视力发展最快的时期是从出生后到六个月的时候，直到6岁左右才能发育完全。很多父母认为视力是一个自然而然发展的过程，没有必要有意识地去开发和训练。但是由于视觉是开启其他感官的钥匙，所以视力开发得越早，宝宝其他的感知觉就会出现得越早，所以视觉训练不仅是非常必要的，而且是需要一直持续下去的。

这个月龄的宝宝已经能够调节焦点的远近，既能看离自己很近的东西，也能看离自己比较远的东西，所以视觉训练的重点应该放在眼睛的调节能力上。

爸爸妈妈可以让宝宝躺在床上，然后在他胸部上方的20～30厘米处用玩具吸引他的视线，这些玩具最好颜色纯正，比如正红色或者黑白对比鲜明的玩具。然后可以晃动玩具，让宝宝的视线随着玩具做上下、左右等方向的运动，以此来刺激视觉的发育，发展眼睛的灵活性和协调性。也可以爸爸妈妈分别站在婴儿床的两边，轮流呼唤宝宝的名字，让宝宝的视线从一个人转移到另一个人，这也是训练宝宝视觉能力一个好办法。需要注意的一点是，游戏时速度一定要慢，如果过快宝宝会感到厌倦，频率过快还可能会让宝宝感到头晕。

 ## 247. 给宝宝看更多的事物

除了训练宝宝的视觉调节能力，爸爸妈妈还可以通过引导宝宝看更多的东西来锻炼他的视觉反应能力，同时也可以为宝宝认识颜色做一些准备工作。

爸爸妈妈可以通过以下的游戏来训练宝宝对光线刺激的反应，提高他的视觉反应能力。爸爸妈妈可以先把房间内的光线调亮一些，等宝宝适应之后，把窗帘开合几次，也可以把房间的台灯开关几次，配合光线的变化说"天亮了"或者"天黑了"，并注意观察宝宝是否会把头转向有光线的方向。要注意的是不要让光线直接刺激宝宝的眼睛，否则会对宝宝的眼睛造成损伤。

如果想试着让宝宝认识颜色，可以准备一些颜色比较单一的食物给他看，比如西红柿或者胡萝卜。父母可以拿起一个食物，告诉他这是什么颜色，是什么食物。多次重复之后，宝宝就会对颜色产生初步的认识。当然也可以选择一些颜色比较正的纯色玩具给宝宝看，黄色和红色是比较受宝宝欢迎的颜色。要注意不要一下子给宝宝看很多颜色，防止宝宝弄混以及对认识色彩失去兴趣。

 ## 248. 教宝宝做拉坐被动操

本月宝宝已经在学习翻身了，翻身对宝宝来说是人生中的一件大事，是他迈向独立的第一步。虽然对大人来说，翻身是个再容易不过的事情，但是对宝宝来说，他要用尽全力，身体的各部分要配合好才能完成这个动作。

那么，如何帮助宝宝提高平衡能力，增强身体的力量呢？拉坐被动操就是一个很好的运动项目，它可以帮助宝宝锻炼身体的颈部、腰部和腹部，可以有效提高宝宝身体的灵活性。

爸爸妈妈可以把宝宝放在床上，让他仰卧，然后可以尝试着拉着宝宝的手让他坐起来，随后再让宝宝轻轻地躺下去。父母的力量可以越来越小，尽量让宝宝自己用力，直到他能握着父母的手指坐起来为止。如果宝宝身体比较弱，不要勉强，可以一手托着宝宝的头，一手握着宝宝的双手来做。

拉坐被动操可以根据宝宝的体格和神经发育情况，循序渐进，每天做一到两次，难度逐渐加大。另外要选择在宝宝心情愉悦的时候进行，衣服要宽松柔软，动作要轻柔有节奏感。

 ## 249. 领悟宝宝的手指语言

虽然宝宝还不会用语言来表达自己的感情，但是他也是有很多其他种类的语言来让别人了解他的心情的，比如哭或者笑，但是你一定想不到，宝宝的手指也是会说话的哦！掌握宝宝的手指语言并不难，只要你在生活中认真观察，很快就会成为"翻译"手指语言的高手。

当宝宝心满意足地享受属于自己的美好时光时，他的手臂是放松的，小手也会轻

轻地握着，此时他只希望自己感受生活，爸爸妈妈最好不要打扰他；如果宝宝睡眠的时候，爸爸妈妈曾经"偷偷地"观察过他，就会发现宝宝的小手有时候会捏成松松的拳头，有时候还会受惊吓般地抽动一下，说明宝宝正在做梦，凑近看会发现宝宝的眼球会轻轻转动，有时候还伴有轻微的鼾声，此时宝宝睡得并不深，随时可能醒过来，父母千万不要在此时弄出大的声响惊醒宝宝；当宝宝的小手紧紧握成拳头的时候，说明宝宝处于紧张状态，或许是因为某个人或者某个环境让他无法放松；当宝宝的手臂松软地耷拉着，手指也自然弯曲，说明宝宝困了，很想睡觉；如果宝宝美美地睡了一觉，心情很好，他醒来的时候小手会张开，手指也会向前伸展，就像在邀请爸爸妈妈来和自己做游戏一样。

 ## 250. 给宝宝一些带柄的玩具

这个时期的宝宝不仅大动作能力在增强，而且精细动作能力也有所提高，手指的协调能力有了进一步的提高，手指基本上配合着抓一些东西，有些还能抓着东西往嘴里放，不过此时宝宝手指之间还不会配合，拿东西的时候仍然是一把抓。

现在这个时期，宝宝的小手大部分时间都是张开的，能够握住并摇响玩具。如果想要进一步提高宝宝的精细动作能力，父母可以给宝宝准备一些带柄或者把手的玩具。当宝宝的小手接触到带柄的玩具时，他会主动张开小手抓住玩具，当他发现把手的时候，还会主动握住把手，可以一直握1分钟左右，父母也可以在递给宝宝玩具的时候，把把手一面朝向他，让他直接用于抓住把手。

另外，父母还可以在宝宝能够够到的范围内放置一些玩具，鼓励宝宝自己动手去抓取玩具，这个游戏可以反复进行，以便增强效果。为了方便宝宝循序渐进地练习，玩具的选择最好也能从大型玩具逐渐过渡到比较小的玩具。

 ## 251. 练习肘撑俯卧

这个时期，宝宝的大动作能力进步十分明显，头部和颈部的肌肉力量明显增强，手臂和下肢的活动也变得更加有力，而且也更灵活。此时的宝宝基本都已经完成了抬头的动作，俯卧的时候，头已经能够稳稳当当地居于身体中间，而且能够向

上抬起90度。

在这个时期，父母可以在宝宝原有能力的基础上加强肘撑俯卧的训练，为宝宝的爬行做准备。爸爸妈妈可以让宝宝俯卧在床上，然后可以站在离宝宝1米远的地方，手里拿着铃铛或者其他能够发出声音的玩具，吸引宝宝看向前方。随后可以把玩具稍微往上提一些，使得宝宝的胸部尽量离开床面，并试着用胳膊撑起整个身体。这个训练每天可以进行几次，每次几分钟，总之要根据宝宝的精神状态来确定训练的时间和频率。此外，父母还可以在宝宝抬头，用胳膊撑起身体的时候，在宝宝的脚底用力，试探性地向前推一下，有些运动能力强的宝宝可能会表现出向前爬的意愿，当然即使宝宝暂时对爬没有兴趣，也不要勉强他。

## 252. 帮宝宝翻身90°

宝宝刚刚进入第3个月的时候，已经开始尝试着自己翻身，很多已经在接近4个月的时候学会了翻身。不过即使宝宝还不能自如地翻身父母也不要紧张，可以试着帮助宝宝练习翻身，可以试着帮宝宝翻身90°，以此来培养宝宝对翻身的意识，并让他感受翻身时要如何利用身体的肌肉。

爸爸妈妈可以让宝宝平放在硬板床上，把宝宝的左腿放在右腿上，然后拉住宝宝的左手，让宝宝翻身90°；然后可以轻轻松手，观察宝宝是否能够凭借自己的力量完成从仰卧到俯卧的改变。如果宝宝还不能完成整个动作，不要急躁，可以多训练几次。当然也可以换个方向，这样换方向让宝宝练习翻身，不仅有利于宝宝身体的平衡性和协调性，而且可以锻炼宝宝的左右大脑。另外，父母也可以用玩具来帮助宝宝练习翻身。首先把玩具在宝宝面前摇晃，确定宝宝把注意力放在玩具上，随后慢慢把玩具移动到宝宝身体的一侧，逗引宝宝翻身去寻找玩具；当宝宝翻身之后，可以慢慢地把玩具移到另外一侧。

此阶段是宝宝练习翻身的初期，要保持平和心态，一定不要过于急躁地对待宝宝。

## 253. 让宝宝踢踢腿

此阶段的宝宝觉醒时间越来越长，也变得越来越活跃。随着神经系统以及骨骼和肌肉的发育，宝宝的运动能力迅速发展，醒着的时间里他总是在不停地动。你可能会发现宝宝此时很喜欢活动他的脚和腿，他经常会弯曲着双腿，做踩脚踏车的动作。随着宝宝的髋关节和膝关节变得灵活，他的蹬腿动作也会变得更加有力。此时如果从腋下托住宝宝，他能短时间站立一会儿，而且你也能感觉到他的双脚在用力地向下蹬。

此时父母不要因为宝宝变得淘气而烦恼，而是应该抓住这个时机让宝宝锻炼下肢力量，为宝宝的爬行和行走奠定基础。爸爸妈妈可以在宝宝的床头挂上一个小铃铛，开始的时候可以拉着宝宝的小腿去触碰铃铛，重复几次之后放开他的腿，让他自己去蹬脚。当宝宝成功地碰到玩具之后，爸爸妈妈一定不要吝惜自己的鼓励，要用亲吻和拥抱让宝宝感觉到快乐。爸爸妈妈也可以在宝宝精神状态好的时候选择一些节奏明快的儿歌或音乐，然后随着节奏活动宝宝的四肢，持续一段时间之后松开手让他自己活动。

## 254. 通过睡和吃来训练自理能力

3～4个月的宝宝，其肢体运动能力、协调能力以及语言能力等方面都有了飞速的发展，此时爸爸妈妈要关注宝宝每一个新的进步，也可以对宝宝的自理能力进行初步的训练和培养。下面是一些训练自理能力的建议。

睡眠习惯训练：好习惯都是需要从小开始培养的，否则等宝宝养成了坏习惯再去纠正就很困难。为了帮助宝宝养成良好的睡眠习惯，父母此时就可以开始进行训练。比如说，爸爸妈妈在白天的时候让宝宝多玩一会儿，让他拥有更长的清醒时间；到了晚上的时候就不要总是逗弄宝宝，应该让他安静下来，准备入睡。这样可以保证他有足够的睡眠时间，而且也有助于宝宝养成良好的作息习惯。

舔食训练：在给宝宝喂水时，父母最好使用勺子来喂，而不是用奶瓶。在用勺子喂水的时候，可以用勺子压住宝宝的舌头，提高他的吞咽能力。当他能够熟练地吞咽时，不妨让他自己伸出舌头舔食勺子里的水。这样的训练不仅是为日后添加辅食打基础，同时也是为将来自己拿勺子吃饭打基础。

## 255. 对宝宝进行综合的感官训练

对这个月的宝宝来说，可以充分调动他的感官，把视觉、听觉、触觉、嗅觉和味

觉训练综合起来，对他进行全方位的综合感官训练，以此来锻炼宝宝对事物的感知能力。

爸爸妈妈可以用视线转移法把听觉和视觉训练综合在一起。比如以前都是用玩具等来吸引宝宝的注意，此时可以试着用声音来吸引他的视线。比如当妈妈和宝宝聊天的时候，爸爸可以悄悄躲到另一边，发出一些声音，观察宝宝会不会转移视线。当然也可以拿着可以发出声音的玩具来吸引宝宝的注意。

另外，爸爸妈妈也可以准备多种不同质地的玩具和物品来让宝宝触摸和感受。比如丝绸、棉布、塑料制品等。可以让宝宝俯卧在床上，把玩具和物品放在宝宝面前，引导宝宝伸手去触摸这些东西。宝宝摸到一样东西，父母就可以在旁边解释，告诉宝宝这个东西是什么做成的。

当然，最好的综合训练工具非食物莫属。你可以拿着色彩鲜艳的食物，比如青椒、西红柿、胡萝卜等，让宝宝触摸和观察，并且从旁解释，还可以把食物放到宝宝面前让他去闻闻气味，如果宝宝伸出舌头去舔也不要阻止。

## 256. 适当增加户外活动的时间

从本月开始，随着宝宝睡眠时间逐渐减少，他已经逐步适应了生活的环境，因此爸爸妈妈此时可以适当地增加宝宝的户外活动时间，这不仅有利于宝宝的身体健康，而且还可以帮助宝宝更好地认识世界，有益于宝宝的心理发展。

不过带宝宝进行户外活动，父母要注意以下的事情。首先宝宝每天的户外活动时间最好不要超过3小时，而且要根据天气的情况来确定是否出门，不要为了完成户外活动的任务而去户外。夏天的时候，最好选择在上午8～10点之间出门，下午在4～5点，不要让宝宝感觉过热。出门的时候最好给宝宝戴上帽子，不要让阳光直射他的眼睛和皮肤。在寒冷的冬天，如果没有刮大风，保证宝宝穿得暖和的情况下，也没有必要停止户外活动。春秋的时候，气温和阳光比较温和，可以适当延长户外活动时间，但是也要注意保护宝宝的皮肤，避免阳光直射和风沙侵袭。

## 257. 让宝宝在游戏中学习

对于宝宝来说，世界永远是充满未知数的，有很多东西等待他去探索。因此，此时没有必要把学习局限在智力开发的培训上。要知道，其实此时每一个游戏都是宝宝学习的过程，父母要抛弃功利心，让宝宝在游戏中探索世界，了解自己与外界的关系。

比如看似简单的"藏猫猫"游戏，实际上是一种非常好的学习方式。爸爸妈妈可以先用毛巾或者手把脸遮住，宝宝看不到父母脸的时候，再突然把毛巾或手拿开，此时再次见到妈妈的脸，宝宝会相当兴奋。一段时间之后，宝宝会开始模仿父母的做法，遮住自己的脸，然后再露出来逗爸爸妈妈开心。另外，这个游戏也可以让宝宝知道看不见的东西并不是消失了，有利于"客体永久性"概念的建立。

另外，父母把宝宝抱在怀里，或者面对宝宝给他讲故事念儿歌，看起来似乎都是做游戏，但是实际上这都是帮助宝宝学习的过程，他会在其中领略到语言的魅力，并且会尝试着模仿。实际上，对于宝宝来说，游戏就是学习，游戏就是生活。

## 258. 培养宝宝的好情绪

本月宝宝的笑开始具有真正的意义，是愉快和开心的表现。随着时间的推移，宝宝的情绪会变得越来越复杂，一些负面情绪也会逐渐表现在宝宝的脸上，他会用表情告诉别人自己疲惫或者不开心。而好情绪是形成好性格的基础，因此这个阶段父母一定要让宝宝喜欢微笑，为培养宝宝的好性格和好人缘打下基础。父母要时刻从生活习惯、玩具等方面来改善宝宝的生活环境，赶走宝宝的坏情绪，最好能让他始终处于心态平和的状态。

本月宝宝对精神的追求开始增加，对爸爸妈妈的情感需要甚至超过了对食物的需求。如果不是饿得很厉害的话，此时无论是奶粉还是母乳都已经不再是哄宝宝的灵丹妙药了。宝宝哭闹或者表现出烦躁情绪的时候，爸爸妈妈最好赶快抱抱宝宝，对他说说话，给他唱个儿歌或者讲个故事、一起做个游戏，宝宝可能马上就会露出天真的微笑。微笑是宝宝的身体处于舒适状态的生理反应，同时还表示宝宝的心理上处于满足状态。

## 259. 可以让宝宝对家人形成适度的依恋

本月的宝宝开始出现短时记忆，能够分辨家人和陌生人，而且出现黏人的趋势，

喜欢黏着父母，尤其是妈妈，对其他人的亲近开始出现抗拒。许多父母多把宝宝喜欢"黏人"作为一种缺点，但是专家指出，宝宝"黏人"不是坏习惯，而是建立稳固的亲子依恋关系的必然过程。

孩子早期的成长环境会直接影响到他成年后的感情和婚姻，也决定着他与别人相处时的信任感和安全感。如果小时候没有形成良好的依恋关系，那么日后在与他人建立亲密关系的时候就会出现一些障碍。教育专家指出，孩子在1岁半之前要最大限度地和妈妈接触，建立安全感。如果此时妈妈不能照顾宝宝，宝宝的心里就会产生这样的想法："妈妈都拒绝我、回避我，那这个世界上的其他人就更不可信了。"

家庭是能给宝宝温暖和勇气的地方，而提供这些强大力量的主要因素就是妈妈和宝宝之间那种温暖、亲密的关系，即"适度依恋"。如果宝宝在婴儿时期没有形成适度依恋，那么将来会在很多方面出现问题。父母爱宝宝，生活上的照顾很重要，心理上的关爱同样不可忽视。尽量抽时间陪孩子长大，这是父母能够给宝宝的最好礼物。

 ## 260. 不要和宝宝半夜玩耍

睡眠对于每个人都很重要，对宝宝来说，睡眠的作用更大。睡眠时，宝宝的体内会分泌生长激素，如果睡眠时间短，生长激素的分泌就相对减少，这会影响宝宝的正常发育。如果宝宝长期睡眠不足的话，就会出现脾气大、注意力不能集中、记忆力差、食欲不振的情况，有时候也会干扰大人的正常休息。

为了保证宝宝的健康成长以及养成良好的睡眠习惯，家长应该尽量让宝宝的睡眠变得规律。有时候宝宝可能会在半夜里醒过来，此时爸爸妈妈看见宝宝醒过来，就会赶紧把宝宝抱起来哄，还有些父母甚至开始陪着宝宝玩。时间长了，宝宝就会养成半夜起来让爸爸妈妈陪自己玩的习惯。一旦养成了这样的坏习惯，如果父母没有依照宝宝的习惯来，他就会大哭大闹，更难入睡。那个时候再想纠正，就要费更大的功夫了。

其实如果宝宝半夜醒来，没有哭闹，家长可以不理睬他，过一会儿他就会自己再次入睡；如果宝宝出现哭闹的情况，此时家长不要开灯，不要说话，也不要移动他，只要轻轻拍拍他，过一会儿他就会安稳地睡着。

# 4~5个月：
# 感知多彩的外部世界

## 261. 宝宝的能力

本月宝宝变得更加好动，父母要操心的事情更多了。现在的宝宝再也不愿意安安分分地躺着了，大多数宝宝都能很熟练地从仰卧翻到俯卧，会主动用胳膊撑起上身并抬起头。如果累了，还会自己把头放下来休息。此时宝宝已经有了节奏感，会随着音乐摇晃身体。他也已经学会了自己玩耍，能够自己去够玩具，并且会把小摇铃摇响。他可以在玩的同时倾听周围的声音。他的视力也更加敏锐了，可以看到不同距离的东西，也能够轻松地用眼睛追踪正在移动的物品。

本月宝宝与他人交往的欲望已经初步显现出来。当父母由于其他的事情忽略了宝宝的时候，他会发出声音来引起家长的注意；而且也已经学会用眼睛来传递感情，当你与宝宝对视的时候，你能够看出宝宝的眼神里面流露出的感情。

4~5个月期间的宝宝，他的个性也已经可以从日常生活中体现出来，你可以明显地观察出自己的宝宝是安静型的还是活泼型的。随着宝宝的成长，他的情绪也变得更加复杂多样，高兴时会手舞足蹈，生气时会发脾气乱叫，还会恐惧和悲伤，同时宝宝还能听懂家长严厉或者亲切的话语。

## 262. 本月早教重点

本月的孩子进步神速，他的感知觉能力有了进一步的提高，视力范围可以达到几米远，而且还在不断地扩展中；此时他的眼球可以注意到一些比较细小的东西，比如床上的小玩具等，眼睛的追视能力也有了提高，可以紧紧盯住移动的人或者物。另外

他的听觉也更加敏锐，能对许多声音做出反应，还能分辨出男声和女声。父母要继续关注孩子的视力和听力训练，如果有问题，发现得越早，康复的可能性越大。

语言能力也是本月的早教重点之一。宝宝除了已经会发出一些元音，如果你仔细分辨的话，还会发现宝宝会让自己的音调发生变化，还有些宝宝已经在尝试着发出辅音。他已经初步知道了语言的功能，有时候会和自己的玩具说"悄悄话"。

在动作能力方面，宝宝已经能够把脚拉到嘴边，吮吸大脚趾；还能通过踢腿来移动自己的身体；当宝宝被人从腋下托住之后，他不仅会站，而且身体还会上下动，两只脚则会做出踏步的动作。本月宝宝最可能学会的本领就是坐起来，一般在月底的时候，有人扶着他的时候，他能够坐30分钟，如果不扶着宝宝，他可以独自坐5分钟。

## 263. 让宝宝多听自然声

在对宝宝进行听觉训练的时候，最好使用自然声，而不是电子设备的声音。自然的声音可以帮助宝宝分辨出声音中的细小差别，体会其中的不同情感，而电子设备发出的声音都是机械的声音，没有音调的变化，也没有语气的改变，这就在无形中阻碍了宝宝体会声音的魅力，也会影响宝宝学习使用音调和语气来表达自己的心情。声音中如果少了感情，不管音质有多么优美，都会缺乏美感。生活中的自然声音对宝宝的成长非常重要，如果背景音过于嘈杂，比如混有电视、音响等声音，不仅会扰乱宝宝对声音的辨别，而且也分散了宝宝的精力。

有研究表明，如果人长期处在嘈杂的环境中，心理就会变得不安和焦虑，甚至暴躁，这是因为人体的正常频率受到了外界的不良干扰，使免疫和代谢系统出现了紊乱。噪音对宝宝的影响尤其大。而一些自然的声音则让宝宝变得轻松愉快。比如自然界中的鸟鸣、泉水叮咚的声音，如果再配上开阔的蓝天和柔软的草地以及温暖的阳光和清新的空气，那真是一种享受。可不要觉得宝宝小就感受不到这种美好，实际上宝宝的感受能力比成人更强，他们的性格也会在潜移默化中得到改善。

## 264. 鼓励宝宝说辅音

上个月的宝宝已经能够发出比较复杂的元音了，发元音主要是依靠声带的振动发出声音，并且配合口形的改变；而发出辅音则比发出元音要困难一些，需要多个部位的协同，还需要面部细小肌肉的精细协同才能发出。

本月的宝宝开始更喜欢说话，他会不停地发出声音，也会对周围人的声音做出反应。宝宝在本月应该能够发出简单的辅音，但是依然需要父母做出一番努力。爸爸妈妈要经常在宝宝面前重复"爸爸妈妈"等发音，供孩子模仿。比如，妈妈在平时与孩子的相处的时候，可以一边做一边对宝宝描述："妈妈给你喂奶""妈妈给你换尿布""妈妈跟宝宝一起玩"；爸爸也要用重复来给孩子创造好的语言环境，比如爸爸回家之后，要强调"爸爸"这两个字，"爸爸回来了""让爸爸抱抱"。还可以面对着孩子，把口形夸张一点，语速放慢，方便孩子模仿。经过不断地重复之后，有些宝宝可能会说出"爸爸""妈妈"等词语，不过此时他并不知道这些词的意思，只是无意中发出的声音而已。不要要求宝宝马上懂得其中的含义，但可以经常重复，使宝宝渐渐明白"爸爸""妈妈"是对人的称呼，学习发辅音对以后认识大人以及掌握物品名称都有好处。

 ## 265. 玩玩具，学语言

由于宝宝天性活泼好动、好奇和喜欢探索新鲜的东西，因此越是有趣的东西宝宝就学得越认真，记得越牢，运用也会更熟练。学习语言也是同样的道理，让宝宝通过玩具来学习语言更能引起他对语言的兴趣，也更符合他的生理特点。

玩具在宝宝的世界中占有非常重要的地位，父母在给宝宝选购玩具的时候，千万不要认为玩具只是单纯给宝宝消磨时光，而是要考虑宝宝在玩的过程中，要同时达到长知识的目的。一些生活物品的仿制玩具能够帮助宝宝学习语言，比如房子、家具、炊具以及各种交通工具等，父母可以拿着这类玩具给宝宝解释，并且带着他去看生活中真正的物品，多次重复，宝宝就会对这种物品的名字产生印象。这比生硬地教宝宝效果好得多。另外手偶、头饰、面具等也能够帮助提高语言能力。我们都知道讲故事对提高孩子语言能力的好处，有了这些玩具，你就可以把故事演出来，这个过程能让宝宝学会自然地运用其中的语言，并由此掌握正确的语言以及符合角色性格的语调和表情。

## 266. 多和宝宝说提示词

在这个阶段，孩子已经有了发出辅音的能力，所以爸爸妈妈在帮助宝宝练习辅音的同时可以试着提高宝宝对语言的理解能力。提高本阶段宝宝语言能力的最好方法就是多说提示词。提示词可以是物品的名称，也可以是对这个物品的描述。总之，语句一定要简短，因为长句子是说给成人听的，宝宝无法理解有很多语言成分的句子。父母用提示语教宝宝说话的时候可以不断进行重复，只有不断重复，宝宝才能充分理解你所说的内容，否则无法对宝宝的大脑形成有效的刺激。

但是要注意的是说话的语速要慢，给宝宝理解的时间，只有这样，宝宝才能更好地接收你的信息。另外，父母对宝宝说话的时候，发音一定要清晰，由于宝宝获取语言能力都是通过模仿得来的，所以父母在说话的时候一定要字正腔圆，发音清晰明确。

## 267. 语言训练的注意事项

生活中，有些宝宝说话比较早，意思也能表达得很清楚，可是另外一些孩子说话则比较含糊，这总是让父母十分心急。关于这一点，父母首先要明确的是，2岁之前宝宝能够学会说话就是正常的，不要过于着急。另外，父母也可以在平时多对宝宝进行有意识的语言训练。

在对宝宝进行语言训练的时候，父母要注意以下几点：

1. 在宝宝对声音有明确的反应之后，爸爸妈妈就要开始专心地跟宝宝说话。另外，宝宝刚刚开始发出语音的时候也许会不甚准确，此时不要着急，要耐心地重复。

2. 宝宝虽小也需要尊重。在与宝宝交流的时候，父母应该看着宝宝的眼睛。当宝宝咿咿呀呀地主动与父母说话的时候，父母应该停下手里的活，仔细倾听宝宝的话，这样实际上在无形中鼓励了宝宝，充分调动了宝宝说话的积极性。

3. 在教宝宝说话的时候要讲究一些技巧。可以用一些夸张的语调和表情，让自己所说的一切富有趣味性，让自己的声音富有感染力。同时，还可以用提问的方式鼓励宝宝说话，也许宝宝一开始并不明白你所说的意思，但是时间长了，他就会用动作或者咿咿呀呀的话来回答。

## 268. 对宝宝进行趴卧训练

四五个月的宝宝已经能够非常熟练地转头了，而且他的颈部肌肉也已经变得很有力，协调能力也有了进一步的提高，此时可以开始进行趴卧训练为爬行做准备了。

满4个月的时候，宝宝能够用胳膊支撑着胸部离开地面抬头，有些宝宝已经可以用胳膊把身体撑起来，使得腹部离开地面，同时还会练习踢腿。当宝宝在地面上又踢又动的时候，他难免会失去平衡，翻过身去，这是非常正常的现象，父母不要因为害怕宝宝受伤就阻止他练习。

不过爸爸妈妈千万不要让宝宝单独度过这个时间段，而是应该从旁指导和保护，保证宝宝的安全，促进他的抬头、翻身、坐以及爬行的协调能力，还可以提高宝宝对身体的控制能力。

宝宝最开始练习趴卧的时候难免会紧张；此时最好用一些东西来分散他的注意力，消除宝宝初学"趴卧"时的不安和烦躁。比如可以在他面前放一块镜子，也可以把一个颜色比较鲜艳的玩具放到他面前，以达到分散他注意力的作用。

## 269. 训练宝宝手部的灵活度

精细动作能力主要是指对手的运用，而手的运用与大脑的发育有着密切的关系，所以父母应该想方设法帮助宝宝锻炼他的小手。

上个月的时候，如果父母把玩具塞进宝宝的手里，他已经能够抓住，并且能够轻轻地摇晃一会儿，这种能力叫做"被动抓握能力"。而本月的宝宝已经产生了主动去摸、抓东西的意识，所以父母可以用下面的方式来帮助宝宝提高手部的灵活性。当宝宝躺着或者倚着靠垫坐着的时候，父母可以用橡皮筋或者松紧带把玩具吊在宝宝的头部上方，高度以宝宝能够抓到为宜，鼓励宝宝自己去抓。如果宝宝抓住了玩具，父母可以试着拉橡皮筋反方向用力，此时你可以感觉到宝宝也在用力。父母需要注意的是不要用力过猛伤到宝宝。

本月的宝宝还有一个非常可爱的动作，那就是抓着自己的小脚丫往嘴里送，有时候还会和自己的小手玩得不亦乐乎。看到这种情况，父母不要阻止，只要保证宝宝的手脚干干净净就可以了。因为这些动作能够提高婴儿手的灵活性，练习肌肉、触觉和关节的协作能力，促进手脚的协调。

 ## 270. 让宝宝拨弄小红豆

这是一个能够提高宝宝手眼协调能力和精细动作能力的小游戏。

父母可以拿一张洁白的餐巾纸，在纸的中央放上一颗红豆，当然也可以用其他颜色比较鲜艳的珠子代替。父母要观察宝宝是否会注意到这颗红豆，并且伸手去拿，以此来判断宝宝的手眼协调能力。如果宝宝主动去拨弄，说明手眼协调能力发展正常；如果没有主动去拨弄，父母可以先把豆子在宝宝面前晃一晃，然后再把豆子放回原处，吸引宝宝去拿，不过以后要加强这种练习，提高宝宝的手眼协调能力。需要注意的是，由于豆子比较小，父母要仔细照看宝宝，不要让他误食。

父母在带着宝宝进行户外活动的时候，可以跟宝宝一起做吹泡泡的游戏。父母可以在宝宝的小车前面吹一些比较大的泡泡，吸引宝宝伸手去抓，这也是提高宝宝手眼协调能力的一个好办法。

 ## 271. 教宝宝认识外界事物

当宝宝成长到4~5个月这个阶段的时候，爸爸妈妈就要把帮助宝宝认识周围的事物这件事情提上日程了。小孩子语言能力发育的规律通常是：先听懂后才能说，所以指认物体是本阶段宝宝的训练重点。

爸爸妈妈可以给宝宝准备一些比较大的画报，颜色一定要鲜艳。父母可以每天带着宝宝认识画报上面的常见事物，比如小猫、小狗等小动物；或者西瓜、苹果等水果。多次重复之后，宝宝就会对这些名称产生记忆，之后父母可以试着只说名称，让宝宝把对应的图案指出来。当然，再好的图片也比不上实物对宝宝的刺激，所以父母可以在带着宝宝外出的时候，向宝宝介绍一路上遇到的东西的名称。重复多次之后，同样可以只说名称，让宝宝把实物指认出来。

做这种听声音并与联系指认的练习时，父母一定要有极大的耐心和热情。不要一次让宝宝认识太多的东西，而是要一件一件、一点一点地学，每件物品只有经过反复确认，宝宝才能记得牢固准确。

## 272. 多进行视觉和听觉练习

在半岁之前，父母都要把宝宝的视觉和听觉训练摆在一个非常重要的位置上。对父母来说，比较好的消息是对宝宝的视觉和听觉训练随时随地都可以进行，但是父母对此一定要重视，并且要有意识地利用一切机会来进行训练。

在日常生活中，无论宝宝对什么东西产生了浓厚的兴趣，父母都要用语言为宝宝做清晰的描述，如果没有危险，可以让宝宝伸出手来摸一下眼前的东西。比如宝宝对皮球产生了兴趣，爸爸妈妈可以把皮球拿在手里，让它转一圈，帮助宝宝充分了解这个东西；然后把球抛起来或者拍两下，之后告诉宝宝这个东西叫做"球"，注意发音一定要清晰准确。最后让宝宝自己摸一下球，感受一下球的质地。重复一定次数之后，当父母再次说起"球"的时候，宝宝就会去寻找球。

锻炼宝宝的听力也可以随时随地进行。爸爸妈妈可以用一些能够发出声响的玩具来观察宝宝的反应，然后可以把玩具换个方向，再次发出声音，观察宝宝是否会随之转头。随着宝宝的成长，爸爸妈妈可以逐渐减小声音，刺激宝宝的听觉发展，提高听力水平。

## 273. 让宝宝听声拍玩具

"听声拍玩具"这个游戏可以检测宝宝是否建立了声音和动作之间的条件反射。选择几个比较鲜艳的大玩具，在家里的沙发上排成一排。爸爸妈妈可以每天都抱着宝宝从这几个玩具前面走过。爸爸妈妈还是要注意告诉宝宝每个玩具的名字，每说一个，就拍打相应的玩具。通常来说，如果宝宝对某个玩具感兴趣，他会随着家长一起拍打那个玩具。在以后的日子里，家长还是可以依然重复这样的事情，但是宝宝会形成爸爸妈妈说到自己喜欢的玩具才"出手"的条件反射。

不过宝宝拍某个玩具并不代表他明白了爸爸妈妈口中那个词的意思，只是对某个

词形成了条件反射，一旦听到这个词，就要去拍面前的玩具。这种反射的建立非常重要，它是孩子未来指认物品的基础。

 ## 274. 拉着宝宝坐起来

本月宝宝还不能自己坐起来，但是如果有垫子倚着，宝宝可以自己坐一会儿。不过为了能让宝宝早一些自己坐起来，父母要加强对宝宝腰腹部肌肉的锻炼，拉坐练习依然是很好的训练方法。

上个月的时候，宝宝的拉坐练习可能还需要父母用手托住宝宝的腋下拉他起来，但是本月爸爸妈妈只需要把双手的大拇指放在宝宝的手中让他握紧，其余几个手指抓住宝宝的手腕，宝宝就会自己用力使得头部和肩膀离开床面。保持这个姿势5～6秒之后，让宝宝轻轻躺下，重复2～3次之后让宝宝休息。父母要注意，如果宝宝被拉起来之后胳膊没有用力，头也抬不起来，说明宝宝还不适宜做这个动作，应该先加强俯卧训练，过一段时间之后再让宝宝进行拉坐练习。

让宝宝练习靠坐也能很好地帮助他锻炼腰腹部的肌肉。父母可以把宝宝放在有扶手的沙发上或者在宝宝身后放些枕头、棉被让他练习靠坐，可以随着训练天数的增加，视情况减少宝宝靠垫的东西，这个练习每天可以做1～2次，每次2～3分钟。

 ## 275. 让宝宝学坐

对宝宝来说，坐起来是成长过程中一个重要的里程碑。这个本领在成人看来真是小菜一碟，但是对刚来到这个世界上不久的宝宝来说真的很不容易。不过如果爸爸妈妈能够掌握一定的技巧，并且运用正确的方法，那么宝宝学会坐也并不是一件难事。

在本月末的时候，爸爸妈妈可以让宝宝仰卧在床上，然后双手慢慢地拉起宝宝，并且把宝宝的上身扶直，让他坐直。如果宝宝力气不够，家长可以用手扶着宝宝的腰给他一些支持。让宝宝坐两三分钟之后，再次躺在床上。然后爸爸妈妈可以用手夹着宝宝的腰部或者腋下，把宝宝扶成站立的样子，注意让宝宝的两只脚稍微分开一些。之后，把宝宝的身体向后向下推，做出让他坐下的动作，要注意保持宝宝上身直立。稍微坐一会儿，让宝宝躺下休息之后，再重复以上的动作。

## 276. 做一个毛巾秋千给宝宝

准备一条大毛巾或者浴巾，把宝宝放在毛巾里面，让他仰卧。然后爸爸和妈妈各自拉着毛巾的两端，抬起毛巾，随后爸爸妈妈一边摇晃毛巾一边喊口令，比如"一二三"或者"向左向右"等。当然父母也可以唱歌谣，随着歌谣的节奏感来晃动毛巾。宝宝在毛巾里面荡秋千，会非常开心。这个游戏不仅能够让宝宝心情愉快，而且还能拉近父母与宝宝的亲子关系，有利于发展适度的依恋关系。

不过父母要注意动作不要过猛，防止宝宝的大脑受到损伤。而且这个游戏只适合翻身不是很熟练的宝宝，如果他已经能够180°翻身，就有可能会因为对毛巾外面的东西产生好奇而翻出来发生危险。

## 277. 练习侧翻身

有些发育比较快的宝宝本月可能已经能够自己坐着了，但是不排除有些宝宝依然不能很好地翻身。此时父母不要急躁，要耐心地帮助宝宝学习翻身。

翻身的第一步，仍然是练习侧翻身。做翻身训练的时候，爸爸妈妈要先让宝宝仰卧，然后分别站在宝宝的两侧，用声音或者色彩鲜艳的玩具来吸引宝宝，让他从仰卧位翻到侧卧位。如果宝宝自己翻身还有些困难，爸爸妈妈可以在宝宝平躺的时候，用一只手慢慢把他的肩膀抬高，帮他做翻身的动作。当他的身体翻到一半的时候，就让他恢复仰卧位。然后换一边翻转。这样左右交替多次之后，宝宝就会逐渐地学会如何用力。

另外，父母也要重视对宝宝胸部和背部肌肉的训练，为他自己翻身做准备。训练的时候可以先让宝宝躺在摇床或者床垫上，然后爸爸妈妈轻轻摇晃摇床或床垫，当宝宝的身体倾斜的时候，他胸部和背部的肌肉就会收紧来维持身体平衡。

要注意的是，做训练的时候动作一定要轻、慢，并且随时注意宝宝的反应，如果他表现出惊恐的样子，就要立即停止，安慰他一下。

## 278. 试着让宝宝舔食物

4~5个月的宝宝经常会出现一种奇怪的现象：见到什么舔什么，甚至自己的衣服领子和小被子都不放过。其实父母没有必要为宝宝的这种行为担心，因为两个月左右的时候，宝宝就已经试着认识世界了。不过他的神经系统发育是从中心向外围开始的，口周的神经比手的神经发育更早，所以对于2~5个月大的宝宝来说，"口"是探索世界的工具。碰到什么舔什么，这并不是宝宝淘气或者不讲卫生，而是他学习的过程。同时，本月宝宝也可能会有乳牙准备萌出，由于牙龈痛痒，所以他总是喜欢舔东西来转移注意力。

6个月以内的宝宝吃手、吃玩具都是正常的现象，爸爸妈妈不要强行阻止，大人的任务就是保证这些东西的干净和卫生。除了宝宝日常生活中的东西，父母还可以专门给宝宝准备一些安全的玩具，比如咬咬乐、磨牙环等，这样既可以满足宝宝口欲期的心理需求，又有助于乳牙萌出，利于语言发展。其实那些有味道的食物也是不错的选择，让宝宝试着舔食物除了可以满足孩子用嘴探索世界的心理需求，还可以为以后添加辅食以及自己吃饭打下基础。

## 279. 丰富宝宝的触觉

在宝宝的各种感觉能力中，触觉是很早就出现的。5~8周大的胎儿就已经产生了触觉，出生的时候宝宝的触觉已经发展得很好。

触觉对于宝宝来说有很重要的作用，它可以帮助宝宝提高对周围环境的适应能力。父母对新生儿的抚摸可以引起他的微笑，并使得他对大人的面孔更加注意。当他苦恼的时候，妈妈用双手抚摸他的腹部或者抓住他的双手都能让他安静。

现在宝宝已经学会了抓握，因此触觉已经不仅是他和父母之间感情的纽带，还成为探索世界的一种重要手段，触觉、视觉配合认识物体对认知发展有非常重要的促进作用。此时父母要多为宝宝创造一些机会，让他接触不同质地和形状的东西，如硬的小积木、小瓶盖和小摇铃等，软的可以选择海绵条、毛绒玩具、吹气玩具等，其实生活中的物品，如衣领、被角以及蔬菜、水果等食物也是很好的选择。

带宝宝到户外活动的时候，也要注意让宝宝去接触不同质地和形状的东西，比如树叶、小草、小石头等；当然父母也可以在外出的时候带回一些不同的东西给宝宝摸，还可以一边摸一边给宝宝形容现在的感觉，比如宝宝摸着钢球的时候，大人可以告诉他："这是小钢球，硬硬的，凉凉的。"

宝宝的触觉丰富了，他就会产生更多的抓物欲望，不仅能够提高手的抓握能力，还能引起他探索世界的好奇心。

 ## 280. 给宝宝做一本滚动的书

本月，父母可以尝试着教宝宝去认识事物，把事物的名字和该物品对号入座。下面介绍一个有助于提高宝宝认知能力的小玩具——滚动的书。

什么是滚动的书呢？如何拥有一本这样的书呢？首先从杂志上找一些很有趣的图片，剪下来备用。要注意的是，图片最好颜色鲜艳，是宝宝平时熟悉的事物，比如小动物、人以及杯子和其他的玩具等等。然后找来一个圆形容器，奶粉罐或者燕麦罐子都可以。最后把杂志上的图片用透明胶带贴到罐子上。一本会滚动的书就做好了。

那么这本书怎么读呢？父母可以问宝宝："宝宝，小狗在哪儿呢？"然后让宝宝滚动罐子来寻找小狗的图片。如果宝宝找到了，要记得给他鼓励。这个游戏不仅可以提高宝宝的认知能力，而且能够提高宝宝对语言的反应能力。

 ## 281. 充分利用宝宝的好奇心

4～5个月大的宝宝已经开始对周围的世界产生了好奇心，同时他的手眼协调能力也已经变得越来越强了。此时，爸爸妈妈就可以利用宝宝的好奇心对他进行认知能力的训练。

现在，宝宝的手眼协调能力有了很大发展，几乎看得见的东西都能准确抓到，对新奇的东西更是爱不释手，所以父母就可以试着把颜色亮丽同时又带有声音的玩具从宝宝眼前扔过去，当宝宝听到玩具的声音，又看到飞出去的玩具，他的头就会随着声

音去追寻。如果宝宝的视线准确地落到了玩具上，爸爸妈妈要表现出高兴的样子，然后把玩具捡回来还给宝宝。

另外，随着宝宝手部精细动作能力的提高，爸爸妈妈可以把一个能拆装的玩具放在宝宝面前，先让他玩一会儿，等他对玩具整体都熟悉之后，爸爸妈妈可以把玩具拆开，然后再装好，之后再拆开，再装好。重复几次之后，再把玩具交给宝宝，此时他就会自己试着去拆装。宝宝很难一开始就装好，所以爸爸妈妈要手把手地帮着宝宝把玩具装好。要注意的是，最好是比较简单的拆装玩具，那些过于复杂的玩具，还是等宝宝长大之后再说吧。同时，要注意不要让宝宝误食小零件。

## 282. 加强宝宝手脚肌肉运动能力的训练

从上个月的时候，爸爸妈妈就已经开始了对宝宝手脚肌肉运动能力的训练，本月不能停止，应该继续锻炼，进而让宝宝学着控制全身的肌肉，提高运动能力。

要锻炼宝宝手部的肌肉，家长可以采取这样的方式。大人可以把宝宝抱起来，让他背靠着大人坐着，然后在他面前放一些玩具，逐个告诉宝宝玩具的名称，让他自己伸手去抓。开始时要把玩具放得近一点，如果宝宝很容易就抓住了，可以把玩具稍微移动一些。另外还可以训练宝宝两只手的协调能力。比如在宝宝手里已经拿到一个玩具之后，递给他另一个玩具，观察宝宝是扔掉原来的玩具去接这个新玩具，还是已经知道把一只手上的玩具换到另一只手上，再接玩具。还可以给宝宝一个他不喜欢的玩具，锻炼他推开的动作。提供给宝宝的玩具应该从轻到重，这样可以使宝宝的手部肌肉力量逐渐增强。

由于大多数宝宝可以把大脚趾放进嘴里吮吸，所以锻炼宝宝的下肢可以采用仰卧抬腿的方式。可以在他脚的上方放一些玩具让他踢着玩，也可以用两只手扶着他的腋下，让他站在大腿上，逗引宝宝做双脚踏步，每天反复练习几次。

## 283. 让宝宝认识家庭环境

这个月龄的宝宝，颈部力量增强，头已经可以竖得很稳，有些宝宝能够坐着，视野明显扩大，而且也开始对周围的环境产生兴趣，此时父母可以教他认识一下家庭的环境。当宝宝对家庭环境比较了解的时候，他会产生安全感，心态也会变得更加平和。

爸爸妈妈可以在宝宝清醒的时候，抱着他在房间里面转转，让他了解家里的空间环境，同时也可以对宝宝讲解一些他比较感兴趣的日常用品。比如当宝宝对灯产生兴趣的时候，父母可以把灯打开再关闭，让宝宝把视线落在灯上。等到宝宝盯着灯看的时候，告诉他这是"灯"；然后还可以把灯再次打开，不过要注意灯光不要太强，不要伤到宝宝的眼睛。当宝宝对灯有了认识之后，可以抱着他去别的房间看其他不同形状的灯，扩大他的知识面。

对宝宝平时经常接触的事物、经常看到的物体都要用语言加以强调，比如"奶瓶""水""电视机"等，等他熟悉这些名称之后，让他看这些东西，帮助他把词和物联系起来。总之，父母要学会充分调动宝宝的各种感官，通过让他观察周围的环境来发展认知能力。

# 5~6个月：宝宝开始坐起来了

## 284. 宝宝的能力

本月大多数宝宝都能够坐起来了！宝宝的肢体也能随意运动了。如果用双手扶住宝宝腋下，他能在床上或大人腿上站立两秒钟以上；仰卧时，如果他的上方有玩具，他能够非常准确地用手抓住这个玩具。

本月宝宝的触觉、嗅觉和味觉也变得更加敏锐了。他对人的抚摸很敏感，如果拥抱使他感到不舒服，他会挣扎或者发出不高兴的声音。现在的宝宝依然处在用口探索世界的阶段，看见的东西都喜欢往嘴里放。

宝宝的听觉也有了提高。如果在房间的另外一面和他说话，他能够把头准确地转向声音的源头；如果把能够发出声音的玩具放在他身边，当他的活动使玩具发出声音之后，他会主动去寻找声音来源。本月宝宝的节奏感有了进一步提高，喜欢节奏欢快的儿歌，还会随着节奏摇摆。

这一时期的宝宝交往欲望变得强烈，他盼望着能够得到大人的关注。本月宝宝对父母的亲近感增强，"认生"的现象也更加明显，不过如果此时父母需要暂时离开他，他还不会出现强烈的反抗。

## 285. 本月早教重点

本月早教的重点主要有动作能力的培养、咀嚼吞咽能力的培养，还要注意与他人交往的能力的培养。

本月的运动能力培养主要是独坐的训练，并且为爬行打基础。当宝宝能够自由地翻身时，其实就已经开始为爬行做准备了。此时他可能会趴着玩玩具，不过还不能前行。到本月末的时候，有些孩子可能会在原地打转或者后退。父母可以在宝宝面前放一些小玩具，然后把手放在宝宝脚底，给他一定的力帮他前行。

吮吸是宝宝的本能，但是咀嚼和吞咽却需要后天学习。此时爸爸妈妈可以用小勺给宝宝喂一些流质或者半流质的食物，刚开始的时候宝宝会用舌头把食物顶出来。不过只要父母有足够的耐心，经过数次训练之后，宝宝就能学会吞咽食物。

本月的宝宝已经能够把人分开，表现出认生的样子，这是他的进步，而不是退步，父母一定要了解这个问题。爸爸妈妈应该多带着宝宝去接触别人，观察他对不同的人的反应，让他学会用微笑或者声音来打招呼，逐渐增加他熟悉的人数，减轻宝宝认生的反应。

## 286. 教宝宝辨认物品

5～6个月的宝宝，感知觉能力已经有了很大的提高，已经能比较准确地判断物体的远近以及确定声音的来源并作出相应的反应。伴随着嗅觉和味觉灵敏度的进一步提高，父母可以通过下面的训练来帮助宝宝学会认识物品。

宝宝要认识物品，首先要树立形象与名称之间的联系。此时爸爸妈妈应该多鼓励宝宝在听到某个物体的名称后不要只用眼睛去看，而且要学会用手去指、去摸相应的物品。开始时，宝宝可能很难达到父母的要求，此时父母可以先用手扶着宝宝的手去感受这件物体，重复几次之后宝宝就能逐渐学会自己去感受这个物品了。这个训练可以帮助宝宝提升手、眼以及大脑的协调能力，让他对学过的东西印象更深刻，同时加深物品和名称之间的联系，为以后的能力发展打下基础。

## 287. 训练宝宝单手握物

宝宝太小的时候，不会单手抓东西，只会两只手同时出动才能完成抓握的动作。但是本月开始，爸爸妈妈可以试着培养宝宝单手抓物的能力。

具体的方法是先给宝宝一样东西，让他握在手里，随后递给他另外一件玩具。如

果宝宝是扔掉一个玩具，然后两只手一起过来接第二件玩具，则宝宝的单手抓握能力还需要进一步的训练；而当宝宝先把一只手里的东西转移到另一只手里，随后用腾出来的手去接东西，那么宝宝就已经掌握了单手抓物的技能，爸爸妈妈要做的就是继续训练，让他把这个动作变得很熟练；如果你的宝宝已经能够一只手拿着东西，知道伸出另外一只手来接东西，那么宝宝不仅单手抓物的能力非常强，而且对两只手的配合和运用也已经非常熟练了。

训练宝宝的单手抓物能力，爸爸妈妈也可以试试下面这个游戏。让宝宝趴在用被子卷成的滚筒上，然后握住宝宝的双腿，使他的双膝离开床面，这样宝宝就会用一只手支撑身体，此时在他面前用玩具逗引，他就会伸出另一只手去够取物品。

## 288. 让宝宝抓握一些比较小的物体

在第5~6个月，爸爸妈妈要开始训练宝宝对比较小的物体的抓握能力，这有助于锻炼宝宝的手部肌肉，提高指尖的感受能力，并最终达到提升大脑反应速度的目的。

让宝宝学习抓握比较小的物体时，爸爸妈妈要遵循循序渐进的原则，不要一下子就拿来特别细小的物体让宝宝拿，最好让宝宝从大的物体开始拿起，然后把物体逐渐变小。而且要注意引导宝宝从所有的手指头一起抓过渡到使用拇指和食指去捏。对宝宝来说，学会捏东西是一个非常大的进步，这是手指的灵活性得到提高和手指肌肉的力量得到加强的表现。

## 289. 做咀嚼和吞咽训练

吮吸是人类生来就有的本能反应，但是咀嚼和吞咽则是经过后天的训练才能形成的反射。本月，爸爸妈妈应该开始有意识地训练宝宝的咀嚼和吞咽，为宝宝以后吃正常的食物打下基础。

6个月左右的时候，爸爸妈妈可以试着给宝宝添加一些半固体的食物了。由于刚刚接触固体食物，宝宝还不太会咀嚼和吞咽，所以当爸爸或者妈妈用小勺喂宝宝半固体食物时，几乎所有的宝宝都会本能地用舌头把食物顶出来或是吐出来，有些则会在吞咽的时候出现问题，比如在嘴里好久却咽不下去，最后又吐出来。严重的可能会在吞咽时出现哽噎现象。

不过这只是暂时的，父母不要因为心疼宝宝，就不对宝宝进行咀嚼或者吞咽训练，那只会对宝宝的未来造成更严重的后果。其实只要经过一段时间的训练，宝宝就会逐渐克服上面的现象，形成与吞咽动作相协调的条件性反射。不过，不同的宝宝心理素质和性格都不同，所以有些宝宝可能吃了几次就能够吞咽，而有些宝宝却需要一两个月才能顺利地咀嚼和吞咽。所以在训练咀嚼和吞咽时，爸爸妈妈的耐心是非常重要的。

## 290. 让宝宝体验180° 翻身

根据宝宝的发育规律，大多数宝宝在3个月的时候就会发出翻身的信号，比如他趴着的时候，能够自如地把头抬起来，而且头部和胸部都能抬起来；仰卧的时候脚向上扬，或者总是抬起脚摇晃等。

不过由于父母的疏忽，可能忽略了宝宝的需求，导致宝宝没有按时学会翻身。此时如果宝宝还不会翻身，爸爸妈妈首先要观察宝宝的肌肉是否有力，有没有发出翻身的信号。如果肌肉仍然看起来无力，人也没精打采，最好带着宝宝去医院检查一下。如果宝宝表现正常，那么父母就不要过于担心，只要补上翻身这一课，宝宝很快就能迎头赶上同龄的孩子。

除了直接帮助宝宝进行翻身练习，爸爸妈妈也可以找一些毛巾或者小枕头，把它垫在宝宝的背后，让宝宝保持侧身的状态，这样也有助于宝宝顺利地翻转身体。

不过父母用这样的方式教宝宝翻身时，一定要时刻关注宝宝。因为宝宝没有完全学会翻身的时候，如果在宝宝周围摆放毛巾、小衣服等，发生窒息的可能性会增加。

## 291. 训练宝宝感官的综合性和协调性

每个爸爸妈妈都知道感觉器官的重要性，因此通常都非常注意各种感官的训练，比如视觉、听觉以及触觉等。不过除了提高每个感觉器官的反应速度，家长还要注意各个感官之间的协调性。

要提高各个感官之间的协调性，藏猫猫是个很好的游戏。它既能激发宝宝愉快的情绪，又能让宝宝把叫声、动作以及相应的名称联系在一起，同时还能锻炼宝宝的运动能力。

做这个游戏的时候，爸爸可以戴上一个面具或头饰，一边念儿歌，一边模仿动物，这时候躲在爸爸身后的妈妈可以根据爸爸所做的动作来发出该种动物的叫声，例如牛的"哞哞"、羊的"咩咩"等，吸引宝宝把头和身子探过去寻找妈妈。

当然也可以是妈妈拿着一个能发声的玩具，先让宝宝倾听玩具的声音，然后妈妈躲到房间另一边，弄响玩具的同时呼唤宝宝的名字，让他来寻找。如果宝宝没有做出反应，可以再重复几次，直到宝宝知道要寻找玩具和妈妈为止。

## 292. 训练宝宝的运动技巧

宝宝的运动技巧训练包括整体运动技能的训练和部分运动技能的训练。

其中整体技能训练主要是帮助宝宝发展坐、爬行以及行走等运动的能力。此时要经常给宝宝变换姿势，时而让他仰卧、时而俯卧，有时候可以让他在大人的膝盖上跳动，有时候则可以让他安静地平躺。另外爸爸妈妈还要最大限度地为宝宝提供提高身体灵敏度的机会。

部分运动技能的训练主要是发展宝宝手指和拳头的灵敏度。为了帮助宝宝加强手的运动，爸爸妈妈要经常陪着宝宝做游戏。开始的时候，爸爸妈妈可以在宝宝面前做一些以手指为主的游戏，供宝宝来模仿。如果没有合适的游戏，现在市面上有很多手指操或手指游戏的书，爸爸妈妈可以借鉴一下。宝宝在模仿的过程中就能不经意地学会鼓掌或其他简单的手指游戏。

## 293. 引导宝宝将语言和认知能力相结合

随着宝宝语言能力的发展，此阶段宝宝能发出的音节明显比前几个月多了，而且对语音的感知能力也有所提高，发音也变得更加主动，还常会发出一些不清晰的语音以及无意识地叫"mama""baba"等。为了让宝宝的智能全面发育，爸爸妈妈在训练其语言能力的同时，应该与认知能力结合到一起进行训练。

　　具体来说，父母可以经常对宝宝发些简单的辅音，如"baba""mama""wawa"等，一边对宝宝说话，一边则要指着具体的事或人来帮助宝宝加深理解。这种训练既可以帮助宝宝在这个月发出4~5个辅音，同时也能让他初步理解这些词语的意思。

　　这个训练过后就可以进行听音指认的训练。多对宝宝说"妈妈""爸爸"等词语，如果宝宝不仅会用眼睛望着父母，而且还伸着小手去指认，那么宝宝的语言训练就算比较成功。另外也可以在宝宝面前摆放一些玩具或者物品，然后爸爸妈妈说出物品名字让宝宝去拿。如果宝宝拿到了正确的玩具，要夸奖宝宝能干，给他信心。

## 294. 训练宝宝的独坐能力

　　由于宝宝已经初步学会了坐，所以活动范围和自主性都有了一定程度的增加，这有助于宝宝接触和学习更多的东西。当宝宝靠坐比较稳当，或者仅有一点支撑就可以坐稳时，爸爸妈妈可以逐渐撤去外力让宝宝学会独坐。开始的时候时间可以稍微短一些，这时宝宝可能坐得不稳，有可能前倾或者后倾，这都是正常现象，不要过于紧张。但是开始的时候一定要注意控制时间，不要一下子让宝宝坐很长时间。

　　当宝宝坐姿不准确，出现倾斜的时候，爸爸妈妈要给宝宝帮助，可以用双手扶住宝宝的腰，也可以在宝宝的腰上围一条毛巾，拉紧帮助宝宝坐直。这个方法可以在本月末期的时候进行。如果时间过早，可能会造成脊柱的弯曲。

　　当宝宝能够自己坐得非常稳当的时候，就是可以自己坐着玩耍而不需要父母帮助的独坐自如阶段。不过即使宝宝本月能够达到这个水平，能够坚持的时间也很短。爸爸妈妈可以在他的四周都放上玩具，引导他坐着转身。开始训练时，爸爸妈妈最好一直陪在宝宝身边，时刻注意安全，可以把宝宝放在地板的软垫子上进行训练，这样即使摔倒也不会造成危险。

## 295. 给宝宝能够自己动手玩的玩具

　　只有能够让宝宝自己动手玩，发挥他自己想象力和主观意识的时候，宝宝才能得到更多更全面的锻炼。

很多小孩在成长过程中都会出现一个爱撕纸的时期，其实纸就是一个很好的能够发挥宝宝主观意识的玩具。撕纸可以帮助宝宝提高手的精细动作能力，而且也可以提高指尖的敏感度。最开始的时候，父母可以给宝宝一些色彩鲜艳的纸张让他随意撕，此时的主要目的是锻炼他的手部肌肉力量和手指的灵活性。等宝宝撕纸比较熟练的时候，父母可以握着宝宝的手一起把纸撕成各种形状，并分别告诉宝宝这些都是什么图形。虽然宝宝还不能理解形状的含义，但是这个游戏会给宝宝留下直观的印象。

本月，父母还可以给宝宝选择一些比较新奇的玩具，比如那种一拍盒子，就会从里面跳出来小丑的玩具。爸爸妈妈可以跟宝宝玩几次这个玩具，随后就会发现宝宝已经学会自己把玩具再按回盒子里面去。

总之，本月的玩具最好可以调动宝宝动手的积极性，帮助他发展创造性的思维。

 ## 296. 教宝宝认识自己

培养和训练宝宝的认知能力，不仅要让宝宝认识自己身边的人和事，最重要的是帮助宝宝认识他自己。那么，如何帮助宝宝认识自己、了解自己呢？爸爸妈妈不妨试试下面两个方法：

用照片教会宝宝认识自己。由于数码相机的普及，宝宝虽然刚刚6个月，但是照片一定不少，这些照片就是帮助宝宝认识自己的上好教材。爸爸妈妈可以用照片来帮助宝宝认识他的整体形象，同时也可以对着照片教宝宝认识自己的身体部位。另外，父母也可以对着照片让宝宝理解自己和其他人的关系，让他明白自己是独立于其他人而存在的。

另外一个帮助宝宝认识自己的小游戏就是照镜子。当父母把宝宝抱到镜子前面的时候，可以用手指着宝宝的脸，反复叫他的名字，然后可以指着他的五官和头、手、脚等部位让宝宝来认识。宝宝可以通过镜子看到家长所指的部位，同时他又听到了你的声音，慢慢他就会懂得"头发、眉毛、眼睛、鼻子、耳朵、手脚"等词语的含义。

## 297. 和宝宝玩玩藏猫猫

如今的高科技玩具越来越多，很多爸爸妈妈可能觉得藏猫猫是个老土的游戏，已经跟不上时代了。实际上"藏猫猫"是可以锻炼宝宝多方面能力的很好的游戏。

宝宝5～6个月的时候，会对"藏猫猫"游戏表现出极大的热情，每天吃饱喝足之后都希望爸爸妈妈能够陪自己玩这个游戏。

当大人用布蒙住自己的脸，宝宝以为大人消失了，正疑惑时，大人把布拿开，同时对宝宝说"喵儿"。宝宝看到大人重新出现在自己面前，总是会表现出很高兴的样子。"藏猫猫"游戏让孩子知道了要去寻找消失的东西，于是他可能产生自己动手拉布的动作。这时候，家长可以用布蒙住宝宝的脸，然后当宝宝自己把布拉开之后，家长对他说："喵儿"，他看到大人的脸，会非常开心。重复几次之后，宝宝会主动把布蒙在自己脸上，然后再自己拿掉，逗大人开心。

家长也许不知道，宝宝开始迷上"藏猫猫"还是智力发展水平的体现。6个月以内的宝宝对外界事物的理解是只有他看到时才存在，一旦消失，他就认为东西不再存在了，所以他不会去寻找，而是把注意力转移到其他物体上。当宝宝到了这个阶段，外界物体在他头脑中会留下印象，他会把这个印象保留一段时间。"藏猫猫"的游戏让宝宝知道虽然爸爸妈妈的脸被手绢挡住了，但并没有消失，所以会期待父母的脸再次出现。当真的出现时，他会特别兴奋。"藏猫猫"游戏不仅可以培养宝宝愉快的情绪，也有助于他想象力的发展。

## 298. 及时给宝宝适当的回馈

要帮助宝宝形成良好的性格，父母必须要细心观察宝宝的语言和肢体动作，并认真去理解宝宝的各种"语言"，给予及时的反馈。如果宝宝的行为没有得到正确的反馈，时间长了之后，宝宝就会失去与父母交流的兴趣，不哭也不闹，看上去宝宝似乎变乖了，但是这对宝宝形成健康的性格是非常不利的，很容易埋下乖张孤僻等不良性格的"种子"。

随着宝宝越来越懂事，此时与宝宝的互动显得非常重要。一般6个月大的宝宝可以认识词和物的关系。如果家长说"欢迎"，宝宝就会拍拍手；如果家长说"再见"，宝宝也会摆摆手。此时父母要"逼迫"宝宝说话，如果宝宝要某样东西，你可以反复对宝宝重复这个物品的名字，直到宝宝发出类似的音。

宝宝一生下来，父母就要把他当成一个独立的人来尊重，对他所说的话和要表达的一切都要认真对待，及时反应。

##  299. 培养宝宝的爱心

社会是由人组成的，要对别人充满爱心，关爱他人，社会才能进步。婴幼儿时期是各种心理品质形成的关键期，爱心的产生也是在婴幼儿时期。所以要培养宝宝的爱心，要从很小的时候抓起，这对宝宝长大后社会亲和性的形成有重要意义。

在宝宝处于婴儿时期的时候，父母要常常爱抚他，对他微笑，使他充分感受到父母的爱，这是宝宝产生爱心的起点，也是宝宝奉献爱心的基础。同时宝宝的父母也要富有爱心。只有有爱心的父母，才能培养出有爱心的孩子，因为宝宝时刻都把父母当做自己的榜样，父母的一言一行都在影响着宝宝。因此，父母要时刻注意自己的言行举止，做到孝敬老人、关心孩子和他人、乐于助人等。

游戏和玩具也可以培养宝宝的爱心，比如父母可以给宝宝买一些柔软的毛绒玩具或者布娃娃。把玩具交给宝宝之后，父母要鼓励孩子温柔地对待玩具。父母也要教宝宝如何抱玩具，不要粗暴地对待玩具，此时宝宝的模仿能力已经很强了，父母的教导和示范会让宝宝学会彬彬有礼和善待他人，这也有助于形成温柔善良的好品德。

##  300. 为宝宝提供与他人交往的机会

此阶段的宝宝虽然已经可以看出性格的倾向，是内向还是外向已经初见端倪，但是此时还没有形成所谓的"害羞感觉"，所以相对成人来说，此时的大多数宝宝性格还是偏外向的。

此月龄的宝宝通常喜欢接触熟悉的人，也知道家里人和陌生人的区别，不过"认生"的情况还不是很严重，他们也会对家人之外的其他人表示友好。此时父母

要抓住机会，经常带着宝宝去邻居家做客，去好友家串串门或者到街上散步。总之，尽量给宝宝创造更多的接触人的机会，尤其是接触其他小朋友的机会，给宝宝创造一个学习与他人交往的环境，并教会宝宝一些常见的社交礼仪，比如挥手道别、表示感谢等。

不过，不排除有一些宝宝非常"认生"，一见到陌生人就扭脸钻进妈妈怀里，严重的还会哭闹不止。此时爸爸妈妈不要强迫宝宝去与他人交流，而是要从周围的熟人开始，让宝宝慢慢学会与他人的交往。

# 6~7个月：满足宝宝的好奇心

## 301. 宝宝的能力

6~7个月的宝宝在视觉、听觉和触觉上有了进一步的提高。他能够分辨物体的远近，初步产生了深度等空间感；而且也产生了客体永久性的观念，明白那些突然不见的玩具并不是消失了；而且词汇对他来说也已经不再是单纯的语音，他知道其中包含着相应的内容。

此阶段的宝宝已经能够独坐了。如果大人把孩子摆成直立的坐姿，他不需要手来支撑也能坐得很稳。当他不需要用手来支撑身体的时候，他的手就被解放出来了，因此他也开始进入了用手来感受世界的阶段。本月宝宝的手变得很灵活，能用双手同时握住比较大的物品，抓东西也更加准确。他翻身的技能已经非常娴熟，初步产生了爬行的愿望，父母可以在此时和宝宝做一些游戏来为爬行打下基础。

在语言能力方面，他已经能够发出比较明确的音节，并且试着主动模仿大人说话，此时家长可以用重复来帮助宝宝学习语言。本月的宝宝还有了初步的逻辑和想象能力。他已经能够把镜子中的自己和现实中的自己联系在一起了。还有些宝宝可能会对图画书产生兴趣，得到一本图画书之后，他会很兴奋地翻来翻去。

## 302. 本月早教重点

本月的早教重点主要放在认知能力、语言能力的提高上，在动作发展方面，要帮助宝宝为爬行打下基础，同时注意训练宝宝手部的精细动作能力。

本月宝宝已经产生了初步的逻辑思维能力。比如他喜欢吃苹果的话，一听到别人提到苹果就会很开心。如果爸爸妈妈把苹果和其他的水果放在一起，他能够把苹果准确地挑出来。此时宝宝也能够把图画上的形象与现实生活中的形象联系在一起，当父母说到"小狗"的时候，他既会指着图画书中的小狗，也能联系到生活中的小狗。本月宝宝已经有了深度的概念，产生了初步的空间感。他对周围的环境非常好奇，无论什么东西都会抓到手里，放进嘴里，有时候还会握住手里的东西，摇摇，听听，有时候还会用力拍打。

宝宝本月可以无意识地发出双音节的词汇，而且学会了把自己所知道的辅音和元音进行组合，还能模仿咳嗽和咂舌的声音。在与陌生人和熟悉的人交流时，宝宝的音调和表情是明显不同的。

本月的宝宝手大多能够同时握住较大的东西，两只手也开始了最初的配合，一般都会把一个物体从一只手传到另一只手。在大动作能力方面，宝宝本月已经能够用手支撑着身体前后晃动，有些宝宝可能会用腹部贴着床面在床上匍匐前进。如果宝宝表现出了爬行的愿望，父母要给予支持，可以从他的脚底给他一个助动力，此时他就会充分领悟到爬行的感觉和乐趣，这也可以为未来学习爬行打下基础。

## 303. 鼓励宝宝说辅音

宝宝上个月的时候处于语言发展的起步阶段，还不能用语言明确表达自己的感情，但是说话的欲望表现得十分明显。这个月随着宝宝感知觉能力的提高，能模仿的声音和感知的事物变得更多了，在这个基础上，宝宝开始试着进行语言表达。不过这种表达与成人世界的表达还是有着很大区别的。

宝宝在两岁半以前，对于语言的学习主要是练习发音和简单地模仿爸爸妈妈的语言。不过这些练习和模仿在不同的阶段还是有不同的表现的。六七个月的时候，宝宝已经能够发出比较明确的音节，比如"nana""papa""mama"等，此时语言的学习开始进入了高速发展期，对声音的感受变得十分敏锐，不仅是语音、语气、语调、语速以及表情等也可能被宝宝记住并模仿，而且在开始说下一个音节之前，宝宝可能会一整天或者几天都重复这个音节，直到能够熟练掌握为止。

此时父母可以多对宝宝说话，可以教宝宝学各种简单的拼音，并多次重复，在给宝宝读这些音节时要指着词语对应的事物，帮助宝宝了解词语的含义。如果宝宝的语言发展严重滞后，应该带着他到医院进行检查。

## 304. 让宝宝坐得更稳当

上个月月末，大多数宝宝需要靠着支撑物才能稳稳地坐着；也有少数宝宝已经能够脱离支撑物自己独坐一会儿了。不过他们的腰腹部肌肉发育还不成熟，因此坐的时候可能会前倾或者后倾，总之无法坐直。可是到了本月的时候，尤其是本月末的时候，大多数宝宝都已经能够稳稳当当地自己坐着了。如果他坐得不直，手会撑地来保持自己不倒下；如果大人把他摆正，即使没有手的支撑他也可以保持坐姿，这是宝宝大动作能力发展的一个重要标志，也是宝宝成长过程中的里程碑。

在宝宝巩固坐这个技能的时候，爸爸妈妈应该对宝宝的生长发育多加关注，并且最好通过让宝宝练习独自坐立、加强对其翻身能力等训练不断提高宝宝的大动作能力，爸爸妈妈也可以买一些可以帮助宝宝提高大动作能力的玩具来帮助他成长。

此外，如果父母发现了宝宝发育迟缓的现象，应该及时带宝宝去医院检查，查明原因，及时治疗。

## 305. 让宝宝的四肢更协调

6~7个月的时候，即使去掉了支撑物，宝宝基本上也能自己稳当地坐着了，他们常常会自己挺直脊背，腾出双手玩耍，而且双手也更灵活了。但是此时宝宝的四肢还不能很好地配合，父母一定要注意加强宝宝四肢协调能力的训练，为爬行做准备。

父母可以选择一个宝宝非常喜欢的玩具放在他身体前面不远的地方，此时宝宝就会从座位往前趴下，变成俯卧位去够前面的玩具。虽然这并不是真正意义上的"爬"，但这是爬的前奏。开始的时候父母可以把玩具放在宝宝的面前，以后可以放在他身体的左边、右边，甚至是后边，此时宝宝就会转头去拿。

父母还可以利用翻滚练习来帮助宝宝提高肢体的灵活性。爸爸妈妈可以把玩具放在床的另外一边，然后站在玩具旁边，吸引宝宝不断翻身去取玩具。

爬行是一个需要全身肌肉紧密配合才能够完成的运动方式。只有四肢的协调性达到一定程度，宝宝才能顺利地学会爬行。

## 306. 给宝宝指认一些水果

6～7个月的宝宝已经进入了用手探索世界的阶段，此时无论看到什么他都会觉得很新奇，都想拿过来研究一番，此时父母要有意识地帮助宝宝来认识世界。从他最喜欢的食物开始认识世界是个不错的选择。

有些宝宝喜欢吃香蕉，听到"香蕉"两个字就会很兴奋。这时候，爸爸妈妈就可以把香蕉和其他的水果混在一起，然后问宝宝："香蕉在哪里呢？"这时候宝宝会指着香蕉示意，还有些性急的宝宝也可能会伸出手去把香蕉拿过来递给父母。

另外，父母也可以利用某些特有的味道来帮助宝宝认识水果。比如每次吃香蕉之前，可以让宝宝先闻闻香蕉的味道。等宝宝熟悉之后，可以把不同的水果用纸包住，让宝宝通过味道来辨别水果。

## 307. 引导宝宝分清爸爸妈妈

实际上宝宝3～4个月的时候就已经能够区分男声和女声，如果先给他播放女声歌曲，不久之后再换成男声，他的面部就会出现不同的表情。到了这个月，父母要试着让宝宝把男女与爸爸妈妈分别对应起来，分清两个人哪个是爸爸，哪个是妈妈。

当爸爸妈妈都在家的时候，选择宝宝清醒的时间段，站在宝宝面前，妈妈对宝宝说："我是妈妈！"并用夸张的口形引导宝宝发出"妈妈"的声音；随后爸爸可以采取同样的方式教宝宝学会说"爸爸"。

另外，要想让宝宝尽早分清楚爸爸和妈妈，无论做什么事情的时候，最好都明确地说出来，比如"妈妈要带宝宝出去玩喽！""爸爸给宝宝买的玩具。"等等。

## 308. 教宝宝认识自己的手和脚

6～7个月的宝宝能熟练地辨别远近，有了空间感，玩具不见的时候，他们会自己

寻找，找到后会非常兴奋。为了帮助宝宝更好地学会利用双手和双脚，父母应该教他了解自己的手脚，并且告诉他手脚都能做哪些事情。

平时，爸爸妈妈可以握着宝宝的小手在他眼前晃晃，并且告诉他："这是宝宝的小手！宝宝的小手可以拿东西，将来写字、吃饭也离不开这双小手！"当宝宝握着自己的脚丫往嘴里放的时候，爸爸妈妈也可以笑着告诉他："宝宝在吃小脚丫啦？"在宝宝平躺的时候，爸爸妈妈可以挠挠他的小脚，逗他笑，也可以用玩具吸引他踢蹬，让宝宝感受到脚的存在和力量。

此外，当宝宝用手或者脚完成什么事情的时候，爸爸妈妈要及时表扬他："宝宝的小手可真灵巧啊！""宝宝的脚真有力。"等等。这样有助于宝宝更积极地对手脚进行锻炼，提高运动技能。

 ## 309.让宝宝去找玩具

宝宝成长到这个阶段，双手手指的灵活性以及和腿脚的协调性都有了进一步的增强，他们能够自如地抓取玩具，而且用手指拿捏物品的时候也更加稳当有力了。此时父母可以充分利用玩具来帮助宝宝提高控制身体的能力。

这个阶段的宝宝基本上都能够坐在床上自己玩耍了。爸爸妈妈可以把宝宝比较喜欢的小玩具放在床上，让宝宝通过自己的努力去拿。不过这些东西不要离宝宝过远，为了帮助宝宝充分活动身体各部分肌肉，可以把玩具分散在他的四周。这样宝宝俯身去拿东西可以为爬行做准备，同时也可以运动到身体很多部位的肌肉。

另外，此时的玩具可以稍微小一些，比如小积木、小铃铛等是比较好的选择，这样可以帮助宝宝提高用拇指和食指捏东西的准确性，以此来加强手指的灵活性和协调性。要注意的是保护好宝宝，不要让宝宝误食细小的零件或者玩具。

这个训练可以每天都做，最好每天能够重复多次，这对于提升宝宝的动作能力是十分有益的。

 ## 310.训练宝宝的爬行

随着月龄的增加，到本月的时候，宝宝就已经产生了爬行的欲望。月底的时候，

有些运动能力比较强的宝宝可能已经能够腹部贴着地面向前爬行了。要想学会爬行，宝宝的手臂和双腿必须协调一致才能完成这个动作。为了让宝宝缩短学习爬行的过程，父母要有意识地教宝宝爬行。

首先要给宝宝准备一个比较宽敞的爬行场地。较大的床或是木质地板上都是很好的选择，不过一定要注意场地的平整性和软硬度。如果场地过软，宝宝爬起来很费劲；如果场地过硬，容易使宝宝的手和膝盖受伤。

其次是宝宝刚刚学习爬行，一定还不习惯，这就需要父母的辅助来完成。帮助宝宝爬行主要有以下两个阶段。第一个阶段是父母拿玩具在宝宝前面逗弄，让他慢慢学会用双手支撑前胸，用手臂和腹部匍匐前进。刚开始的时候，宝宝可能很难做到，此时父母可以先用手抵住他的足底帮助他前行，经过一段时间的训练之后，宝宝就能学会爬行了。第二个阶段是爸爸或妈妈用大毛巾把宝宝的腹部围上，轻轻地向上提，这样可以帮助宝宝把腹部离开地面，练习只用手和膝盖爬行。

## 311. 锻炼宝宝的平衡能力

当宝宝能够独自坐稳之后，父母就可以着重训练宝宝的平衡能力了。爸爸妈妈可以试试下面这些方法来提高宝宝的平衡能力。

让宝宝自己坐在床上或者地毯上，在他的周围放置一些他喜欢的玩具，这些玩具与宝宝之间的距离不要太远，最好是宝宝伸手就可以拿到。此时父母可以给宝宝下口令，比如把小铃铛拿过来，此时宝宝就会四周看一遍去寻找小铃铛。父母最好让宝宝找那些需要他转身去拿的玩具，这样可以更有效地提高他的平衡能力。

父母也可以试着让宝宝坐在小椅子上，开始时，要用双手扶住宝宝的两条腿，不要去扶他的背，而是要让他自己来寻找平衡。等宝宝坐直后，大人可以放开一只手，然后用这只手去拿附近的玩具吸引宝宝转头。随后可以把这只手放下，再次抓住他的腿，另外一只手松开后去拿玩具。这样左右交替地吸引宝宝转体，让他在其中自己感受平衡。之后可以试着把两只手都放开，让宝宝把脚放在地上自己寻找支撑身体的平衡点。不过一定要注意保护宝宝，防止他失去平衡而受伤。

## 312. 锻炼宝宝的腹肌和颈背肌肉

随着宝宝的长大，爸爸妈妈有必要对宝宝身体各部位肌肉进行锻炼。要锻炼宝宝的腹部和颈背部的肌肉，父母可以和宝宝做这个"坐起与躺下"的游戏。

这个游戏就像是一个简易的仰卧起坐。大体的方法如下：当宝宝仰卧在床上的时候，爸爸或者妈妈可以站在宝宝的对面，两手轻轻地握住宝宝的手腕，把宝宝从仰卧的位置拉起来，然后让宝宝慢慢躺下。爸爸妈妈可以试着变换坐起与躺下的节奏，让这些运动快慢交错，以此来充分锻炼宝宝腹部和颈背部的肌肉，同时变换节奏也让这个游戏更富有趣味性。

如果宝宝手的握力已经很强，爸爸妈妈可以只把大拇指放在宝宝的手心里，让他紧紧握住并且重复上面的游戏。如果宝宝的握力不够，爸爸或者妈妈其中的一个人要坐在宝宝背后保护他，防止宝宝受伤。

## 313. 增强宝宝手部的力量和灵活性

无论干什么工作，人们都离不开手，所以手部的力量和灵活度，对人一生的发展非常重要。本月，宝宝坐着的时候已经不需要手来支撑了，因此给锻炼手部提供了很好的机会。

此时爸爸妈妈可以给宝宝准备一个广口瓶或者罐子，找一些比较小的表面粗糙的物品。训练开始的时候，爸爸妈妈可以先给宝宝做个示范，先把那些小东西从瓶子里面一个个拿出来，然后再一个个地装回去。重复几次之后，宝宝就会模仿父母，照着父母的样子用手指来捏取。等到宝宝比较熟练之后，父母可以拿一些表面比较光滑的豆子装进瓶子里，加大训练的难度。经过循序渐进的训练，宝宝的手指会变得更加有力，更加灵活，而且也会从大拇指与其他指头的抓握过渡到利用拇指和食指准确地捏取。

要加强宝宝手部的灵活性，还需要让他学会两只手互相配合。此时爸爸妈妈可以分坐在宝宝两侧，爸爸把一个玩具传到宝宝手上，然后让他递给妈妈。如果爸爸速度稍微快一些，宝宝就必须要倒手才可以迅速地传给妈妈。等到宝宝能够非常熟练且迅速地把玩具递给妈妈之后，宝宝两只手之间的配合就比较默契了。

## 314. 做一些有意思的亲子操

此阶段的宝宝已经有了初步的自主活动能力，能自由转头、翻身、独坐片刻，有些宝宝已经初步学会了爬行，此时宝宝就可以与大人配合来做主动的运动了。此时是为宝宝的爬行、站立和行走技能打基础的关键时期，父母千万不要偷懒，每天都要和宝宝一起来运动一下。

锻炼上肢的时候，宝宝处于仰卧的位置，让他分别握住大人两手的拇指，大人顺势握住宝宝的手腕，将他的两臂放在身体两侧。随后开始做胸前交叉，将两臂向外上方环绕在胸前交叉，如此反复几次。

桥形运动是帮助孩子活动腰腹部的肌肉，锻炼脊柱，为爬和站打下基础。婴儿同样处于仰卧位置，大人左手按住宝宝的脚踝，右手托起他的腰部，让孩子的身体呈桥形，然后还原。

踢腿运动是帮助孩子锻炼下肢的肌肉。当婴儿仰卧的时候，大人用双手握住宝宝的脚腕，轻轻把宝宝提起到与床面呈45°，使他的腹部离开床面，保持几秒钟之后放下。此外，也不要忽视对宝宝关节的锻炼，可以在做完以上的活动之后，轻轻旋转宝宝的腕关节和踝关节，帮助宝宝放松紧张的肌肉。

另外，做操的过程中，大人的动作要轻柔有节奏，最好配合一些轻柔的音乐，这有助于婴儿主动地配合。

## 315. 多带宝宝到户外去活动

宝宝长到六七个月的时候，进行户外活动的时间和机会也变得越来越多了。父母在带着孩子进行室外锻炼的时候要充分开动脑筋，提高宝宝各方面的能力。

感官的刺激是开启孩子智慧之门的钥匙。而户外活动是最好的刺激感官的方式。虽然家里图画书色彩斑斓，玩具也是五颜六色，造型各异，但是这些都是静止的东西，时间长了宝宝容易对这些东西产生厌倦。但是室外就不一样了，这里有飞翔的小

鸟、摇曳的绿树、鲜艳的花朵，还有游动的小鱼和穿梭的人群。这些情景对宝宝来说才是真正丰富多彩的生活，当宝宝看到这些美好新奇的事物时，他的好奇心一下子就会被调动起来。

自然中的色彩和声音可以充分地刺激宝宝的感觉器官。如果爸爸妈妈善于利用材料，大自然其实还可以给宝宝很多珍贵的礼物。比如宝宝看到一朵花，妈妈不仅可以描述这朵花的颜色和形状，还可以让孩子闻一闻、摸一摸，以此来帮助大脑认识和了解一个更加丰富多彩的世界。如果在户外看到好的现象和做法，比如有小朋友把垃圾扔进了垃圾桶等等，爸爸妈妈也不要认为宝宝什么都不懂就不说，如果某些东西能够给宝宝留下印象，那么这些东西就会影响孩子的一生。

##  316. 鼓励宝宝去接触陌生人

成长到这一阶段的宝宝，各方面都有了不同程度的进步，除了在动作能力方面的进步，他们本月在与他人交往的能力上也有了新的表现。此时父母应该带着宝宝多去接触一些外面的世界，不断提高宝宝交往的能力。

本月，宝宝已经能够很清楚地分辨出自己人和陌生人了，他们喜欢接近自己人，看到陌生人亲近自己的时候可能会被吓哭。为了帮宝宝更好地适应环境，发展社交能力，父母可以循序渐进地带着宝宝去接触更多的陌生人。首先可以带着宝宝到比较面熟的邻居或者亲友家去串门或者做客，当宝宝熟悉如何与别人互动之后，可以带着他到街上或广场上去散散步，让宝宝接触更多的陌生人。让宝宝试着与同龄人接触，在与同龄人的相处中学会交往是很好的方法，这要比强迫他与陌生成人接触效果好得多。

当然此时宝宝的"认生"现象也是正常的，如果宝宝非常抗拒与陌生人接触，不要过于急躁，也不要苛求宝宝，更不能骂孩子"没出息"之类的话，而是要反省自己是否给了宝宝足够的安全感。

##  317. 多给宝宝创造与亲人交往的机会

在长期的生活和相处过程中，宝宝逐渐形成了对父母的依恋，对妈妈的依恋尤其

强烈，这是宝宝情绪和能力发展的重要表现，家人应该重视这种依恋关系并且努力强化它。只有依恋关系正常而健康，孩子的内心才会形成安全感，才能在未来的生活中能够相信他人，形成良好的人际关系。

此阶段，宝宝已经能够很明显地区分熟悉的人和陌生人的声音了，能辨认出父母和熟人的面孔，而且喜欢待在熟悉的环境中，看到家人的时候会很开心，见到陌生人会感到害怕。如果父母在平时做到了细心照顾孩子，关爱他的心理，此时亲子之间就会建立起一种依恋关系良好的信号，且照顾得越细致，依恋关系就会越健康。如果对孩子不闻不问或是不细心，那么这种依恋关系大多很难形成。

孩子成长的早期，亲子间的依恋关系会增加宝宝的安全感。只要亲人在身边，孩子就会对周围的环境感到安心，可以专心去探索世界，并在此基础上不断提升自己的能力，而且这种依恋关系还会影响孩子对世界的看法，依恋关系健康的宝宝会觉得世界是安全温暖的，以后也能友好地对待其他人。

## 318. 教宝宝理解语言的含义

经过几个月的培训，宝宝早就对"妈妈""爸爸"这些词语非常熟悉了，大约有50%～70%的宝宝已经能够自己叫出"妈妈""爸爸"等词语了，听着这些词，爸爸妈妈的心里一定跟吃了蜜一样甜。不过在享受宝宝爱的回馈的同时，千万不要放松对宝宝的语言教育，不仅要鼓励宝宝多说话，还要教宝宝正确理解每个词的含义。

比如当宝宝叫"妈妈"的时候，妈妈可以马上凑到宝宝的小脸前面，学着宝宝叫"妈妈"，然后指着自己说"妈妈在这里"，让宝宝能够把词语和人对号入座。也许一开始宝宝还是弄不懂"爸爸妈妈"的含义，但时间长了，宝宝就会把"爸爸妈妈"这些词和眼前的"爸爸妈妈"联系到一起。以后等到妈妈过来的时候，只要有人跟宝宝说一声："妈妈来了！"他就会扭头去看妈妈。

爸爸妈妈也可以用一些比较形象的玩具教宝宝认识动物或者其他的事物。可以拿一个小猫的玩具，不断重复地告诉宝宝："这是小猫！"然后用夸张的口形给宝宝做出"猫"的发音动作。以后等宝宝发出"猫"这个词语的时候，家长可以马上把这个玩具拿出来给宝宝看，告诉他："这就是猫。"

 ## 319. 培养宝宝的观察力和判断力

每个人在日常生活中都要具备一些基本素质，这些基本素质可以保证他在社会中生存下去，其中观察力和判断力就是非常重要的两项。在宝宝长到7个月的时候，爸爸妈妈就可以利用游戏开始培养宝宝的观察力和判断力了。

培养观察力和判断力的游戏非常多，如果爸爸妈妈善于发现，也能开发出很多有趣玩法。比如当宝宝要玩某一个玩具的时候，家长可以先用这个玩具吸引他的注意，然后当着他的面用布把玩具盖上。要注意的是，布不要太大，要让宝宝能够发现这个玩具。之后要求宝宝把玩具找出来。等孩子再大一些，学会熟练地爬行之后，可以把玩具藏得稍微远一些。

另外，当宝宝看到图画书的时候，比如发现了小猫的图片，家长可以同时拿出一个小猫的玩具，告诉他都是小猫。等宝宝把两者之间的关系建立起来之后，家长就可以点出玩具的名字，让宝宝自己指出来或者找出来。这不仅可以锻炼宝宝找玩具的能力，还能帮助宝宝把玩具和名称对应起来，形成判断，这也是提高宝宝认知能力的一个手段。

# 7~8个月：一见生人就躲藏

## 320. 宝宝的能力

本月宝宝大多数学会了一项新技能——爬。不过爬行姿势各有千秋，有的是肚子贴地原地打转，有的是向后倒着退，还有的是匍匐前进。这些都是正常的现象，父母不必过多干预。等宝宝经过摸索，习惯了爬行之后，他的四肢就会变得更加协调，就可以把胸腹部离开地面，只用手和膝盖向前爬行了。

在语言发育上，此阶段的宝宝语言还处在重复阶段，不过能够发出的音节明显增多，对大人说的话也初步有了自己的理解，不仅能够"听懂"某些话，还能区别不同的语气，并作出回应。

宝宝在不断探索周围世界的基础上，感知能力也有了进一步提高，明白了轻重、大小、长短的概念；不过宝宝能够集中注意力的时间很有限，他非常容易从一项活动转移到另一项活动中。宝宝此时对看到的事物有了直观的思维，比如看到奶瓶就会与吃奶联系起来，看到有人端着碗过来，就知道是要喂他吃饭；此时他已经学会了选择性地看东西，如果自己喜欢的东西不见了，他会用眼睛四处寻找。

宝宝的社会交往能力发展主要体现在能够看懂大人的表情，得到夸奖时会开心，遭到训斥会委屈；当成人站在他面前的时候，他们会对着大人微笑并且会伸手要求抱抱。

## 321. 本月早教重点

本月的早教重点依然在大动作能力和精细动作能力的培养、语言能力的提高上面，另外从本月开始，家长可以试着训练宝宝的自理能力。

首先在精细动作能力方面，宝宝手的协调能力进步明显，基本上已经可以很精确地用拇指、食指以及中指来捏东西，而且能够捏取很小的物品；本月宝宝还要学会同时玩两个玩具，比如用小棒子敲击桌面，两只手对敲玩具等；此时宝宝还非常喜欢把手里的东西猛敲或者摇晃，而且学会了主动伸开手指让东西掉在地上。

大动作能力方面，家长本月要达到的目标就是帮助宝宝学会爬行。本月宝宝在平躺的时候会不停地运动，还会抓住小脚送进嘴里，翻身也变得更加频繁；当他俯卧的时候，他可能会拱起后背来帮助自己观察周围的情况。爬行的准备阶段，他并不会用手来辅助爬行，而是屁股上下移动，向前蠕动。这些都是宝宝爬行的信号，父母一定要抓住这些信号，让宝宝按时学会爬行。

在语言能力的发展方面，宝宝现在能够发出的声音越来越多，从早期的"咯咯"声或尖叫声，向可识别的音节转变，月末应该能够笨拙地发出"妈妈"或"拜拜"等声音。此时宝宝对成人的语言理解能力开始增强，可以"听懂"某些话，并能作出反应，比如当他听到"不"的时候，他会暂停自己手中的动作，但是很快就会恢复刚才的动作。

在自理能力的培养上，本月宝宝已经可以由父母扶着坐到便盆上大小便了。父母可以先将便盆放在凳子上方便父母扶持。这个阶段，父母要及时让宝宝学会使用便盆，并教他学习坐便盆排便。另外宝宝已经可以主动配合父母来帮他穿衣服了。父母拿起衣服之后要告诉宝宝把手伸进袖子，然后抓住宝宝的胳膊帮他把手伸进去。重复几次之后，爸爸妈妈只要一拿起衣服，宝宝就会主动把手伸进袖子里。

##  322. 教宝宝认识身体部位

自我意识的发展是形成独立性以及对周围环境进行控制的过程，其中认识身体部位是自我意识形成中非常重要的阶段。认识身体的各个部位，包括身体特征、器官名称以及身体各部分的作用和相互之间的关系。认识身体还有助于宝宝形成正确的性别意识。

妈妈可以和宝宝面对面坐在地板上，指出他身体的每一部分，并告诉他名称，比如："这是宝宝的胳膊""这是宝宝的鼻子"等等。在与宝宝做游戏的时候，还要不断地赞美宝宝，告诉他"宝宝的胳膊很有力""宝宝的鼻子很漂亮"等，这是因为宝宝对身体的认知，主要来自于大人的触摸和讲述。当大人在帮助宝宝认识自己

的时候，说出表扬的词汇时，宝宝就会知道自己是受欢迎的。

另外，当妈妈讲到宝宝的性器官时也不要害羞，只要按照平常的语气讲出来就可以了。根据西方专家的研究，让宝宝认识性器官的时候，最好是告诉他正确的名字，比如"阴茎"或者"阴部"等等。这有助于孩子形成正确的性别观念。

这种认识身体的游戏最好在洗澡的时候做，此时宝宝精神一般都很好，父母做什么，宝宝一般也会很配合。

## 323. 让宝宝理解"不"的含义

到了七八个月的时候，宝宝的发音能力已经明显进步，而且此时的宝宝喜欢模仿别人的发音，并且试着用自己的语言和成人交谈。宝宝此时已经初步懂得了大人表情的含义，因此是让宝宝学会守规矩的好时机。

由于已经初步懂得了表情的含义，并且对"不"有了自己的理解。此时父母要根据充分利用宝宝这一特点，其中比较重要的一项训练是让宝宝听懂"不"的含义。

比如妈妈可以指着热水杯对宝宝说："热水烫，很危险，不要碰！"说完之后拉着宝宝的手轻轻碰碰杯子，之后马上拉着他的手缩回来，或者用另外一只手轻轻拍打宝宝的手，告诉他这种行为是不允许的。最后再次重复一遍："不能碰！"语气要坚决，"不"字的音要发得清晰坚决。

另外，爸爸妈妈还可以给宝宝演示其他表示"不"的动作，比如摇头、摆手等，这些动作可以在告诉宝宝一些禁止的行为同时做出来，便于宝宝理解。

## 324. 开始复杂的手部动作训练

此阶段的宝宝手变得越来越灵活，已经可以用两只手对敲玩具或捏响玩具了，所以家长可以开始对宝宝进行复杂的手部动作训练。

为了让宝宝的手指反应更加灵活，爸爸妈妈可以通过手指游戏的方式帮助宝宝提高手部的灵活性。家长可以先给宝宝做一个示范动作，随后让宝宝来模仿。也可以拿来一些需要不同手部技能的东西来表演给宝宝，比如纸盒子和瓶盖，纸盒子和瓶盖的打开方式不同，所以锻炼到的手指肌肉也是不同的。

随着手部动作的发展，宝宝的手眼协调能力得到了进一步的提高，而宝宝自己也感到自己的手非常神奇，所以当他拿东西时，一般都会翻来覆去地看、摸、摇，表现得十分积极。本阶段的宝宝两只手还不能很好地配合，他的注意力只能集中在其中一只手上，所以当他的一只手去拿东西时，另外一只手里的东西就会不自觉地丢开。此时爸爸妈妈要把训练两只手的配合当作手部训练的重点。

本月末的时候宝宝已经能够扶着栏杆站起来了，此时可以训练宝宝捡东西的动作。家长可以在宝宝的脚边放一个他喜欢的玩具，引导着宝宝一手扶着栏杆，然后用另一只手去捡玩具。经常进行这样的训练，宝宝的手部动作和弯腰以及站立等动作会逐渐变得协调起来。

 ## 325. 鼓励宝宝打个滚

爬行这件事情看起来很简单，但是实际上需要大、小脑之间密切配合。而爬行需要经过多个环节才能最终发展为真正的爬行，打滚就是其中的一环。

家长可以通过让宝宝打滚来训练大脑灵活性。这种训练属于最基本的运动训练，也是帮助宝宝协调大脑与五官及全身动作的关键。

爸爸妈妈可以采用下面的方式对宝宝进行训练。首先让宝宝处于仰卧位置，妈妈用一件新奇的能发出声音的玩具来吸引他的注意，引导宝宝从仰卧变成侧卧或俯卧，再从俯卧转成仰卧。

训练的时候一定要注意保护宝宝，最好在比较大的床上或干净的地毯上让宝宝练习打滚。

 ## 326. 锻炼腿部肌肉力量，为爬和走做准备

宝宝的腿部力量有了增强，现在已经可以扶着栏杆或者沙发自己站起来了。此时父母一定要抓住机会锻炼宝宝的腿部肌肉，为爬行和行走做准备。

此时家长可以对宝宝进行提脚移步的训练。什么是"提脚移步训练"呢？就是帮助宝宝的双脚从无意识地乱蹦，发展到把脚用力提起，并试着向前后或者左右移动步子的练习。在训练的时候，家长要站在床前，双手托着宝宝的腋下，让他站稳。另一

个人可以用手将他的一只脚向上提起并向前迈步，放下之后在把另一只脚提起而后向前迈步。

重复次数多了之后，宝宝就会自己移动脚步了。这个时候，父母可以分工，一个人从宝宝的身后扶着他的腋下，另一个人则在前面用玩具吸引宝宝向前迈步。

这样的训练不仅可以帮助宝宝感受走路时的动作，也可以提高腿部的力量，对顺利学会爬行也是很重要的。

## 327. 让宝宝在交流中学会语言

7～8个月的宝宝，对模仿大人说话十分感兴趣，而且他们能够发出的音节也明显增多，还能够听懂家人发出的一些简单指令。此时父母要多多和孩子交流，让孩子在交流中感受语言的强大力量。

本月当家长问宝宝某个玩具或者某个人在哪里的时候，宝宝会用眼睛去寻找，甚至还会用手做出相应的简单的回应。当妈妈对宝宝说："把手给妈妈！"他已经能够听懂，并且把小手伸到妈妈面前。

当发现宝宝有了这样的能力之后，爸爸妈妈就要经常有意识地和宝宝说话，说话的时候语速要慢，发音要清晰准确。另外要帮助孩子把身体语言和相应的词语联系在一起。比如有人要离开家的时候，家长可以抱着孩子送到门口，然后教宝宝说"再见"的同时教宝宝挥挥手，并且让宝宝看清楚"再见"的口形。这样做不仅可以帮助宝宝加深对于语言的理解，而且还能让宝宝从小就懂得文明礼貌。

## 328. 勤做发音练习

7～8个月的宝宝各方面能力都在提高，此时仅仅从用眼睛来观察世界已经不能满足他们了，他们希望与人交流，因此本阶段宝宝在听别人说话的同时，自己的嘴里也经常发出一些简单的音节。而且此时的宝宝还喜欢模仿大人说话，尽管发音并不清楚，但就像是在与人进行来回的交流一样。父母要充分利用宝宝学习语言的敏感期，帮助宝宝多做发音练习。

与之前的几个月相比，本月宝宝的语言能力明显增强了，而且他们已经能够在模

仿的基础上发出更多可识别的音节了。很多宝宝在经过一段时间的学习之后,不仅能够发出更多声母和韵母结合的音节,而且还能在大人的耐心教导下学会把声母和韵母音节连续发出,出现了连续音节,比如"a-ba-ba""a-da-da"等。

此时父母要经常与宝宝对话,让宝宝模仿自己的语言,模仿和重复是宝宝学习语言和发音的主要方式。熟练之后,宝宝大多数能够学会自主发音,这就使以后的语言学习变得更加容易了。

## 329. 培养宝宝的自理能力

在这个阶段,宝宝的手眼协调能力进一步提高了,此时宝宝也开始喜欢自己动手做事、尝试一些新鲜的东西了,这些是宝宝以后形成自理能力的基础。父母可以从此时起开始训练宝宝的自理能力。

首先可以培养宝宝自己拿勺子。宝宝七八个月的时候,爸爸妈妈可以教宝宝自己拿勺子吃东西。吃饭时,妈妈可以先用勺子给宝宝喂一些东西,等到宝宝差不多吃饱了的时候,把勺子交给宝宝,让他自己试着盛东西吃。刚刚开始学习,宝宝可能会把饭撒得到处都是,也可能分不清勺子的反正面,此时家长不要急躁,也不要责骂宝宝,而是应该给予鼓励和安慰,同时给宝宝做好示范。经过一段时间的练习,宝宝就能掌握这一能力。

当父母给宝宝穿衣服的时候,爸爸妈妈可以把宝宝的鞋子和袜子放在宝宝的手里,让宝宝自己观察一下,看他能否发现这些东西应该穿在哪里。如果宝宝还不能很好地理解各种衣物对应身体的哪些部分,父母也不要着急,可以一边穿一边给宝宝讲解,经过几次训练,他就知道了。即使宝宝暂时还不能自己穿衣服,但是以后父母给他穿衣服的时候,他就会主动把衣服拿过来给爸爸妈妈。

## 330. 训练宝宝表示大小便

在宝宝七八个月的时候,几乎所有的宝宝食物中都添加了辅食,大小便的频率已经和成人差不多了,此时父母可以试着训练宝宝自己表示大小便,不过不要强求,因为两岁左右学会自己大小便就算发育正常。

那么，如果此时想要训练宝宝自己表示大小便，要掌握哪些技巧和注意事项呢？

首先父母给宝宝准备好合适的坐便器，放在宝宝经常活动的地点附近，并耐心地教宝宝如何使用，也可以当着宝宝的面把大小便倒进坐便器，让宝宝明白这个东西的用途。

另外平时要注意培养宝宝在排便前及时表达。睡前和醒后要提醒宝宝排空大小便。经过一段时间的训练，宝宝能够自己表示便意的时候，可以尝试着去掉尿布或者尿不湿，不过要注意的是不要让宝宝穿着尿湿的裤子或者尿布作为惩罚。

日常生活中，父母要仔细观察宝宝是否有便意。当他发出排便信号的时候，比如脸部出现怪相，停下玩得很开心的活动、哭闹或者指着自己的裤子，父母要及时把他放到坐便器上，鼓励他排便。等到宝宝排便完毕，父母要帮他洗手，让他从小就养成讲卫生的好习惯。

## 331. 多鼓励宝宝克服认生

宝宝七八个月的时候，父母大多都会发现原本谁都让抱的宝宝突然非常抗拒陌生人，在陌生人逗弄或抚摸宝宝的时候，他会大声哭闹甚至反抗；父母带宝宝到陌生的地方去的时候，宝宝往往会躲在父母怀里，表现出害怕的样子。可能有些父母会认为孩子变得怯懦、没出息，实际上，认生是宝宝生长发育过程中必然会出现的情况，是很正常的事情。有些宝宝可能在六七个月的时候就表现出来，1岁之后这种现象才会逐渐消失，有些宝宝可能要到两三岁才不会认生。

宝宝认生的现象主要与心理发育有关。出生后的前七八个月，宝宝虽然能够通过声音和气味辨别自己的家人，尤其是妈妈，但大多数时候，只要有人陪着就满足了，他并不是特别在意这个人是谁。到了七八个月之后，随着对熟悉的人印象的加深，宝宝不自觉地会将自己与这些人建立联系，此时宝宝就会特别依赖家人，而对陌生人产生抵触，表现出"认生"现象。

针对这种现象，父母大可不必责备宝宝没出息，或因此焦虑不安，最好的方法是通过一些训练和引导帮助宝宝改善这种情况。爸爸妈妈可以多带着宝宝去接触外界和人群，鼓励孩子与陌生的孩子一起玩，让宝宝逐渐适应陌生的环境并感受其中的乐趣。当宝宝因为认生而哭闹的时候，父母要及时给予安抚，帮助宝宝缓解不安的情绪。

## 332. 不要过早使用学步车

当宝宝学会扶着站立之后，很多父母都会非常开心，认为宝宝就要开始行走了，于是就给他准备了学步车帮助宝宝练习走路。要提醒父母的是，此时宝宝的骨骼还没有发育完全，过早使用学步车，对宝宝的成长会造成负面影响。

首先，1岁以前的宝宝踝关节和髋关节都没有发育完全，也不稳定，虽然学步车可以帮助宝宝在屋子里面自由走动，省去了父母不少麻烦，但是过早使用学步车，可能会对宝宝的身体发育造成影响，导致肌张力高、屈髋、下肢运动模式出现异常等严重后果，最终影响宝宝未来走路的姿势。

另外学步车还剥夺了宝宝应该有的锻炼机会，这也会给宝宝的成长埋下安全隐患。给宝宝使用学步车，他就不能学会凭自己的力量来站立、扶走了，这样宝宝的肢体发展一定会受到影响，对宝宝的成长来说，这是很不利的。而且，由于宝宝年龄小，在使用学步车的时候还可能会因为控制不了学步车的力量和方向而发生意外，如碰伤、摔伤等。

## 333. 引导宝宝获得直观的经验

通过亲身实践和亲身体验得来的经验，被称作"直观的经验"，这跟别人告知才能得到的机械记忆相比，会在脑海里留下更深的印象，这种印象也会更牢固，还能化为个人能力的一部分。由于孩子思维能力的限制，获得更多的直观经验对此阶段的宝宝来说具有重要的意义。直观思维是人的思维能力发展到一定阶段的产物，宝宝具备了这种思维能力，这是进步和成长的标志。

在肢体和语言、感觉等能力发展的同时，宝宝的思维能力也在逐步形成。七八个月的时候，宝宝已经基本具备了直观的思维能力，看到东西的时候能够把物品和功能联系在一起，比如看到奶瓶后会将它与吃联系起来，听到有人说"妈妈"这个词时会直观地想起妈妈等。

因此此阶段是教宝宝认识物品和功能的最好时机，父母要抓住这个时机，通过游戏、训练等帮宝宝不断提升直观思维能力。比如说父母可以教宝宝认识一些日常事物，并告诉他这些东西的用途；平时可以带宝宝去参观、游览，让他直接接触各种实物，并给他讲解这些事物的功能，让他尽可能多地去感受和体验，并从中去获得丰富的知识。

## 334. 珍惜宝宝的好奇心

宝宝的好奇心都非常强，对所接触到的一切事物，他都非常感兴趣。而且此时宝宝的手部肌肉和腿部肌肉都有了很大的发展，所以他也有了更大的能力来满足他的好奇心。

7~8个月的宝宝，好奇心有了进一步的增强。对于那些没见过的、没摸过的东西他都会很感兴趣，而且越是大人不让摸的东西，他就越想摸一摸、碰一碰；大人越是阻止他把东西放进嘴巴里，他就越喜欢把这些东西放进嘴里去尝一尝。而且宝宝学会爬行之后，他的视野和活动范围都随之增大，几乎可以触及家中的每一个角落，而他此时又对家里的角落和洞洞非常好奇，喜欢一个人在角落里面咿咿呀呀地探索。此时父母一定要加强防护，保持角落干干净净，不要有碎片等危险物品，另外最好选择那些有盖子的电源插座。

对于宝宝的好奇心，父母一定要尽力保护，不要因为宝宝给自己找了麻烦就严行禁止。如果怕麻烦就禁止他的探索，无疑会扼杀宝宝的好奇心和探索精神，而这种精神是宝宝未来认识世界的强大动力。如果宝宝的探索精神得到支持和鼓励，宝宝长大后的探索能力以及学习能力通常都会很强，因此父母一定要保护宝宝的好奇心，利用他的探索精神帮助他学会更多的技能。

## 335. 警惕玩具的副作用

一般来说，玩具对于宝宝的体能和智能发展都大有好处，但是如果使用不当的话也很容易引发一些副作用。那么玩具的副作用都有哪些呢？都是怎么产生的呢？

长时间独自玩玩具对于宝宝的发展没有好处。本阶段的宝宝已经学会了自己玩玩具，那些比较安静的宝宝更是喜欢自己玩。有些父母看到宝宝能够自己玩玩具了，

就会长舒一口气，从此就像以前那样经常和宝宝一起玩了，认为自己解放了，实际上这样的想法是错误的，因为宝宝长时间独自玩玩具会让宝宝形成孤僻的性格，会对宝宝的性格造成不利影响，还会阻碍父母与宝宝之间的交流。所以即使宝宝已经能够自己玩了，父母也不要对孩子放任不管，而是依然要经常和宝宝一起玩，让宝宝全面发展，密切亲子之间的关系。

另外，父母也要注意不要给宝宝过多的玩具。如今玩具的种类越来越多，如果一味满足宝宝对玩具的欲望，那就会在无形中让孩子过度追求物质享受，刺激宝宝产生更多的欲望，这样不仅浪费钱财，而且不利于宝宝性格的培养，所以父母最好不要给宝宝准备过多的玩具。

 ## 336. 注意户外活动的安全

随着宝宝的成长，家长也会越来越多地带他到户外进行活动，不过由于宝宝运动能力的增强，父母在带孩子出门的时候一定要把安全放在第一位。

抱宝宝出门时首先要注意交通安全，尤其是路上的汽车。宝宝会走路之后，也千万不能让宝宝独自一人接近马路，最好抱他走过危险的地方，等到了安全的地方之后再把宝宝放下来。另外，最好不要带着宝宝去马路边上看汽车，因为马路上的空气污染情况要比公园、小区等地方严重很多，汽车排放的尾气含有大量的铅，而铅通常分布在地面1米左右的地方，正是宝宝所在的高度，这些含有重金属的气体对宝宝的生长发育和智力影响非常大。

带宝宝到游乐场去玩的时候，最好在宝宝活动之前，检查好活动的区域是否有玻璃碎片之类的危险品，并且要注意游戏设施是否安全。确定宝宝活动的地方，地面是有减震效果的沙地、橡胶和草地等。

在户外活动的时候，爸爸妈妈的眼睛要时刻关注宝宝的动向，不要让他随意抓起东西放在嘴里，有可能会引起中毒或者其他危险。另外，无论爸爸妈妈事情多么紧急或者是很快就能回来，也绝对不要把宝宝留在户外，在户外活动的时候一定要时刻守在孩子身边。

# 8~9个月：爬出聪明的好宝宝

## 337. 宝宝的能力

8~9个月的宝宝不仅可以稳当地坐着，而且坐时还会转身；坐着的时候能主动趴下或躺下，而不是被动地倒地；宝宝已经能够自己往前爬，不再需要父母从脚底施力，但是此时他的四肢运动还不是很协调，有时肚子还是会贴地前进；宝宝扶着栏杆可以站起来，但不会迈步，有些孩子在月末时，会出现独自站立几秒钟的情况。

8~9个月的宝宝在视觉方面能够有选择地看东西。本月他会比较喜欢会动的东西，比如奔驰的汽车、滚动的电梯以及变换的电视画面等等。他们也会开始喜欢某些细小的东西，眼睛也能够发现那些比较微小的东西了。在听觉上，他们能够区分音调的高低，节奏感的强弱。此时家长可以让宝宝坐在腿上，播放一些节奏鲜明的儿歌或者音乐，大人从身后握住宝宝前臂，带领宝宝跟着音乐的强弱变化而改变手臂摆动幅度的大小，进行"指挥"。

本月宝宝不仅能够看到细小的东西，还会用拇指和食指把这些东西捏起来；他们还会对有洞的地方产生好奇，喜欢把手指伸进去摸索。此时父母一定要注意防止触电事件的发生。宝宝的自理能力也有了一定提高，尽管在父母眼里依然是一团糟。本月宝宝已经学会自己拿着饭勺吃饭，如果勺子掉了他会低头寻找。

## 338. 本月早教重点

本月宝宝的动作能力、认知能力、语言能力以及交往能力是早教的重点。

在精细动作能力方面，父母要继续训练宝宝手指的灵活性。本月可以给他准备一

些橡皮玩具或者塑料玩具等，宝宝已经可以把这些玩具捏响了；此外宝宝也可以用食指和拇指配合捏起细小的东西，还喜欢把纸撕碎之后放在嘴里吃。此阶段的宝宝还发现了自己的力量，那就是自己可以把东西扔出去，这是一个让父母比较烦恼的阶段，因为不论他手里拿着什么，他都会毫不留情地扔出去。父母要耐心对待宝宝的这个小"爱好"，因为这是他发现自己力量的开始，对成长有着重要的作用。

在大动作能力方面，本月父母要继续训练宝宝的爬行能力，争取达到可以一边拿东西一边爬行，而且要引导宝宝在爬行的时候学会转向。宝宝除了学会在平面上爬行，有时可能会向上爬，一些宝宝会在这个阶段学会爬楼梯，还有些宝宝可以从床上爬到叠起来的被子上。本月宝宝能够扶着东西站起来，而且能够站起之后慢慢蹲下，最后坐下。

在认知能力上，宝宝的自我意识有了进步，而且还能把图片上的物品与现实生活中的物品对号入座。这个阶段的宝宝记忆力有了大幅度的提高，他不仅能够记住父母的长相，而且也对爸爸妈妈的身体和衣服产生记忆。宝宝在玩的过程中，会逐渐意识到物体之间简单的因果关系，比如物品被敲打之后可以发出声音等等。

在语言能力方面，本月宝宝不仅能够听懂爸爸妈妈常说的话，而且还能用简单的词语和比较清楚的声音来回答家长的问题。听到熟悉的歌曲时，他能跟着哼；虽然还有很多词语不会说，但是他已经能够理解这些词语的含义了。

8~9个月的孩子对妈妈依然比较依恋，不过没有上一个月那么强烈。他与大人之间的交流似乎变得更加容易了，他懂得用动作和语言来配合父母的指令。比如当父母给他穿衣服的时候，他会主动把胳膊往袖子里面伸。当宝宝受到表扬和鼓励的时候，他会重复前面那个受到表扬的动作。

##  339. 引导宝宝用手语表示感情

科学家曾经对宝宝的手语进行过研究，发现没有暴露在语言环境里的宝宝，肢体运动的频率和幅度都大于生活在语言环境中的宝宝。没暴露在语言刺激中的宝宝，如果东西掉了，他会先看家长一眼暗示家长帮忙捡起来，如果家长没有按照他的预期去做，那么宝宝就有可能会加大动作的幅度和频率来引起注意。这份研究还显示，宝宝有与生俱来的用肢体表达感情的能力，所以教会宝宝用手语表达自己也是语言发展的一个重要环节。

8~9个月的宝宝已经学会看大人的表情，能够读懂大人的喜怒，也逐渐明白大人所说的话语了。这时，爸爸妈妈可以适当教宝宝做一些动作来表示自己的情感，比如用摇头表示"不要"，用拱手表示感谢，摆摆手表示"再见"等。这需要爸爸妈妈经常给宝宝进行示范，多用语言和行为鼓励宝宝，这样宝宝很快就能学会。当宝宝学会用语言之外的形式表达感情时，他自然也就能更加清晰地理解语言之外的用意，这有助于增强他的语言理解能力。

 ## 340. 看图让宝宝识物

本阶段的宝宝已经对语言有了一定的理解能力，词语在他的脑海里已经有了意义，不再是单纯的音节而已。父母应该抓住这个时机让宝宝认识更多的物品。

图片可以让宝宝对物品产生直观的印象，是帮助宝宝认识物品的最好方法。爸爸妈妈在给宝宝选择图片时一定要注意选择内容简单明确，色泽鲜艳的图片，因为这样的图片能够很好地引起宝宝的注意。

在让宝宝看图片的时候，不要单纯只是看图片，要伴随着语言的描述，促进宝宝听觉和视觉的协调发展。比如当宝宝看到图片上的苹果，就可以指着苹果说："这是苹果，红红的，圆圆的。"当然也可以采取问答的方式，可以问宝宝："这是什么？"然后再用清晰明确的语言告诉宝宝："这是苹果。"可以接着再问："苹果是什么样的？"家长要继续自问自答："红红的，圆圆的。"

如果条件允许，最好图片和实物能够一起出现。比如让宝宝认识苹果，可以先让宝宝看苹果的实物，摸摸苹果的外表皮，闻闻味道，尝尝滋味，此时再让宝宝看图上的苹果形象，并引导他反复查找，这样能够强化宝宝的记忆。

 ## 341. 和宝宝一起跟着音乐跳舞

从五六个月开始，宝宝就会对音乐产生反应，不过那时候他只是会表现得很兴奋，还不能用很多的动作来表现自己的兴奋之情。到了这个月，宝宝的肌肉变得更加有力，节奏感也更强，此时父母应该注重培养宝宝的音乐感，让他随音乐跳舞，这不仅能够帮助宝宝提高节奏感，还能提高他的运动能力，是件一举两得的事情。

首先父母应该选择节奏感强的音乐，通常儿童歌曲是最好的选择，因为这些歌曲往往节奏简单、旋律活泼，歌词贴近宝宝的生活，更能获得宝宝的喜爱。而且强烈的节奏感也是帮助宝宝提高乐感的一条捷径。另外父母要多给宝宝念一些朗朗上口的儿歌，儿歌一般都讲究押韵，富有节奏，妈妈和宝宝做游戏的时候不妨选择几首简单的儿歌念给他听，强化他对节奏的敏感性。

父母还要注意让宝宝的身体随着节奏动起来，只有这样才能让音乐渗透宝宝全身的每一个细胞。当音乐响起来的时候，爸爸妈妈可以从背后扶住宝宝，让他自由挥动小手，扭动身体。

让宝宝随着音乐起舞，家长的示范和参与也非常重要。不要害羞，也不要怕破坏自己在宝宝心中的印象，和宝宝一起跳起来、唱起来。别去考虑自己的歌声是否美妙，舞姿是否优美，宝宝并不在意，他喜欢的是和父母在一起时的快乐感觉。

##  342. 给宝宝穿鞋，教宝宝认脚

此阶段的宝宝已经能够爬行，因此大动作能力的训练以后就要放在行走上了，因此让宝宝认识脚的作用是非常重要的。

此时父母依然可以利用镜子来帮助宝宝认识自己的小脚丫。可以扶着宝宝腋下站在镜子前面，让宝宝观察自己的小脚丫。妈妈可以指着宝宝的小脚丫告诉他："这叫作脚，以后走路的时候要用到它们！"还可以引导宝宝弯腰摸摸自己的脚，然后再引导他发出"脚"的音节。

到了这个阶段，宝宝能够扶着沙发或者栏杆站起来了，此时就要给宝宝准备合适的学步鞋了。首先最重要的是尺寸一定要合适。不要因为宝宝长得快就让宝宝穿大鞋子，这样不利于宝宝脚的发育，容易形成扁平足。宝宝鞋子的长度最好是脚趾能碰到鞋尖之后，而脚后跟能塞进大人的一个手指。最好选择柔软的面料，最好是布面的鞋子，软牛皮做鞋底。在给宝宝穿鞋的时候，也不要忘记让宝宝熟悉自己的小脚。要边穿边给他描述，脚的用途以及左脚和右脚的概念。此时宝宝并不能理解左右，但是如果长期重复的话，在以后学习的时候会更加顺利。

## 343. 做禁止意识训练

本月宝宝已经对大人的表情和语言有了初步的理解，此时父母就不要事事顺着他了，对于不合理的要求要告诉他"这是不行的"，而且也要让宝宝学会如何表达拒绝。

此时宝宝的思维还是形象思维，几乎没有抽象思维的能力，因此要想制止宝宝的某些行为，这个阶段最好的办法不是讲大道理，而是用语言、行动和表情告诉宝宝什么可以做，什么不能做。此时对宝宝讲大道理并不会产生任何效果，因为他根本听不懂。父母要做的就是直接纠正他的错误，然后再告诉他正确的行为，或者当着他的面给他做一次正确的示范。另外父母的身教十分重要。如果父母能够给孩子做好榜样，那么在禁止孩子做某些事情的时候就会容易得多。

此外，父母也要教会孩子拒绝别人。比如很多人喜欢捏孩子的脸蛋，但是实际上这种表示亲昵的行为并不一定受到孩子的喜欢，而且有时候还会给孩子造成一些伤害。如果此时孩子表现出了不愿意或者拒绝的表情，父母不要劝说自己的孩子"这是阿姨喜欢你"之类的，而是应该站在孩子一边有礼貌地拒绝别人。这样孩子就会在心里知道，自己不是非得迎合所有人的，当自己不愿意做某些事情的时候，父母会站在身后支持自己。这也能够帮助孩子在长大之后变成一个有主见有思想的人。

## 344. 和宝宝做传物游戏

这时候的传物游戏已经不单单是为了帮助宝宝锻炼上肢肌肉了，妈妈可以把这个游戏升级，从小培养孩子的分享意识。

让宝宝手里拿着一样东西，妈妈的手里则拿着一件孩子最喜欢的玩具，然后妈妈在宝宝面前摇晃一下玩具，对宝宝说："把你手中的东西给妈妈，妈妈就把这个玩具给你。"此时宝宝肯定会非常开心地用手里的东西换回自己最喜欢的玩具。

这个游戏也可以全家人一起玩。全家人围坐在一起，找一个篮子，里面装满孩子的玩具。然后大家围成一圈，让宝宝把小球扔给爸爸，把布娃娃扔给妈妈，把小

熊送给奶奶等等，依此类推。如果宝宝做对了，就抱抱宝宝或者亲亲他，以示鼓励。

让宝宝学着把东西传给指定的人，不仅能够锻炼他手部的动作能力，而且也能让他知道，把自己的东西递给别人的同时自己也会得到一样新东西或者奖励，这就能帮助孩子建立起"交换"的概念，可以为孩子以后的分享和交友打下基础。

## 345. 加强对宝宝的体能训练

站的动作是为走打基础的，当宝宝学会站和走之后，他的活动量会比只学习站立的时候增加几倍。为了使宝宝各个部位的肌肉以后能够承担这些运动量，本月要继续对其进行体能方面的训练。

为了增强宝宝腹背部的肌肉力量，爸爸妈妈可以和宝宝一起在进行仰卧起坐训练。这个运动非常适合爸爸妈妈和宝宝一起做。锻炼的时候，先让宝宝仰卧，爸爸或者妈妈拉起宝宝的双手，让他坐起来，然后再拉着他的手让他躺下去。如此反复练习之后，宝宝腰背部的肌肉就可以得到锻炼。

弹跳站立训练可以为宝宝学习行走打下基础。开始的时候，爸爸或妈妈可以把宝宝抱在前面，让宝宝在父母的腿上弹跳，让宝宝的腿部肌肉得到伸展。等宝宝比较熟练之后，可以把宝宝放在桌子或者茶几前面，让他自己扶着进行弹跳训练。也可以把玩具放在茶几上，让宝宝在玩玩具的时候不知不觉地延长站立的时间。这种训练可以有效地训练宝宝腿部的耐受力。需要注意的是，桌子和茶几不要过高或过矮，要和宝宝的身高相适应。

## 346. 鼓励宝宝连续翻滚

翻滚对于宝宝的大脑发育有很大的好处，同时也可以帮助宝宝更好地控制全身肌肉，使动作协调。妈妈可以在地上铺上一层柔软、平整的垫子，让宝宝仰卧在上面。此时妈妈可以从玩具箱里面拿出一个宝宝最喜欢的玩具；把玩具放在离宝宝有一段距离的地方，逗引宝宝来取。如果宝宝翻过身依然够不着，妈妈可以提醒他："再翻一次。"这样宝宝就会连续翻滚去拿玩具。

这样的游戏做过几次之后，宝宝就可以熟练地连续翻滚了。这对于教会宝宝控制身体有很大的好处。另外，当宝宝用连续翻滚的方式移动身体，拿到远处的玩具之后，他会为自己感到自豪，因为他没有依靠妈妈就完成了任务。

## 347. 让宝宝扶着东西站起来

此阶段的宝宝四肢的力量进一步增强，家长们常常可以看到宝宝扶着支撑物站起来。妈妈要对此多加鼓励，因为这是宝宝学习走路的第一步。

在宝宝站起来的时候，妈妈要想一些办法让宝宝自己学着改变体位，比如在更高一点的地方放上他喜欢的玩具，让他一只手扶着栏杆，另一只手向上伸；或者把宝宝喜欢的玩具放在地上，让他慢慢蹲下身子去拿玩具。另外，也可以在宝宝扶着栏杆站立的时候，在宝宝的背后摇铃铛或者呼唤他的名字，让他回头。这些都有利于锻炼宝宝改变体位，扩大视野。同时也会让宝宝产生自信，学着用自己的力量去改变身体的状况。

爸爸妈妈可以有意识地给宝宝准备一些供他扶站的地方。一般来说，宝宝最喜欢扶着婴儿床的栏杆站立来，因为小床的栏杆容易抓到而且高度适中。另外，椅子和沙发的扶手、床上的被子等也是不错的选择。

## 348. 试着让宝宝迈开第一步

如果宝宝扶站得比较稳当，而且扶站的时候肢体活动也比较灵活的话，父母可以试着让宝宝学习迈步。宝宝扶物站立，练习迈步，是学习行走的第一个步骤。双脚轮流向前，每走一步的时候宝宝都需要用单腿来支撑体重，同时还要练习站立平衡。这种练习走路的方法要求宝宝自己去调动身体的各部分肌肉，因此比学步车更能锻炼宝宝的身体平衡能力，也更加安全健康。

爸爸妈妈可以把家里的凳子排成一排，这些凳子的高度最好适合宝宝扶着。两张凳子之间的距离相距30厘米左右，让宝宝扶着一张张凳子走到另一边。如果宝宝不能很好地完成，可以把凳子之间的距离缩短一些。另外，如果宝宝的腿脚力量不足，还不能很好地扶站，爸爸妈妈最好不要尝试这个办法，很容易出现危险。

## 349. 利用室内环境训练爬行

虽然宝宝本月已经能够扶着站立，但是本月宝宝的重点任务是学会自由地爬行。只有爬行的基础打得牢固，以后的站立和行走才会更加顺利。爸爸妈妈一定要为宝宝准备一块比较宽敞的爬行场地，经常鼓励宝宝进行爬行训练。

首先要注意场地的安全性。宝宝爬行的地面应该打扫干净，铺上塑料软垫；不要让宝宝一个人在屋里乱爬，家里的窗户要有护栏，窗前不要摆放桌子、椅子或其他容易攀爬的家具；最好不要铺桌布，防止宝宝把桌布拽下的时候被桌上的物品砸伤；家具的尖角要用海绵或者布包好，防止出现磕碰的意外；电源插座、药品等危险的东西要放在宝宝接触不到的地方。另外，宝宝爬完之后一定要给他洗手，教会宝宝不用脏手拿东西吃。

在鼓励宝宝爬行这方面，爸爸妈妈可以充分利用宝宝的好胜心。爸爸妈妈可以先让宝宝在前面爬，然后家长假装在后面追，一边追一边喊："快抓住你了，快爬！"随后再换成家长在前面爬，宝宝在后面追，此时家长可以用话语激发宝宝的好胜心，同时要注意放慢速度，让宝宝可以抓住爸爸妈妈。当宝宝抓住爸爸妈妈的时候，应该给宝宝适当的表扬。

## 350. 给宝宝做互动操

本月开始，爸爸妈妈应该把与宝宝做互动操变成一件规律性的事情，这样可以帮助宝宝锻炼身体，提高肌肉的力量，为宝宝后期大动作能力的快速发展奠定基础。下面介绍几种亲子互动操的做法。

1. 背宝宝：爸爸双膝着地跪坐在地上，妈妈把宝宝抱到爸爸的背上；爸爸用力向前弯腰，宝宝趴在爸爸的背上，双脚离地；坚持几秒钟之后，爸爸坐直身体，宝宝双脚着地。整个过程妈妈要在后边保护宝宝，不要让宝宝从爸爸身上滑落发生危险。在宝宝努力搂住爸爸的同时就锻炼了他的上肢力量。

2. 扩胸运动：爸爸或妈妈和宝宝相对而坐，拉着宝宝的手，向两侧打开，然后收回到胸前。重复多次，这有助于提高宝宝的心肺功能。

3. 小脚踩大脚：让宝宝背对着自己，把他的小脚丫放在自己的脚上，然后拉着他的手，随着音乐踏步走。这期间要注意保护宝宝，别让他摔倒，同时动作要慢一点。

4. 划小船：大人双脚并拢坐在地上，宝宝双腿并拢坐在家长的腿上，家长和宝宝面对面，手拉手。家长拉着宝宝的手向后倾，然后起来；随后让宝宝慢慢向后倾，然后把宝宝拉起来。可以慢慢减少给宝宝的力，让他逐渐适应用自己的力量起身。这个动作可以帮助宝宝锻炼腰腹部的肌肉。

## 351. 和宝宝做模仿练习

宝宝从出生的那一刻起就具备了模仿能力，而本月，他更是爱上了模仿大人的动作。根据宝宝爱模仿的特征，爸爸妈妈可以多给宝宝做一些示范，让他尽快掌握更多的动作和技能。

宝宝最常见的模仿就是语言的模仿，而模仿也是宝宝学习语言的第一步。此时爸爸妈妈发出各种声音的时候，可以配合相应的表情和动作，给宝宝提供模仿的素材。比如家长可以试着模仿各种动物的声音，让宝宝了解同样的声音在不同的情况下发音也有区别。在引导宝宝的时候，要让宝宝看清口形，并试着用声调和表情的变化来吸引宝宝集中注意力。

动作模仿也是一种比较常见的模仿训练。当宝宝刚开始学习某种技巧的时候，他一般都需要爸爸妈妈的引导。这时候大人最好先当着宝宝的面做动作，然后再和宝宝一起重复，最后鼓励他自己试一试。通过这样的顺序进行模仿，宝宝可以很快掌握各项技能。

## 352. 常和宝宝做语言交流

本阶段的宝宝已经能发出简单的单音或双音，而且模仿能力也有所增强，此时为了帮助宝宝尽快学会说话，父母要经常和宝宝一起玩语言游戏。

比如，大人可以在宝宝面前，用纸把宝宝最喜欢的玩具包起来，然后把它递给宝宝，对他说："小熊不见了。"此时宝宝一定会去翻开纸包。这个时候，大人可以

对宝宝说："快找小熊。"当宝宝把纸撕开找到小熊的时候，大人可以再拿一张纸把小熊包好然后慢慢打开纸包。多次重复这个动作，嘴里也要不断地重复"小熊"的发音。以后宝宝就会自己打开纸包，并且学会"小熊"这个发音。总之，就是不断重复某个单词，让宝宝学习并模仿，时间久了，宝宝自然就会说了。

教孩子学习语言的时候，父母一定不要心急，要教会一个词之后再开始教另外一个。一般这种训练，每个词需要1~2周，以后还要重复并且加以巩固。不要因为宝宝现在学得慢就很急躁，因为基础打好了，后期孩子的语言能力会有一个大发展。

## 353. 教宝宝一些礼节动作

虽然本阶段的宝宝还不太理解成人的语言，但是对大人日常使用的语言、表情和动作等却非常敏感，能从中寻找到一些语言或行为上的规律并会试着去模仿这种行为。所以从现在开始，爸爸妈妈一定要注意自己在宝宝面前的言谈举止，不要在宝宝面前随意说话或做事，因为如果不加以注意，大人身上的缺点也会被宝宝照单全收。6个月到1周岁的这段时间是培养宝宝礼仪的关键时期。这个阶段的宝宝会时时模仿大人，好的习惯和行为都是在大人的影响下形成的。如果此时不多加注意，宝宝从最初的模仿变成了习惯之后，以后再想纠正就很困难了。

本阶段家长除了要注意自己的言行，还应该经常在宝宝面前说礼貌用语，比如"谢谢""请"等。进行户外活动的时候，父母可以通过与他人的接触，教会宝宝一些基本礼仪。比如见到邻居时，可以一边跟宝宝说"跟阿姨打招呼，说你好"，一边握着孩子的小手挥一挥。虽然宝宝还不能清楚地说出这些词语，但是宝宝能够听懂，而且经过多次的重复之后他会在脑海中建立起一种反射，就会在同样的情况下做出同样的反应。

## 354. 教宝宝双手拿东西

大脑的发育离不开手部活动的促进，教会宝宝双手的配合非常重要。大多数宝宝现在都不会在同一时间只玩一样东西，而是可以同时玩两个或以上的玩具，还喜欢用一种玩具去碰撞另外一种玩具，比如拿起玩具敲桌子等等。这是宝宝锻炼手部肌肉以及探索世界的开始，爸爸妈妈对此要持鼓励的态度。同时，还要注意观察宝宝能否同时用双手去抓握、敲打这些东西。

有些宝宝本月还是不会用两只手同时玩玩具，总是一只手抓玩具，另一只手"闲置"。面对这样的宝宝，父母要耐心地启发和诱导。可以试着先给宝宝一件玩具，之后再递第二件。如果宝宝还是扔掉手里的玩具后再去接新玩具，这就表明他们的另外一只手还没有被"唤醒"，此时父母要温和地提示宝宝"你还有另外一只手可以拿玩具啊"，同时有意地把玩具递到另外一只手上。

## 355. 抱着宝宝指认物品

本月宝宝把词语和物品联系到一起的能力有所增强，此时父母可以给宝宝准备几张大挂图，上面是日常经常可以见到的食物、生活用品或者小动物等。平时父母要多带着孩子到墙边，观察这些图片，并且告诉宝宝这些是什么东西，说的时候发音要清晰准确，可以多重复几次。

经过一段时间之后，父母可以采取新的方法教会宝宝认识物品。比如父母可以抱着宝宝站在墙根前，问宝宝："苹果在哪里啊？"此时宝宝就会用手去拍相应的图片。如果宝宝拍错了也不要生气，可以拿出一个实物让宝宝边观察边寻找正确的图片。家长可以从宝宝最喜欢的图片或者照片开始教起，这样可以帮助宝宝更好地理解语言，也能扩展认物的范围。

## 356. 让宝宝揭物取玩具

本月宝宝学会了爬行，开始能够主动地探索世界，而且探索的范围也大了很多。此时为了鼓励宝宝的探索精神，爸爸妈妈可以和孩子玩一个揭物取玩具的游戏。

爸爸妈妈拿出一个宝宝喜欢的玩具，在宝宝面前晃一晃，引起他的注意。然后当着宝宝的面把玩具放到一个角落，用毛巾盖起来，要注意稍微露出一点，然后鼓励宝宝爬过去找玩具。在宝宝拿到玩具之后要给予表扬。

在宝宝寻找玩具的过程中，他可能会爬很长一段距离。这段距离不但可以培养宝宝的探索精神，而且也有助于宝宝建立空间感。需要注意的是在他爬行的过程中，要

防止意外的发生。爸爸妈妈首先要检查好地面上是否有尖锐物品，另外还要防止宝宝触电。当宝宝能够顺利找到玩具之后，大人可以把玩具放得再远一些。

## 357. 尽量两个人共同看护

到了这个月的时候，宝宝的自主活动性越来越强，如果总是一个人看护的话，一定会产生疲惫感，此时如果想要把喂养、活动、训练、游戏以及日常护理等内容同时做好的话就会非常困难。而随着宝宝运动能力的增强，只要稍一疏忽，宝宝就可能发生意外。所以到了本月的时候，最好是两个大人合理分工，同时看护宝宝，这样不仅可以让宝宝的生活更舒适，而且也能更好地保护宝宝的身体健康和生命安全。

如果父母都是上班族，那么最好请家里的老人来帮忙看护宝宝，经济条件允许的话也可以请保姆。但是在爸爸妈妈有时间的时候，应该主动承担其看护宝宝的责任。保持宝宝与爸爸妈妈之间的接触非常重要，对宝宝的身心发展有很大的好处。正是因为如此，所以最好的看护者应该是爸爸妈妈，只要父母有时间，就应该主动地陪伴宝宝。

## 358. 不要让宝宝离开大人的视线

本月的宝宝运动能力大大增强，发生意外的可能性也大大增加。只要父母一眼没有看到，他的安全就会受到威胁。

没有大人照看的宝宝，会在好奇心的指引下四处爬行探索，有可能从床上翻下来，有可能爬上窗台，还有可能误食某些有害的物品。这些危险可以说是防不胜防。因此，最好不要让这个时期的宝宝单独待着，不要让他离开大人的视线范围。

不过父母也要做好预防意外的工作。无论是宝宝活动的地方，还是睡觉的地方，都要保证是绝对安全的。最好在宝宝小床的周围和其他的地方铺上柔软的垫子，防止宝宝跌落的时候受到很大的伤害。家里有棱角的地方要用布包起来，避免宝宝撞伤。要把卫生间的门关紧，防止宝宝跌进马桶或者浴缸，发生危险。

另外，家长最好学习一些急救的知识，防止宝宝出现意外的时候因为救治不当而出现严重的后果。

# 9~10个月：宝宝本领更大了

## 359. 宝宝的能力

9~10个月的宝宝已经能够快速爬行并站起来，依靠学步车或者大人可以走几步，因此本月是宝宝向直立行走过渡的阶段。

此阶段的宝宝已经能够非常清楚地辨别声源，并向声源的方向转头。这个时期是家长确定宝宝的听力是否正常的关键时期。可以在宝宝面前晃动铃铛，看宝宝会不会随着铃声上下抬头和转头；家长也可以躲在宝宝看不见的地方呼唤宝宝或者摇动铃铛，看他的反应是否正常。如果不正常，要带宝宝去医院检查。越早发现听力疾病，对宝宝造成的伤害会越小。宝宝本月开始能够意识到物体的不同形状和结构，对父母和看护人的表情也把握得比较准确。

本阶段宝宝的双手学会了分工合作，手指的灵活性也有了增强。此阶段的宝宝还疯狂地爱上了扔东西，如果家长把玩具放在他面前，他会使劲把东西扔出去，然后大声喊叫，让大人帮他捡回来，捡回来之后他会再次扔掉玩具。父母要耐心地陪宝宝度过这段时期，同时也要把贵重物品放到宝宝拿不到的地方。

本阶段宝宝已经学会主动叫妈妈了，而且明白这个词的意思，也会通过不停地重复一个词来学习语言。此时家长要对他所说的话给予回应，越夸张就越能刺激他的语言交流，这对孩子语言能力的发展是大有好处的。

## 360. 本月早教重点

此阶段的宝宝已经会叫"妈妈""爸爸"，会用动作来表达自己的情感；不过可

能有些宝宝还不能很清楚地发出词语和声音，此时父母不要着急，应该仔细辨别宝宝的语音。只要宝宝的声音在音调、强度和性质有改变，父母就可以放下心来，因为这就代表他正在为说话作准备。父母本月要对宝宝的语言多多给予回应，这可以让宝宝对说话产生更多的兴趣。

本月宝宝与别人交往的能力也有了增强，他学会了察言观色，对父母和看护人的表情能够比较准确地把握。如果大人笑，他知道这是高兴的意思，明白是自己做的事得到了认可，他可以继续这么做；如果大人不高兴，则是在责怪他，告诉他以后不要这么做。爸爸妈妈可以利用孩子的这个能力来告诉他什么可以做，什么不可以做。不过这时宝宝并不具备明辨是非的能力，所以大道理对宝宝依然是无效的。

本月的宝宝在与父母分离的时候不会像以前那样哭闹。他会变得更加自信。此时的他开始喜欢亲近小朋友，这也是父母教他学会交往的好时机。他的自我意识在逐渐增强，他现在更喜欢按照自己的意愿行事，很多父母可能会发现自己现在需要经常警告宝宝，而且有时候这种警告是不会起作用的。

在认知能力方面，宝宝开始学着观察物体的属性，从中他会得到关于形状、构造和大小的观念。遇到感兴趣的玩具时，他会试着拆开，试图研究里面的结构。

 ## 361. 让宝宝模仿大人发音

为了帮助宝宝学习语言，就要让他对说话产生浓厚的兴趣。爸爸妈妈可以每天多次用夸张的口型对宝宝说话，并通过不同的场景让宝宝练习说话，此时父母的口型可以稍微夸张一些，便于孩子模仿。孩子在模仿的过程中，不仅能够学会发音，还能够锻炼咽喉肌肉的协调性，这对说话有很大的帮助。

另外为了提高宝宝说话的积极性，爸爸妈妈可以把宝宝说话的声音录下来，引导他去发出声音，以此来帮助宝宝提高语言能力。爸爸妈妈可以用手机或者其他的设备把宝宝的声音和简单的语言录下来，然后播放出来，告诉宝宝这是他的声音，让他熟悉自己的声音。如果宝宝的语言能力进一步发展，父母可以录制一些简单的儿歌放给宝宝听，让他跟着学习，再把宝宝说的儿歌录下来，放给宝宝听，提高他学习语言的兴趣。录音时，录音设备可以离宝宝稍微近一点，这可以防止杂音过多，影响效果；开始播放录音时，要注意控制音量，声音不要过大，以免吓到宝宝。

## 362. 教宝宝学会取和放

本月宝宝能够很熟练地扔东西，而且也能够察言观色看懂父母的表情。此时家长可以利用这两点来帮助宝宝学会管理自己的玩具，在取和放玩具的过程中也能够锻炼宝宝的手指灵活性以及身体的协调性。

首先爸爸妈妈可以找一些比较小的玩具，比如积木、小球等等，把这些东西放进脸盆或玩具筐里。然后爸爸妈妈可以和宝宝一起坐到地上，爸爸妈妈一边把玩具从小盆里面取出来，一边说"拿出来"，此时宝宝也会跟着模仿爸爸妈妈。随后爸爸妈妈再把积木捡起来，慢慢把手松开，说"放进去"，玩具掉进盆里的声音会让宝宝非常兴奋，他会马上跟着学习。

这种练习不仅可以帮助宝宝改掉乱扔东西的毛病，而且能够培养宝宝自己收拾玩具的自理能力，同时这也是锻炼前臂和背侧肌群的有效方式。

## 363. 示范捡东西给宝宝看

此时宝宝的手眼协调能力有了很大进步，为了帮助宝宝更好的发展，妈妈可以与宝宝一起做一些捡东西的训练。

爸爸妈妈可以拿一张白色的餐巾，然后在上面放几片比较小的馒头片，爸爸妈妈可以先捡起来一片放进嘴里，同时说："真好吃！"此时宝宝会去模仿爸爸妈妈，也会学着用拇指和食指去捏。这个动作可以锻炼宝宝用食指和拇指捏取细小物件的能力。当然，大人也可以选择宝宝喜欢的零食或者水果来做这个游戏，掰成小块就可以了。

当宝宝顺利拿到东西之后，爸爸妈妈要给予称赞，也可以亲吻宝宝一下，激发宝宝的兴趣以便再次进行训练。

## 364. 鼓励宝宝自己动手吃东西

从7个月的时候开始，宝宝就开始对小勺产生了兴趣。如果从那个时候开始训练，宝宝现在应该已经可以拿着小勺，模仿父母在自己的碗里搅动了，有时候宝宝还能把食物放进勺里，然后送进自己的嘴里。此时父母要鼓励宝宝自己吃东西，即使吃得慢也没有关系，因为如果现在因为心疼宝宝而不让他学习使用勺子，那么他可能会错过学习自己吃饭最好的时机，以后再学习的时候就会变得比较困难。

通常情况下，育儿专家建议爸爸妈妈最好让宝宝在7个月的时候开始接触勺子，可以把勺子当作玩具给孩子玩，8个月的时候要让他学会拿勺子，1周岁的时候可以自己拿勺子吃饭，1岁半以后应该学会独立进餐。

## 365. 让宝宝学会独自站立

宝宝上个月的时候能够扶着东西站立，这个动作可以锻炼他的平衡能力。到了这个月，爸爸妈妈已经可以开始训练宝宝独自站立了。

训练的时候不推荐使用学步车，大人的手、婴儿床的栏杆等是更好的选择。训练宝宝独自站立时，可先把宝宝的两条腿分开，让他的后背和屁股贴墙，脚稍微离开墙壁一些，然后爸爸妈妈可以在前面用玩具来逗引宝宝，此时宝宝就会张开双臂试图向前，这就锻炼了宝宝的腿部肌肉和平衡能力。

刚开始训练宝宝的站立时，要注意训练的时间和强度，每次最好不要超过5分钟。这是因为，相对来说，宝宝的下肢力量还不能支撑宝宝站很久，过多过早地站立会影响宝宝下肢的发育，不过这并不会形成严重的O形腿或X形腿。

训练宝宝独自站立的时候，爸爸妈妈不要因为害怕宝宝摔跤就过分保护，这样不仅不能保证宝宝的健康成长，相反会使宝宝变得更加脆弱；同样，也不要因为急于求成而失去耐心，宝宝有自己的发育规律，不要揠苗助长，一旦发现他站不稳，爸爸妈妈要及时扶住宝宝，以免伤害宝宝的心灵，让他对父母失去信任感，否则他以后就会因为害怕而拒绝再次训练。

## 366. 开始练习走路

宝宝已经学会了独坐和爬行，并且已经很熟练，自从学会扶站，他们也已经产生了行走的欲望。父母此时可以开始训练宝宝走路了。

父母可以开动脑筋，利用一些玩具和家具来帮助宝宝学习行走，这样不仅可以提升宝宝的运动能力，还可以开发他的智力。训练宝宝走路可以试试下面的方法。

爸爸妈妈可以在家中给宝宝准备一个高度适宜的小栏杆，让宝宝扶着栏杆站立。此时爸爸妈妈可以在栏杆的一侧用玩具来吸引宝宝，并鼓励宝宝向前迈步。等到宝宝走得比较稳的时候，爸爸妈妈可以鼓励宝宝放开一只手，只用一只手扶着栏杆站好，而爸爸妈妈则以同样的方法来引导宝宝迈步。

当有支撑物的时候，宝宝可能会扶着床或沙发等家具横着走几步。有些宝宝则可以推着能够移动的物体向前走，比如儿童车或者带轮子的储物箱，不过他们还不敢离开物品向前走。此时妈妈可以让宝宝站在一个地方不要动，然后蹲在宝宝面前，向宝宝张开双臂，做出要抱抱他的动作。这时候宝宝就会试着离开支撑物，向前倾。有些运动能力比较强的宝宝可能会做出向前迈步的动作。此时妈妈要及时抱住宝宝，并夸奖他勇敢。

不过宝宝的腿部肌肉力量还很有限，容易疲劳，所以练习的时间最好控制在每次5~6分钟，每天2~3次。最重要的是，要尊重宝宝的发育情况，不要勉强。

## 367. 帮助宝宝认识外界事物

本月的宝宝对外界事物的感知能力逐渐在增强，此时爸爸妈妈要继续对宝宝进行认知能力的培养，帮他认识外界事物。

年纪小的宝宝通常都比较喜欢颜色鲜艳、形象逼真的玩具，尤其是各种各样的小动物、娃娃、汽车等，能够发出声音的玩具同样很受他们的喜爱。在利用这些玩具对宝宝进行认知能力的培养时，父母要告诉宝宝玩具的名称，说的时候要吐字清晰、标准，同时最好模仿一下这些玩具对应的声音。此外家长也可以把这些玩具的各个部

分告诉宝宝，比如这是娃娃的眼睛、鼻子、嘴巴等等。另外父母也可以教宝宝给玩具喂饭、穿衣服，以此来培养宝宝的自理能力。通过这些玩具，宝宝既能认识形象，又能听到声音，可以全面认识周围的事物，同时还能够增进与父母之间的语言交流能力。

色彩鲜明、形象逼真的画册也是很好地提高宝宝认知能力的工具。在选择的时候，父母一定要注意选择那些形象逼真、描述准确、画面清晰的画册。另外也可以房间或者宝宝经常活动的地方挂上一些图片，让宝宝指认。教孩子的时候，一定要用标准的语言，不要说儿语或者别名。比如教孩子认识小狗的时候，要告诉孩子"这是小狗"，而不要说"这是狗狗"或者"这是汪汪"。此外需要注意的是，不要急躁，不要频率很高地更换图片，要在宝宝都熟识之后再更换，以加深宝宝的印象和记忆。

## 368. 和妈妈一起敲敲鼓

本月的宝宝要继续锻炼手的灵活度，妈妈可以用敲鼓的方式来帮助宝宝提高手的灵巧性。这个游戏是这样做的：妈妈首先用手指敲玩具手鼓或者用一根棍子敲打空的盒子，使得手鼓或者盒子发出响亮的声音，如果想要锻炼宝宝的节奏感，还可以打出一些节奏便于宝宝模仿。当宝宝对这个游戏产生兴趣的时候，他就会学着妈妈的样子用手或棍子去敲打。

这个游戏不仅可以帮助宝宝通过听音乐改进自己打鼓的技巧，使手、眼、耳协调并使得技巧进步。同时还可以让宝宝理解敲打鼓的不同部位可以发出不同的声音，动作的大小也可以改变鼓发出的声音，以此来提高他的逻辑思维能力。

## 369. 给宝宝讲几个小故事

随着宝宝语言能力的增强，此时妈妈可以在他睡觉前给他讲一些睡前故事。听故事是宝宝发展语言和理解能力的最好办法。此时不要给宝宝选择字很多或者很长的故事，而应该选择画面很多而且色彩鲜明，情节简单并且一两句话就可以讲完的故事书给宝宝读。除了在阅读的时候根据不同的角色发出不同的声音和语调之外，妈妈还可以一边读一边把着宝宝的手指图中的事物或者字，坚持一段时间之后你会发现宝宝的表情能够随情节而变化，时而呼吸急促，时而心平气和。另外此时的故事不需要很多，因为一个故事可以反复读；另外也不要每天晚上给宝宝讲很多故事，因为这样并不能提高宝宝的语言能力，反而会使他感到烦躁，因为信息量超出了宝宝的承受范围。

## 370. 让宝宝自己玩玩具

当宝宝学会自己坐着之后，爸爸妈妈就要试着培养让宝宝独自玩耍的能力，让他试着把注意力转移到玩具上，学着用不同的方式锻炼手的灵活性，同时逐步延长集中精力的时间。学会独自玩耍对宝宝有很多好处，他们可以通过自己的感官观察和感知外界，把兴趣从依恋妈妈转移到关注外界，这可以为将来离开家庭进入社会打下基础。

不过爸爸妈妈不要突然让宝宝独自玩耍，而是要有个循序渐进的过程。比如当孩子在一旁玩耍的时候，妈妈可以坐在宝宝身边看看书或者报纸，等到宝宝进入自己的游戏世界之后，妈妈可以离开宝宝去别的房间，让他有一段时间看不到妈妈，但仍能安心地玩。不过在做这个训练的时候，一旦宝宝出现哭闹找妈妈的情况，妈妈要马上出现，否则以后宝宝就会时刻把自己的注意力放在妈妈身上。只有当宝宝知道妈妈在家，只要有事情，妈妈马上就会出现，这样他才会把注意力放在玩具上。

## 371. 教宝宝学会配合大人穿衣服

本月宝宝的语言理解能力在增强，动作能力也有了很大提高，所以此时爸爸妈妈可以让宝宝在穿衣服的时候学会配合大人，这样可以帮助他们提高生活自理能力。比如在给宝宝穿衣服的时候，妈妈可以告诉宝宝穿衣服的步骤，并且用轻柔的声音提醒他"抬头""伸手""抬脚"等。如果每天这样做，坚持一段时间之后，宝宝自己就会逐渐了解穿衣服的程序，此时妈妈即使不开口，宝宝也会伸头套上领口，伸出手来让人帮他穿上衣袖，伸腿穿上裤子。

## 372. 培养宝宝的观察探索能力

本月宝宝的逻辑思维能力已经有了初步的发展，此时父母要开始把培养宝宝的观

察和探索能力提上日程。下面介绍一个培养宝宝观察能力的游戏。

首先给宝宝准备一个颜色鲜艳的皮球和一条小毛巾，球不要太大，让宝宝可以用单手抓住。先让宝宝抱抱皮球，然后让皮球在他身上滚动一会儿，以此激发他的兴趣。接着把皮球扔在地上让球随意滚动，引导宝宝的眼睛追随球的运动。也可以引导宝宝去追着抱皮球。当宝宝追到皮球之后，爸爸妈妈要给予孩子表扬。然后爸爸妈妈可以在宝宝面前把毛巾盖在皮球上，引导宝宝去寻找。这时候宝宝如果揭开了毛巾，发现了皮球，则是脑子里面已经有了客体永久性观念；如果还没建立这种观念，父母可以多多重复这个游戏，次数多了之后，宝宝就会记得，看不见的东西并没有消失。实际上，藏猫猫游戏也有同样的功能。不过这个皮球的游戏还可以同时训练宝宝的视觉和动作的协调性以及眼睛的追视能力。

 ## 373. 注重培养宝宝的艺术才能

此阶段的宝宝模仿能力登上了一个新的高峰，在这个时期，父母可以利用这一点着重培养宝宝对于绘画等的艺术才能。

当宝宝刚刚开始学习绘画时，妈妈可以先给宝宝准备一些蜡笔。首先要做的是教会他拿笔，最好握笔姿势正规一些，这样不仅有利于宝宝学习绘画，而且也为以后学习写字打下基础。妈妈可以让宝宝任意涂抹，当宝宝认识一些形状之后，可以引导他在生活中去发现有这些形状的物品，然后让他画下来。不过父母不要过多地干预宝宝的发挥，应该让他自己去发现生活中的美，而不要只会单纯的模仿，而且让他随意涂抹也可以激发兴趣和发现"天赋"。

另外9～10个月的时候，爸爸妈妈还可以对宝宝进行音乐方面的培养。爸爸妈妈可以先放一首他很喜欢听的音乐，然后扶着他站起来，慢慢松手，让他自己随着节奏自由摇摆。如果宝宝还不知道如何摇摆身体，爸爸妈妈可以让宝宝坐在床上或者地上，然后拉着他的胳膊晃动。

在培养宝宝艺术才能的过程中，父母一定要经常鼓励宝宝，赞美宝宝，最好不要过多地干预孩子的创造力。

## 374. 培养宝宝多方面的兴趣爱好

　　随着活动能力的增强，宝宝开始对身边的一切事物都产生浓厚的兴趣，父母可以利用这个特点，帮助宝宝培养广泛的兴趣和能力。

　　本月首先要让孩子产生寻找物体的兴趣。为了达到这个目的，父母可以多和宝宝做一些藏宝宝或捉迷藏游戏，让宝宝主动去寻找物品。比如父母可以把孩子喜欢的玩具用毛巾盖住大部分，然后让宝宝去寻找；或者爸爸妈妈躲在门后面只露一只手或者一只脚，让宝宝来找。

　　另外，利用宝宝的模仿能力，父母可以提高宝宝的听力以及语言能力。本月宝宝对动物的叫声特别感兴趣。此时，父母可以让宝宝多看些有关动物书，并与现实结合，带他到动物园去看动物并且听叫声。爸爸妈妈还可以给宝宝听有关动物的歌，也可以和宝宝一起去模仿动物的叫声和动作。此外，父母也可以利用宝宝的模仿能力让他对钢琴、吉他或者其他乐器产生兴趣。倾听不同声音，宝宝的听力可以得到锻炼，同时他的语言能力也能得到发展。

　　宝宝也开始对空间产生兴趣，很喜欢爬到椅子后面。爸爸妈妈带他到公园或者附近操场时，可以把四周的事物指给他看，这样同样可以帮助宝宝形成空间感，以此刺激其视觉发展。同时发展宝宝的空间感还能帮助宝宝提高运动能力，爬上爬下不仅是锻炼身体的手段，同时也能够发展空间感。

## 375. 正确引导宝宝对自己身体的探索行为

　　宝宝都具有探索精神，随着逐渐长大，他的好奇心和探索行为会变得更多，对自己身体的探索也同样更加深入。

　　这个时候，有些男宝宝可能开始喜欢玩自己的"小鸡鸡"了，对这种行为，家长不必过于担心，因为这是宝宝对自身的探索，和他发现自己的手和脚，以及摸摸自己的手臂和脑袋并没有区别。如果家长看到之后严厉斥责，不但不能杜绝宝宝的行为，还可能引起宝宝的逆反心理，还有些宝宝可能产生恐惧或者忧虑，这会对宝宝未来的

爱情和婚姻造成影响。

不过对宝宝的这种行为采取不干涉，反而大加赞赏的态度也是不对的。有些家长可能会觉得自己的宝宝"长本事了"。此阶段的孩子对大人的表情和语言都很敏感，当他发现自己的某些行为可以赢得赞赏的时候，他就会更起劲地重复这个动作，希望能赢得更多赞扬。有些家长甚至拿宝宝的"鸡鸡"当玩具，让自己和宝宝哈哈大笑。不过，这种快乐很可能给宝宝带来很大的伤害。首先，孩子的尿道口黏膜很薄嫩，如果经常用手触摸的话可能会引起尿道口发炎，给宝宝带来生理上的痛苦。其次，这种行为也会对宝宝的心理产生不良影响，小时候总是玩自己阴茎的男孩，长大后出现习惯性手淫的概率更高，而且这种行为可能会出现得很早。所以，当家长发现宝宝抚摸自己的生殖器时，要轻轻把他的手拿开，并严肃地告诉他"不"。没必要讲一堆大道理，因为宝宝听不懂。只要简单地告诉宝宝什么行为是不允许的，宝宝就会明白，这种行为爸爸妈妈不喜欢看到，他就不会再做了。

##  376. 引导宝宝形成最初的是非观

不少父母认为，宝宝刚10个月，还不懂什么是好什么是坏。所以无论宝宝做什么，都不去制止，有些明显的错事可能也会去夸奖。比如宝宝乱扔东西时、打人时，父母总是会帮宝宝开脱。其实，本月的宝宝已经能够理解一些日常用语，而且还能看懂父母的脸色，并且对此非常敏感。因此父母完全可以从本月起开始教宝宝什么可以做，什么不可以做，明白最初的是非观。

比如当宝宝吃饭时，他可能会故意把勺子扔在地上，让父母去捡。等递给他之后他又会把勺子扔到地上，然后还会小心地看父母的脸色。此时他实际上是在试探父母的底线。面对宝宝的试探，父母应该给他点"颜色"看看，让他知道父母对他的行为感到不满意。此时宝宝就会知道这是不该做的事。对这个阶段的宝宝来说，话语或者大道理并不是最重要的，对他来说，好坏的判断标准就是父母的脸色。

但是在培养宝宝是非观的时候，父母还要讲点技巧。如果父母制止的表情不严厉，就不会起作用；但是过于严厉又会使宝宝疏远父母。这其中的"度"需要爸爸妈妈在生活中仔细体会，并根据宝宝的性格特点合理"利用"自己的表情。

# 10~11个月：迈出人生的第一步

## 377. 宝宝的能力

10~11个月的宝宝能够坐在地板上自己玩耍，也可以轻松地从地上移到比较矮的椅子上。此时宝宝的运动能力有了很大飞跃，不仅能够坐得稳，而且扶着东西也能慢慢走几步。有些宝宝甚至能够松手，自己站立一小段时间。随着运动能力的提高，宝宝似乎发现了更多有趣的东西，因此他总是想尽一切办法移动身体，比如向前爬行或者坐着的时候挪动屁股等。还有些宝宝已经显示出了行走的能力，有时大人拉着他的一只手，他就能够向前走，不过步子不太熟练，很不协调，常常会把自己绊倒。

这个月的宝宝，自我意识会逐步增强，而且能够表现出自己的喜好。看到自己喜欢的人走过来时，他会表现得非常开心，如果看到不喜欢的人，他会哇哇大哭。而且此时宝宝的好恶通常受到情绪控制。如果他感到很累、心情不好，那么无论是谁也不能让他变得高兴起来。如果宝宝情绪一直很稳定，突然某天出现了不听话以及哭闹等反常情况，父母应该询问宝宝是不是哪里不舒服。

本月宝宝的小手会变得更加灵活，能够自己开瓶盖或盒盖，还有些宝宝能够把抽屉打开，把杯子里的水倒出来等等，力气大的宝宝可能能够把暖瓶等物品掀翻，因此本月要特别注意防止孩子遭遇意外。

## 378. 本月早教重点

本月的早教重点要让宝宝学会探索，对周围的事物产生好奇心；另外语言能力、认知能力以及社会交往能力依然是本月早教的重点。

随着宝宝大运动能力以及精细动作能力的提高，宝宝本月可以更加深入地去研究他所遇到的物品。而且此时他们很容易被能够运动的玩具吸引，还会去观察让玩具运动起来的部分，比如旋转的车轮、能够帮助物品移动的杠杆等等。另外，本月的宝宝依然会对小孔着迷，所以要注意宝宝的安全，谨防触电。本月他应该学会把玩具扔掉之后自己捡起来，能够比较熟练地用拇指和食指捏起小东西，能推开比较轻的门，能拿着笔在纸上乱涂。还有些宝宝会学会搭积木。

在语言能力方面，本月宝宝已经能够准确理解简单词语的意思。在成人的提醒下能够叫爸爸、妈妈，还能够把其他的亲属与称呼对号入座，比如爷爷、奶奶等。本月他应该学会一些表示词义的手势，比如竖起手指告诉别人自己1岁了；能够比较准确地模仿大人说话，包括正确发出语音以及模仿音调的变化。对于父母的简单问题，他能够用眼神或者手指回答，比如问："爸爸在哪里？"他可能会用手指着爸爸。

在认知能力方面，本月宝宝已经能够指出自己身体的一些部位。他还产生了自我意识，知道妈妈是自己的，不愿意妈妈抱别的孩子。父母应该帮助这个时候的宝宝感受时间、空间以及因果关系，比如看到妈妈端碗就知道要吃饭，知道只有敲打才能让小鼓发出声音等等。

在社会交往能力方面，宝宝要学会执行大人简单的命令，要学会用面部表情、简单的语言和动作与成人交往。此时他能够初步感受到别人的情绪，自己的心情则常常会受到妈妈情绪的影响。此时妈妈应该让他充分去实践，体验成功的愉悦。

## 379. 鼓励宝宝迈步走

本月是给宝宝学习走路打基础的时期，要看宝宝是否能够开始迈步行走，首先要观察宝宝是否能一只手扶家具向前走。如果宝宝可以做到，这就表示宝宝的身体平衡能力可以达到学习走路的要求，此时爸爸妈妈就可以开始牵着宝宝双手向前迈步。如果宝宝依然是用双手扶着家具横着走，则牵手走步的练习最好放到下个月再开始。

牵手迈步的训练方法有两种：第一种是妈妈与宝宝的方向一致，宝宝在妈妈前面，妈妈从背后护住宝宝，然后两人同时迈右腿，然后迈左腿。另一种方法则是两人相对，妈妈面对面牵着宝宝的双手，宝宝向前迈一步，妈妈后退一步。大多数宝宝喜欢第二种方式，因为能够看到妈妈可以让他学得更加放心，妈妈还可以一边陪他迈步，一边数数：1、2、3、4，就像跳舞的口令一样，这样宝宝既练习了走路，又能加深数字在他脑海里的印象。

妈妈牵着宝宝学习迈步的练习有利于帮助宝宝维持自身的平衡，帮助他学习稳步行走。这种训练要视宝宝的体力而定，每天练习1～2次，每次3～5分钟就可以了。

## 380. 勤做巩固体能的基础训练

为了帮助宝宝身体协调发展，不能学一样丢一样，因此要继续巩固和提高体能，也就是说要继续进行爬行、站立、行走、弯腰以及提腿方面的训练。

做爬行训练的时候，父母可以在前方呼唤宝宝，或者用他喜欢的玩具来逗引他爬过去拿。此时可以稍微提高爬行的难度，比如让宝宝爬得快一些，或者在中途的时候设置一些容易克服的小障碍，例如放一个枕头等。这个游戏每天可以做1～2次，每次5～10分钟。

做站立训练时，爸爸妈妈可以先让宝宝扶着栏杆或桌子站一会儿，然后逐渐撤去这些依靠的物品。当他站稳后，父母可以增加难度，让他一手扶栏杆或桌子站立，并且让他一手扶着站，另一只手弯腰去捡脚边的玩具。平时，父母要经常把宝宝喜欢的一些玩具，举到宝宝够不到的地方，鼓励宝宝自己站起来伸手去拿。

做行走训练时，爸爸妈妈可以拉着宝宝的双手引导他向前迈步，也可以让宝宝扶着床栏杆行走。当宝宝走几步之后，父母可以增加一些难度，在他前面放一个玩具，同时鼓励宝宝向前迈步。行走训练时最好撤去宝宝的尿布，衣服也不要穿太多，减轻身体负担，让宝宝感觉舒适。此外，行走时还要选择比较松软的地方，比如床上、地毯上等。

做弯腰训练的时候，要让宝宝的身体先直立，然后妈妈从后面扶住宝宝的腹部，另一只手扶住膝盖，在宝宝前方放一个玩具，让他弯下腰去捡玩具，反复训练几次。

做提腿训练时，父母要先让宝宝仰卧，两只手放在胸前，大人双手握住宝宝的脚踝，轻轻抬起他的双腿，然后还原。重复数次。

## 381. 继续训练拇、食指对捏能力

父母要继续对宝宝进行精细动作能力的训练，提高宝宝拇指和食指对捏的能力。父母可以先把钙片倒在纸巾上，然后邀请宝宝一起把钙片捡回瓶子里面。父母可以提出和宝宝比赛，看谁捡得快。也可以宝宝放进去一片父母数1，放进去两片数2，最后看宝宝能放进去多少片。

这个游戏可以提高宝宝用食指和拇指捡细小东西的能力，把东西放进口径比较小的瓶子里面，可以锻炼准确松开手指的能力。宝宝放一个妈妈数一个，也是一种赞美宝宝的方式，同时宝宝也能够对数字形成印象。

## 382. 让宝宝自己开瓶盖

随着宝宝的成长，他的手部力量有了提高，这时候可以让宝宝通过自己开瓶盖来锻炼手的力量以及灵活性。

首先父母可以把一个带盖子的塑料瓶放在孩子面前，当着宝宝的面打开瓶盖，然后再盖上瓶盖。宝宝注意到父母这个动作之后就会去模仿，此时父母要引导他只用拇指和食指把瓶盖打开，然后再合上。这样反复练习几次之后，宝宝就能非常灵活地打开和关闭瓶盖了，此时父母一定要给予表扬。

除了锻炼手的灵活性，这个游戏还可以促进宝宝空间感的发展。

## 383. 让宝宝自己拿玩具

当宝宝能够自己扶着椅子或者栏杆站立的时候，父母可以把玩具推到宝宝身边，让宝宝试着一只手扶着支撑物，另一只手把玩具捡起来。在这个过程中，宝宝能够学会一手扶着凳子并保持平衡，弯腰后能够再次站起来。

训练宝宝从双手扶着支撑物站立到单手扶着支撑物站立，而且弯腰后能够保持身体平衡对学习行走是非常重要的。如果宝宝学会了单手扶着支撑物，就能学会控制身体，这时候他就不会再横行跨步了，而是会逐渐学会调整身体，让他与前进方向一致。

## 384. 鼓励宝宝积极探索

10~11个月的宝宝活动能力很强，几乎一刻也闲不住，总是满屋子乱爬，当宝宝学会站立或行走之后，他会非常喜欢扶着支撑物四处乱走，就像在探索周围的环境一样。

此时，父母不要因为担心宝宝的安全就对他的行为大加制止，而是要尽可能地满足他的好奇心，鼓励他的探索行为，夸奖他的每一个新发现。而父母最好把预防放在首位。一些可能会产生危险的东西，最好事先收起来放在宝宝碰不到的地方。如果宝宝看到的东西可能存在危险，要马上转移他的注意力，并且把危险物品收起来藏好。

在宝宝爬行时，父母要在确保安全的前提下，故意把几个玩具放在角落或是桌子下，以此来激发他的探索精神，如果宝宝能够"意外"地发现这些东西，探索的积极性会进一步提高，好奇心和探索精神对宝宝未来的学习和工作都有很大好处。

## 385. 给宝宝看一些图画书

10~11个月的宝宝视力已经发育得比较成熟，而且理解能力有了很大提高，此时父母就可以给孩子准备一些图画书了。可以通过书上的图像来教会宝宝认识更多的事物，增加认识事物的能力。

不过选择图画书的时候要注意以下问题。首先是图画书上的形象要真实，图形要准确。孩子喜欢色彩鲜艳的东西，因此要选择颜色比较明快活泼的图书。画面的内容不要过于繁杂，最好每张图只讲一个事物或者一件事情，要避免选择背景复杂，看起来杂乱的书，这样的书很容易使宝宝的眼睛产生疲劳感，不利于视觉发育。

另外，在读书的时候，要注意"理论联系实际"，爸爸妈妈可以把生活中可以见到的实物与书中的图画相结合，两项事物结合在一起给宝宝，更能增进宝宝对事物的了解。

## 386. 强化宝宝的认知和领悟能力

虽然宝宝已经有了一定的认知能力，但是对事物的概念并不清晰，头脑中还没有形成牢固的印象。这个时候父母可以运用对比法来帮助宝宝强化和确认某些事物的概念和性质。

宝宝本月已经学会了坐和站，父母可以用坐和站对比的方式来帮助宝宝理解这两个概念。父母可以抓着宝宝的手，和他一起站起来，然后一起坐下去，并告诉宝宝坐和站的确切意思。在学习上和下的概念时，父母也可以采用对比法。爸爸妈妈可以把一个玩具放在桌子上，之后再放在桌子下面，一边放一边告诉宝宝上和下的概念，让他体会上下的意思。

让宝宝认识大和小的含义时，妈妈可以抱着宝宝站在镜子前面，让宝宝看着镜子中的两个人，然后告诉宝宝："妈妈大，宝宝小！"也可以拿大小两块积木，放在孩子面前，然后反复告诉宝宝哪个是大的，哪个是小的。时间久了，宝宝自然就会理解大和小的含义。

父母要注意的是，仅仅通过上面的练习，宝宝并不能完全理解这些概念，但能够在脑子里面留下印象，为将来提高理解能力打基础。

## 387. 教宝宝认识颜色

教宝宝认识颜色的训练随时都可以进行。在孩子比较小的时候，带着孩子出去玩的时候，父母就可以告诉利用周围的环境引导宝宝认识颜色，比如"那朵花是红色的，叶子是绿色的"等等。但是这种训练很难达到理想的效果，只是能够给孩子留一些印象。

到了这个月，父母可以就颜色这个问题，对宝宝进行系统的训练。

首先妈妈可以拿一件宝宝很喜欢的玩具，告诉他玩具的颜色，重复多次之后，可以问宝宝某个颜色的东西在哪里，此时宝宝就会从不同的玩具中把指定颜色的玩具取出来。此时父母一定要给予宝宝称赞。让宝宝对这种颜色形成概念之后，妈妈可以再拿一个同种颜色的玩具，告诉他这也是那种颜色，此时如果宝宝表现出疑惑的样子，妈妈可以把两个玩具放在一起让他理解颜色的含义，同时旁边还可以拿一些其他颜色的东西作对比。当以上两步都完成之后，妈妈可以把各种颜色的玩具混在一起让宝宝把已经学到的颜色挑出来。

这样的训练方法有助于提高宝宝的抽象思维能力。训练时要注意循序渐进，每次最好只教一种颜色，确定宝宝掌握之后再学习另外一种。如果宝宝学得比较慢，不能把颜色从玩具这个具体物品上抽象出来，那么就过几天在学习，防止宝宝失去耐心和信心。

## 388. 尝试教宝宝识字

此时教宝宝认字并不是真正意义上的认字，而是给他一个视觉刺激，让他对字体产生一些印象。

在尝试教宝宝识字时，爸爸妈妈要从孩子最熟悉的生活用品入手，比如宝宝喜欢吃的食物、爱玩的玩具、熟悉的亲友或者其他常见的物品，比如家具等等。父母可以买一本图和文字对应的图画书，在帮助宝宝认识事物的时候顺便让他对字体产生印象。这种无意识的训练，非常方便家长操作，同时也对宝宝有着莫大的好处。

这种识字对宝宝来说只是一个视觉刺激，对他来说和看一幅图并没有多大的差别，所以这样的刺激对宝宝未来的智力发育大有好处。

## 389. 培养宝宝的数量化意识

对10～11个月的宝宝来说，虽然现在还不会数数，但是可以通过一些方法让他对数字产生初步的概念。所以父母在日常生活中可以有意识地给宝宝强调一些基本的数字。比如在给宝宝苹果的时候，妈妈可以有意强调数字："宝宝，给你一个苹果！"给孩子其他东西的时候也可以强调一下数字，如果数量不大，还可以与宝宝一起数一下。

在跟宝宝进行锻炼的时候，父母也可以把计数的动作加进去，比如给宝宝做提腿动作时，每提起一次就可以数一下，让宝宝听，并且在大脑中对数字形成印象。经过

父母有意识地强调之后，以后宝宝在学习数字的时候，入门会相对比较快。

## 390. 继续教宝宝模仿大人的行为

此时宝宝的模仿能力到达高峰，父母可以利用模仿让宝宝学会很多东西。如果想让宝宝学会什么，就在他面前不断重复，重复一段时间之后，他就会去模仿家长的样子，这样就能达到学习的目的。下面举一个例子来让爸爸妈妈理解如何有效地利用模仿来帮助宝宝提高学习能力。

取两袋宝宝很喜欢的小零食，一袋给宝宝拿着，此时宝宝知道里面有好吃的，很想打开，但是又不知道怎样打开。这个时候妈妈可以拿起另外一袋，一边用语言告诉宝宝怎样撕开袋子取出零食，一边撕开一个小口，然后手把手教会宝宝把小口撕大一点。当宝宝看到自己能够把包装袋打开，你会发现他比自己吃到零食还要开心，因为他又学会了一项新本领。这样的训练重复两三次以后，宝宝就能学会自己打开包装。学会之后，宝宝会喜欢上打开纸包或者塑料纸，也能很快学会打开裹着糖果的包装纸。他还能够在实践中找到技巧，去寻找最容易打开的部位。

## 391. 继续教宝宝认识身体部位

相信绝大多数宝宝都已经能够认识自己的眼睛、鼻子以及手和胳膊等身体部位了。随着宝宝的长大，爸爸妈妈除了要继续让宝宝认识和了解自己的身体之外，还要让宝宝通过认识自己的身体来保护自己。

妈妈可以与宝宝对着坐在一起，指着自己的眼睛说："眼睛。"然后问宝宝，"宝宝的眼睛呢？"此时宝宝就会用小手指着自己的眼睛，告诉妈妈眼睛在这里。同样的方法，妈妈可以问他鼻子、耳朵、手等身体部位，让他指出来。当宝宝听到妈妈的指令之后能够正确地指出相应位置时，妈妈应该及时给予表扬。

在复习完以前知道的身体部位之后，妈妈可以继续教宝宝认识新的身体部位，比如胳膊、肘部、脚踝、膝盖、肚脐等等，如果那时候宝宝对自己的生殖器产生了兴趣，妈妈还可以告诉他生殖器的名称。

最后妈妈要告诉宝宝，自己的身体自己说了算，凡是衣服盖着的地方别人不能随便看。如果别人弄得自己不舒服，一定要告诉爸爸妈妈。总之，要把保护自己的意识从小灌输到孩子的脑子里，这样可以避免很多悲剧的发生。

## 392. 给宝宝讲一些简单的常识

宝宝的逻辑思维能力在本月得到了很大的发展，所以父母可以通过游戏让宝宝理解一些简单的生活常识。

比如爸爸妈妈可以在地上铺一块毯子，让宝宝在毯子上推动小汽车；随后再引导宝宝在地板上推动小汽车。通过对比，宝宝就会发现，在地板上推动汽车的时候非常省劲，但是在地毯上推动的时候则会很费力，重复几次之后，当宝宝面临两个选择的时候，他就会放弃在地毯上推汽车了，而选择在地板上推。

另外，爸爸妈妈也可以跟宝宝做售货员和顾客的游戏。通过这样的游戏，宝宝能够了解社会规则，并且也会理解买东西的流程。以后爸爸妈妈带他去商场的时候，他就会把游戏和生活联系在一起。

简单的小游戏中往往蕴藏着丰富的生活常识，父母可以设计一些游戏让宝宝把游戏和现实联系在一起，刺激他去探索外面的世界，最终达到促进思维能力发展的目的。

## 393. 帮助宝宝发展语言的小技巧

本月的宝宝处于使用语言的萌芽阶段。此时他会用的语言虽然还很少，但是却已经可以理解别人的意思了，而且还能用手指或者眼神来回答。此时父母应该抓住宝宝语言的敏感期，帮助他发展语言能力。

首先父母要教会宝宝回应别人的话。这就要求父母要试着运用各种方式来促进宝宝对别人的话有所回应，回应的方式不必强求，不管是动作还是语言上的回答都应该给予肯定。当宝宝学会用点头或摇头来表示好与不好时，他就已经初步掌握了回应的技巧。在培养宝宝回答问话的时候，父母要给宝宝留下思考的时间，不要心急。如果有必要的话，可以重复自己所问的话，在这些重复中，宝宝就会有足够的时间去理解话的含义。

除了要教会宝宝"回答"别人的话，学会"听"话也是宝宝需要掌握的一项本领。那么怎么才能让宝宝学会倾听呢？答案就是以身作则。虽然宝宝还不会讲话，但是当宝宝对父母露出笑容或表现出兴奋的身体语言，甚至在说着含糊不清的婴语时，父母都应该仔细去感受，用心倾听，并给予回应。这种被重视的感觉可以促进宝宝语言能力的发展，同时也可以给宝宝带来一种被理解和被尊重的满足感。如果他经常处于这种温馨的氛围中，那么当他能够说话之后，他也能够耐心地听别人说话，并给予他人理解。

# 11~12个月：鼓励宝宝主动探索

## 394. 宝宝的能力

快满周岁的宝宝本领越来越大了，大多数已经能够独自站立了，发育比较快的宝宝在不用别人搀扶的情况下可以自己迈步。扶走时也更加敏捷，弯腰、招手、蹲下等动作对他来说已经是非常简单的事情。当宝宝学会走路之后，会出现一个非常喜欢走路的阶段，他们总是拉着父母去爬坡，走小水洼等等。此时父母要满足宝宝探索的愿望，不要打击他走路的积极性。

宝宝的精细动作能力也有了进一步的提高。他会尝试着把书打开并合上，能够自己搭积木、穿珠子。此阶段的宝宝还非常喜欢搞破坏，他总是会把自己搭好的积木哗啦一下推倒，然后自己笑个不停；有些宝宝还会把抽屉倒空，此时父母不要愤怒，因为这同样是宝宝成长中都会出现的现象，但是不要放任，可以引导宝宝把"烂摊子"收拾好。这个阶段的宝宝开始喜欢自己穿衣服，还模仿父母的样子把饰品往自己身上戴。如果家长伸手帮忙，他会毫不留情地用"不"来拒绝。

如果方法得当的话，这个月的宝宝能够学会说5~10个简单的词汇，能够用一两个词来表达自己的情绪。

## 395. 本月早教重点

父母应该把本月的早教重点放在宝宝的自理能力培养、语言能力培养、认知能力培养以及社会交往能力的培养上。

此阶段的宝宝运动能力增加，"破坏力"也有了大幅度的发展，此时父母要把破坏之后要收拾好的观念灌输到宝宝的大脑中，培养他的自理能力。本阶段的宝宝喜欢把东西摆好后推倒，也喜欢把装满东西的抽屉或垃圾箱倒空。另外他开始不喜欢妈妈喂饭吃了，虽然自己还不能很好地用勺子；也很讨厌别人帮自己穿衣服，总是拿着衣服往自己身上乱套。此时他似乎很不喜欢别人的帮助，有时候还会用大哭大闹来表示反抗。这些都说明宝宝的独立意识在增强。

在语言能力方面，宝宝已经能够对简单的语句作出反应，能够充分理解"不"的意思。此时的宝宝很喜欢惊叹词或者拟声词，父母可以根据这个特点来帮助宝宝学习语言。此时宝宝虽然不能把词语连成句子，但是应该学会用单词表达自己的想法。

在认知能力方面，宝宝本月会明白东西不仅有自己的名字，还有不同的功能。他会发现某些东西之间的相似性，并用这些东西发明新的游戏。此时父母可以给他提供一些能够发散思维的玩具，其实这些东西不必专门去买，一些常见的物品就可以起到这样的作用。比如牙刷、水杯等。平时他可能需要用牙刷来刷牙，当他玩过家家时，他的牙刷可能就是教鞭。总之，宝宝会用很多简单的东西得到很多有趣的点子。

本月宝宝也开始试着脱离成人的世界。他们变得更愿意与同龄人一起游戏。此时宝宝还处于比较听话的阶段，父母应该利用这个时机让宝宝学会分享自己的东西，并且培养宝宝开朗乐观的性格。

##  396. 鼓励宝宝用简单音节表达意思

从9个月开始，宝宝的语言能力有了突飞猛进的发展，不仅学会了喊"爸爸、妈妈"，还学会了用手指指向自己想要的东西，用点头或者摇头来表示肯定和否定。11～12个月的宝宝会说的词语虽然不多，但是已经能够用简单的音节来表达自己的意思，并尝试着用语言和别人交流。

此时宝宝的模仿不再是单纯的重复，而是具有实际意义的。比如，"妈妈"这个词就反映了很多意思，可能是要妈妈抱，可能是要某种玩具，也可能是饿了。当宝宝学着用简单音节表达自己的时候，爸爸妈妈要及时鼓励，并且要用我们平时使用的语言重复一遍宝宝的意思，这不仅可以确定自己是否真正理解了宝宝的意思，而且也可以在潜移默化中提高宝宝的语言能力，让他能够早日说出完整的句子。比如，当宝宝说"外外"的时候，他可能是想要出去玩。此时爸爸妈妈可以说："宝宝要出去玩

吗？"然后可以放慢语速对宝宝说"出去玩"，并且引导他说出这三个字。如果宝宝能够重复，要给予表扬；如果宝宝没能很好地重复也不要责骂他。

为了帮助宝宝掌握更多的单音节词，此时爸爸妈妈一定要充分利用身边的事物。比如看到小猫或小狗，就要对宝宝说"小猫""小狗"，并引导宝宝重复。另外，本月龄的宝宝还会对拟声词产生浓厚兴趣，爸爸妈妈可以在平时说话时多加一些拟声词，比如"河水哗啦啦地流""小狗汪汪地叫"等。他们听到这些会非常开心并乐于模仿，这也在无形中提高了宝宝的语言表达能力。

## 397. 给宝宝念念唐诗

此阶段的宝宝精力旺盛，喜欢模仿大人说话，能够发出越来越多的音节，而且他们总是试着回答大人的问话。此时父母可以用念唐诗的方法来提高宝宝的语言表达理解能力以及语言方面的品位。

父母要注意的是，此时读唐诗的目的并不是让宝宝变成一个"小诗人"，仅仅是为了丰富他的语言环境，所以父母不要带着功利心让宝宝学习唐诗，只要把唐诗当作一种游戏就好。选择一些简单易懂、节奏明快的唐诗，你读一句，宝宝模仿一句，不用要求他理解诗歌的意思。

在与宝宝读唐诗的过程中，爸爸妈妈一定要耐心细致，做好宝宝的语言启蒙老师，当宝宝念得好，发音清楚的时候，要及时给予鼓励；当诗歌有些难度，宝宝产生挫败感时，也要及时给他安慰。

## 398. 教宝宝认识大和小

此时宝宝的逻辑思维能力有所提高，爸爸妈妈可以开始教他学习"大"和"小"的概念。

宝宝刚开始学习大小的时候，妈妈最好准备形状颜色都相同，仅仅大小不同的物品做教具，比如大小杯子、大小皮球以及大小玩具等。物品的大小最好悬殊一些，方便宝宝识别。然后妈妈可以拿起一大一小两个物品，告诉宝宝哪个是大，哪个是小，并且配上节奏活泼的儿歌，比如："你的杯子小，我的杯子大；你的玩具小，我的玩具

大。"一边说儿歌，一边配合着儿歌观察宝宝手中的玩具以及自己手中的玩具。

当宝宝比较直观地掌握大小的概念之后，妈妈可以给宝宝提供不同大小的图片或物品让他来玩，比如大小不一的盒子或者盘子等等，让宝宝把小盒子或者小盘子放进大的里面。开始的时候数量要少一些，大小差异要大一些。等到宝宝掌握之后，可以逐渐缩小大小差距，或增加物品的数量来让宝宝进行辨别。

## 399. 教宝宝辨认颜色

宝宝的各感官发展到这一时期已经很成熟了，随着感官的发育，他的认知能力也在不断提高中。此时父母可以通过教会宝宝辨认颜色来提高他的视觉敏感性和认知能力。

在教宝宝学习辨认颜色时，最好从最显眼的红色开始教起。开始的时候，爸爸妈妈可以拿一个红色的球或手绢给宝宝看，告诉他这是红色，并通过反复的训练让宝宝记住。过一段时间之后，当爸爸妈妈说"红色"时，宝宝的视线或者手指自然就会转向那些红色的物体了，当宝宝达到这个阶段之后，父母可以拿出更多的红色物品让宝宝认识，并让宝宝接受这样的观念，那就是："这些都是红色的。"需要爸爸妈妈注意的是，颜色的概念是抽象的，宝宝一开始接触可能一时很难掌握，爸爸妈妈要多给宝宝时间去学习，让他慢慢理解和辨认，等宝宝掌握了一种颜色后，再教给他其他的颜色。

## 400. 让宝宝指认图画书中的特点部位

本月的宝宝已经初步具备了看书的能力，他们可以认识图片、颜色。如果爸爸妈妈引导得当的话，他们能够根据描述指出图画书中某些特定的人或者动物。

那么，爸爸妈妈如何引导宝宝指认图画书的特点部位呢？首先要保证宝宝有一定的认知能力，对生活中常见的东西比较熟悉。爸爸妈妈照着图画书给宝宝讲故事的时候，可以强调人物或者动物身上的某些特征，并且放慢速度，给宝宝反应的时间。当讲完一个故事之后，可以让宝宝在书中找到相应的形象。爸爸妈妈要注意的是，让宝宝指的物品最好是他非常熟悉的，而且现实生活中也要十分常见。

让宝宝学会指认图画书中特点部位，不仅可以帮助提高他的语言理解能力，同时也有助于提高他的注意力和观察能力。

## 401. 和宝宝一起随声舞动

这个阶段的宝宝不仅能更好地听懂大人的话，而且渴望与同龄人进行交流，此时爸爸妈妈们如果想要帮宝宝提升社会交往能力，可以试试下面这项训练。

这项训练就是教会宝宝随着音乐跳舞。当宝宝在家的时候，爸爸妈妈可以给宝宝播放一些韵律和谐明快的儿童音乐或者节奏感强的儿歌，在听的同时要鼓励宝宝跟着唱和念，同时也可以教会他随着音乐或者儿歌晃动身体。开始的时候，如果宝宝不会自己随着音乐起舞，爸爸妈妈可以在播放音乐和儿歌的同时用手扶着宝宝的胳膊随着节奏摇摆。经过一段时间的训练后，宝宝很快就能够学会跟着音乐起舞。

当宝宝熟悉节奏，而且舞动也很娴熟的时候，爸爸妈妈可以组织一个表演，邀请爷爷奶奶来参加，并给宝宝鼓励。这样宝宝走出家门面对小朋友的时候就会热情开朗，不会扭扭捏捏，不敢和别人说话。

## 402. 宝宝具备了初步的独立意识

很多年轻的家长在这个月可能都有这种体会，那就是宝宝不像以前那样乖了，开始喜欢和父母对着干了。具体的行为有很多。比如说，虽然他还不怎么会自己穿衣服，但是即使速度很慢，他也要自己穿。如果爸爸妈妈性急过来帮他扣扣子，系鞋带，宝宝嘴里就会大喊大叫着拒绝父母的帮助。此时家长就会觉得很生气，明明是一片好心，却"热脸贴了冷屁股"。其实父母对此不要生气，因为这是宝宝开始形成自我意识的表现，他知道了自己能够影响周围的人和环境。这种心理的产生是成长过程中的一次飞跃，并不是宝宝故意与家长作对。

父母应该为宝宝出现自我意识而高兴，并且应该抓住机会来培养宝宝的独立性和自信心。如果宝宝要做的事没有危险，那么父母应该学会放手，让他自己去做喜欢的事。适当的妥协可以让宝宝更快地独立和成长，自我意识也是孩子在未来社会上立足的根本。

 ## 403. 继续对宝宝进行站立和行走训练

接近1周岁的宝宝已经能够站立和行走了，不过还不熟练，所以爸爸妈妈要继续让宝宝练习站立和行走，帮助他熟练地掌握这两项基本技能。

让宝宝站稳是训练其走路的前提。父母可以先让宝宝靠在床边或者沙发上，等他站稳之后，拿出一个他经常玩的玩具，放在离他稍微远一点的地方，让他不得不离开依靠物向前走。这样就可以迫使宝宝掌握平衡感，靠自己的双脚来站稳。

事实上，当宝宝学会单手扶着东西蹲下再站起来之后，他就已经能够独自站稳了。如果离开支撑物他就摇摇晃晃的，更多的原因是因为胆小和没有信心。所以父母在训练宝宝独自站立时，或拉着宝宝的手学习走路时，可以趁着宝宝两脚一前一后站立的时候不经意地放开自己的手，让宝宝自己站立。如果宝宝表现得很害怕，或者要摔倒的时候，父母一定要及时伸出手来护住宝宝，只有这样，宝宝才能安心地学习走路而不担心摔倒。

 ## 404. 教宝宝变换身体的重心

我们可能没有注意到人在走路时，重心是不断变换的。那是因为我们已经能够非常熟练地行走，而对宝宝来说，学会在变换重心的时候掌握平衡是比较难的，这对他们来说是个新鲜的领域。

实际上，我们走路的时候，每迈一步，身体都会交换一下重心。所以父母要想让宝宝学会迈步行走，首先要让他学会变换身体的重心。

父母可以在宝宝有行走欲望的时候拉着宝宝的双手或者单手引导他向前迈步，也可以让他自己扶着栏杆行走。让他在这种有支撑物的情况下体会重心的改变。当宝宝试着独自迈步的时候，父母可以先往后退一步，然后伸开双手让宝宝走过来，不过一定要控制好距离，最好只比宝宝伸直手臂的距离远一点点，既让宝宝能够通过努力马上就回到父母的怀抱，又能保证一旦他有摔倒的倾向就能马上抱住他，给他足够的安全感。随着练习次数的增加，当宝宝也战胜了恐惧感的时候，爸爸妈妈可以逐渐增加

和宝宝之间的距离。

　　还有些宝宝胆子天生比较小，明明已经能自己走了，却总是需要爸爸妈妈扶着才敢迈步。此时父母可以拿一个毛巾或者丝巾，自己牵着一头，宝宝牵着另外一头，开始的时候让毛巾绷得紧一些，让宝宝感受到父母在用力，当宝宝的胆子逐渐大起来之后可以逐渐放松一些。

# 405. 为宝宝创造有利于智力发展的外部环境

　　本月宝宝能够用简单的词语表达自己的意思，也开始了自己走路，这两项技能为宝宝的智力发展开拓了更广阔的空间。此时为了提高宝宝的智力水平，父母要为他们创造一个有利于智力发展的外部环境。

　　首先要保证环境的安全性。此时宝宝行动能力增强，喜欢到处去探索，对于宝宝的安全问题，父母要预防为主。不管是室内还是户外，都要把宝宝的安全放在第一位。在家里要把可能对宝宝构成伤害的物品妥善放置，最好不要让宝宝接触到；电源插座最好使用那些可以用盖子盖上的，平时有不用的电器一定要及时断电；在户外的时候，不要带宝宝到马路边等车辆很多的地方活动。

　　多变的环境可以促进宝宝的智力发育。如果宝宝每天面对的环境都是单调的，他就会觉得很厌烦，也会失去探索的热情。为了帮助宝宝保持好奇心，爸爸妈妈可以多带着宝宝去看看外面的世界，比如公园、餐厅和商场等地方。如果宝宝对图书或雕塑特别感兴趣，父母还可以在人比较少的时候带他去图书馆、博物馆感受一下氛围。

　　此时的宝宝也很喜欢乱涂乱画，父母不要因为怕宝宝画到墙壁上就不给他准备画笔。还有些宝宝可能会对音乐比较感兴趣，此时爸爸妈妈可以选择一些音质比较好的音乐玩具，让宝宝自由地创作出只属于他的音乐。另外，爸爸妈妈一定要给宝宝准备一些制作精良的画册，有时间的时候可以和宝宝一起看，并且给他讲解书中的故事。由于宝宝集中注意力的时间很短，所以每次不要讲太长时间，几分钟就好，防止宝宝产生厌倦的心理。

 **406. 选择有助于智力开发的玩具**

　　本阶段的宝宝已经产生了初步的独立意识和自我意识，很多事情都希望自己去做。此时父母就可以给宝宝准备一些需要动手操作的玩具，这不仅能够满足宝宝的探索欲望，而且还能开发宝宝的智力。

　　积木就是很好的开发智力的玩具，它不仅能够帮助宝宝认识形状、颜色和大小，而且还能帮助宝宝提高想象力，做组合排列的游戏。在宝宝玩积木的时候，父母可以引导宝宝对积木按照不同的标准分类，比如按照红、黄、蓝分类，按照长短分类等等。此外宝宝还可以用积木拼成"木楼房"，建造"大桥"等。目前市场上的积木有很多种，父母可以先给宝宝买一种，当宝宝把一种玩得比较熟练之后，可以买来另外一种让他发展新的技能。

　　魔方类的玩具则可以帮助宝宝提高手的灵活性，他们会利用手来扭转这类玩具。玩这些玩具的时候，可能会需要父母花很长时间来示范，但是当宝宝学会之后，父母就可以让他自己玩，他们学会之后，往往可以专注地玩上好长时间。

　　另外，好的玩具不一定非得是花高价买回来的。父母可以利用家里的东西来给宝宝做玩具。比如那些成套的物品，像是小筐、小篮子等。爸爸妈妈可以培养宝宝把这些小玩具放进小容器中；也可以选择一套大小不一的塑料碗，让宝宝按照大小堆叠起来，以此来加强宝宝对于大小的理解以及提高自理能力。

 **407. 不要制止宝宝的撕书行为**

　　宝宝到了一定年龄之后，都会喜欢上撕纸。其实这是宝宝提高手指灵活性的好方法，爸爸妈妈不要因此训斥宝宝。爱上撕纸是宝宝大脑正在高速运转的标志。手的灵活性与开发大脑之间的关系是互相促进的。

　　父母可以为宝宝准备一些废弃的报纸代替书本来让宝宝撕，并且温和地告诉宝宝不要撕书。把废旧的报纸给宝宝之后，开始的时候可以让他自由自在地撕，等到比较熟练之后，父母可以在报纸上画上常见的形状，让宝宝撕出一定的形状。以后可以画更难的图形让宝宝来撕。

这个游戏可以让宝宝的手指更好地配合，提高手的灵活性，为后期更加精细的动作打下基础。另外，父母也可以借此来提高宝宝的自理能力，等到他撕完之后，父母可以和他一起把撕碎的纸片收集起来，这样可以培养宝宝收拾玩具的良好习惯。

## 408. 允许宝宝乱涂乱画

本月的宝宝开始对笔和纸张产生兴趣，喜欢乱涂乱画，此时父母别因为怕宝宝画到墙壁上就拒绝给宝宝准备画笔，而是应该抓住这个时机，让宝宝熟悉纸张和握笔姿势，为后期学习书写打下基础。

爸爸妈妈可以给宝宝准备蜡笔和纸张，指导宝宝用右手握住蜡笔，引导宝宝在纸上"画画"。当然此时的"画"还很难称之为画，因为只是一些弯弯曲曲的线而已，不过当宝宝发现手的运动可以让蜡笔在纸上留下痕迹时，他会表现得非常兴奋，会使劲在纸上涂抹。随着宝宝对笔和纸越来越熟悉，他们的"作品"中会出现圆圈，随后是图案，最后他们会渐渐学会用笔写字。

如果父母害怕宝宝弄脏墙壁，可以在笔上缠上胶带，然后把胶带固定在桌子上。不过这样也容易限制宝宝的思维和想象力的发展，所以最好还是让他们自由涂抹和发挥。

## 409. 教宝宝学会脱袜子

在教宝宝脱袜子之前，父母可以简单地告诉宝宝袜子的用途。随后就可以开始脱袜子的训练。

在教宝宝脱袜子的前几天，父母可以有意识地在宝宝面前脱袜子，让他观察脱袜子的动作，经过几天的准备，父母就可以开始教宝宝脱袜子了。首先把袜子从宝宝的脚上退到脚尖附近，然后拉着宝宝的手，让他的小手放在袜子上，手把手地帮他把袜子脱下来。让他体会一下脱袜子的动作，然后鼓励他继续脱。

随后可以帮宝宝把袜子穿上，然后脱到他的脚跟处，鼓励他脱下来。等到他能熟练地从脚跟上脱下袜子之后，父母可以教他用手捏着袜口，从上到下把袜子脱下来。

开始学习的时候，可以给宝宝准备比较宽松的袜子，等到他熟练地掌握这项技能之后，可以给他换成合脚的袜子继续练习。

## 410. 消除宝宝的恐惧心理

当宝宝接触新事物、新环境的时候，由于陌生，他可能会对新鲜的事物产生恐惧，表现为肌肉收紧、表情紧张，眼神也会变得非常谨慎小心。父母千万不要认为宝宝胆小没出息，而是应该通过鼓励来帮助宝宝消除恐惧心理。

很多成人到一个新环境的时候心里也会打鼓，更何况是一个小孩子呢？所以父母要对宝宝的恐惧心理抱着理解的态度，并想办法去消除宝宝对陌生事物的恐惧感。

比如带宝宝来到一个新环境之后，父母可以抱着宝宝到每个地方看一下，并试着用风趣的语言描述这个地方，让宝宝感到这里虽然很陌生，但是似乎是个有趣的地方。另外家长要在来到这个新环境之后抱着宝宝，或者牵着他的小手，千万不要把他扔在一边让他自己玩，此时最重要的就是给宝宝安全感，让他知道不管有任何危险父母都会在第一时间给他保护。

如果想把宝宝交给不熟悉的亲友照看一下，最好先让宝宝与对方玩一些互动的游戏，等到宝宝消除了恐惧感之后再离开。

如果宝宝真的很胆小，父母也不要一直批评宝宝，而是要用温和的鼓励告诉他："没关系，大家都很喜欢你。"总之要用正面的力量引导宝宝，培养他的自信。

## 411. 警惕宝宝的不良习惯

宝宝年龄还小，不能分清什么事情对自己好，什么对自己不好，因此有可能养成一些不良的行为习惯，这就要求父母平时多观察，及时制止，否则长大后会更难纠正。

比较常出现的不良习惯主要有以下几种。

1. 伸舌头：宝宝刚出生的时候常常会不自觉地伸舌头，这是一种生理现象。但是到了这个时候，宝宝如果还是经常伸舌头，父母要注意帮助他改正。因为总是伸舌头会使门牙受到挤压，出现排列不齐或向前突出的现象，会影响牙齿的健康和美观。

2．吮吸手指：经常吮吸手指的话容易把细菌带进消化道，而且还可能被牙齿咬破，造成出血或者感染等。另外总是吮吸手指同样会造成牙龈变形，影响牙齿的健康。要改掉这个习惯，最好的方法就是发现宝宝吮吸手指的时候就用玩具或者其他东西转移他的注意力。也可以在他的手指上涂上一些有异味的东西，比如辣椒等。但是可能会对宝宝的心理造成影响，不推荐，只有非常严重的时候才可以使用。

3．用手揉眼睛：有些宝宝喜欢用手揉眼睛，这会引起沙眼、倒睫等眼病，有时候还会因为抓破眼角而引起红肿或感染。纠正这个坏习惯的方法同样是转移他的注意力，一旦出现揉眼的动作，就轻轻地把他的手从眼睛上拿开，并用小玩具或者小零食"占住"他的手。

# 412. 让宝宝感受家庭的温暖

11～12个月的宝宝已经可以听懂大人的话，并能在爸爸妈妈的指导下明白哪些行为是好的，哪些行为是不好的，也知道了待人接物的礼节。他们开始对周围的世界和环境有了自己的感受。此时，父母要给宝宝创造一个温暖的家庭环境，让他感觉甜蜜幸福。只有好的环境，才能让宝宝在耳濡目染中形成乐观、温和的性格，并从中理解家庭的概念，这对宝宝未来的生活和工作学习都大有好处。

这个阶段的宝宝，如果需要什么，会伸出手指去指，还会用表情和手势相配合。有时候宝宝发现了开心的事情，他就会"咯咯咯"地笑个不停。当宝宝用笑容和表情来表达自己的感受和需要的时候，父母不要把宝宝丢在一边，而是应该走过去与宝宝分享他的快乐和开心，让他感受到关爱和关注，并从中体会到家庭的幸福。同时，爸爸和妈妈也要多用笑容与宝宝沟通，如果有开心的事情也可以跟宝宝说一说，虽然他不一定能够听懂，但是他能从你的笑容里感受到家庭成员之间的爱。

# 1~1.5岁：多和宝宝对话交流

 **413. 宝宝的能力**

宝宝满1周岁之后视觉发育基本已经完成了，他们此时看东西的能力进一步提高了，世界对他们来说也变得更加立体了。如果条件允许的话，父母可以经常带宝宝去大自然里走走看看。宝宝在大自然中学到的东西要比从书本上学到的东西更多，而且也更容易记住。

大部分宝宝在这个阶段都已经能够走路，发育比较快的宝宝可以比同龄人走得远，但是有些宝宝则要费很大的力才能艰难地迈上一两步，这些都属于正常范围内的个体差异，父母不要强求。很多家长可能发现宝宝走路的时候有些0形腿，常常会担心宝宝腿形不正，其实那是宝宝的肌肉还没有发育完全。随着年龄的增长，他们的腿会逐渐变得长而有力。

走路不太熟练的宝宝，能够灵活地运用自己的小手来保护自己，遇到台阶的时候，他们会手脚并用。此时宝宝的手变得很灵活，不仅能够自由活动，而且能熟练地捧起水杯喝水。他们喜欢把手指伸进任何可以见到的小孔中，也可以比较准确地用勺子吃饭。

很多家长会从宝宝1周岁开始，对宝宝进行系统的智力开发。我们要提醒父母的是，智力开发的含义很广，实际上前面的游戏内容都是属于智力开发的。智力开发不等于教宝宝认字识数，爸爸妈妈不要试图以各种方式加速宝宝的智力发展。认字或者识数对1周岁的孩子来说是很困难的，宝宝没有兴趣死记硬背。这样做的结果往往是打击了孩子学习的积极性，这样会使培养孩子学习兴趣变得非常困难。父母要谨记：慢养才能成大器。

## 414. 早教重点

父母千万不要把早教理解成简单地认字、识数、会说英语单词，实际上早教的范围要广得多。本月的早教重点要放在认知能力、语言能力和交往能力的提高上，动作能力则需要适当地巩固。

在认知能力方面，父母可以试着让宝宝去理解因果关系、提高注意力，并且认识不同的形状。父母可能会意识到这个阶段的宝宝开始对需要上发条的玩具和开关非常感兴趣，这是因为他们开始对因果关系有了初步的理解，知道是自己的某些行为引发了变化。此时宝宝更喜欢玩复杂的游戏，而且已经能够自己把游戏串联起来。随着游戏复杂程度的提高，宝宝集中注意力的时间也越来越长。

在语言能力方面，本阶段的宝宝应该达到的目标是可以用一些短语来回答成人的问话。他应该可以听懂一些日常用品的名字，能说10～20个单词。但是他们已经学会用一个单词来表达各种各样的意思。对这个阶段的宝宝来说，他们常常是把一个单词理解为一个"完整的句子"，并且这些句子在不同的场合有不同的意思。父母要继续扩大宝宝的词汇量，帮助宝宝理解词语和句子的区别。

在交往能力方面，此时宝宝喜欢到户外玩耍，喜欢到小朋友多的地方去。此时的宝宝还是依然比较黏妈妈。所以妈妈要离开的时候最好给宝宝一个缓冲的时间，可以用他感兴趣的游戏填满他与妈妈分离的时间。

## 415. 用简洁清晰的语言对宝宝说话

很多研究表明，简洁清晰、语调温柔缓慢的语言可以促进孩子的听力和智商。这种语调又被称为"妈妈腔"，因为很多妈妈和孩子说话的时候不自觉地就会使用妈妈腔。不过妈妈腔并不是妈妈的专利，它只是一种语调的名字，爸爸、爷爷、奶奶也同样可以采取这样的语调和孩子说话。

那么什么样的说话方式才是标准的"妈妈腔"呢？

首先"妈妈腔"的语速要缓慢。因为孩子的理解能力有限，只有语调缓慢，孩

子才能更容易地接受爸爸妈妈的信息。其次发音要清晰。孩子学习语言都是通过模仿和重复来实现的，所以父母在与孩子说话的时候一定要字正腔圆。不过这并不是要求家长一定要说普通话，而是说不管是什么样的语言，都要发音清晰，便于孩子模仿。最后是语句要简短。很长的句子都是说给大人听的，孩子并不懂语法，更不懂语气所带来的含义变化，所以要让孩子能够充分理解父母所说的话，就一定要把句子说得简洁，不要对孩子说反话或者说带讽刺的话。

不过孩子6岁之后，家长就要抛弃妈妈腔，用正常的语速和语调对孩子说话，因为此时他们已经掌握了语言工具，理解能力和抽象思维能力也有了很大的发展，此时依然使用"妈妈腔"的话，会阻碍孩子发展。

## 416. 继续训练宝宝行走的稳定性

在这个阶段，宝宝大多数已经能够自己走了，此时爸爸妈妈不要放松对宝宝的训练，要继续逐步锻炼孩子的行走能力，并提高他走路时候的稳定性。

要提高宝宝的行走能力，父母应该先了解宝宝行走时候的特点。他准备学走路的时候，会把手先放在地上，把胳膊伸直，把身体撑起来之后慢慢直起腰，把腿伸直之后才会开始往前走。开始迈步时，孩子不敢迈大步，两腿之间的距离通常很宽，脚指头向外，一副东倒西歪的样子。现在宝宝的行走方式已经比较成熟了，在父母的帮助下他们甚至可以爬楼梯了。不过当宝宝自己爬楼梯的时候，他只能手脚并用，一步步地缓慢上下。

针对宝宝胆子比较小，迈大步的时候不稳定的情况，父母可以试试这个方法。首先站在宝宝背后，双手扶住孩子的胳膊，对宝宝说"一二一，迈大步"。等宝宝熟练之后，父母可以慢慢过渡到牵着宝宝的手，让他迈大步走。最后，宝宝就能学会自己迈大步前进。

## 417. 发展宝宝的平衡能力

其实训练宝宝的平衡能力，不仅能够提高他的运动能力，而且对提高宝宝的专注力也很有好处。

公园或者小区里面的小平衡木、小滑梯和其他适合宝宝玩耍的攀登设施等都可以训练宝宝的平衡能力。爸爸妈妈带着宝宝到这些地方玩耍的时候，可以让宝宝利用这些设施来进行练习。在利用这些设施进行平衡练习的时候，爸爸妈妈一定要在旁边加以保护。而且训练的时候一定要循序渐进，开始时一定要在旁边扶着宝宝，并且鼓励他去玩耍。等到宝宝胆子大些，放得开的时候，逐渐放手让宝宝自己去玩。

而且在这些地方，常常会有很多其他的小朋友，此时也可以让宝宝和其他的伙伴一起玩耍。这些活动不仅可以提高运动能力，还能教会宝宝如何与他人交往，遵守秩序等等有利于宝宝日后发展的事情。

## 418. 用玩具辅助训练动作的协调性

如果宝宝走路不稳或者胆子太小不敢独自行走，父母除了亲自上阵帮助宝宝训练之外，也可以请"玩具保姆"来帮忙。

其中推拉车就是能够帮助宝宝进行协调性训练的玩具。开始的时候，爸爸妈妈可以和宝宝一起推着小车往前走，然后父母可以慢慢地减少帮助，让宝宝自己去推车。等到宝宝能够很熟练地推车之后，可以让宝宝玩拉车的游戏。实际上拉车要比推车难度大一些，因为宝宝一开始就需要自己往前走，没有支持物。如果孩子很害怕，看起来很紧张，父母可以拉着宝宝的手向前走，等到宝宝熟悉之后，可以让宝宝学会自己拉车向前走。以后还可以训练宝宝拉车侧身走、倒退走、转弯走等，使宝宝的行走能力更上一层楼。在宝宝玩推拉车时，父母要事先看好"路"况，尽量选择平坦的场地玩耍。父母要时刻关注宝宝，给他鼓励和帮助，防止宝宝因为用力过大而摔倒。

多做推拉车游戏，除了能够帮助宝宝学会独立行走之外，还可以发展宝宝胳膊和腿部动作的协调性，同时帮助宝宝摆脱对父母的依赖，学会独立活动。

## 419. 增强宝宝的辨别能力

这个训练方法主要是针对本阶段幼儿的心理特点设置的，用来增强宝宝的辨识能力。

1. 布袋游戏：爸爸妈妈可以事先准备一个布袋，还有各种水果若干个；另外可以再准备一些小玩具，把这些东西装进袋子里面。此时可以让宝宝伸手去袋子里面摸一样东西，摸完之后告诉爸爸妈妈是什么东西，然后把摸到的东西拿出来，和爸爸妈妈一起看看说得对不对。如果宝宝能够多次说对物品名称，那么爸爸妈妈就可以把东西倒出来让宝宝继续做分类游戏，比如把东西分成水果和玩具两类。当然为了帮助宝宝发散思维，爸爸妈妈可以制定不同的标准来让宝宝进行分类。

2. 纸盒游戏：找一个纸盒，放进同种颜色的杯子、球、积木等物品。然后让宝宝把物品拿出来并一一说出名字。如果宝宝说不出来，父母要教宝宝进行辨认。多次练习之后，爸爸妈妈可以尝试着增加一些其他颜色的物品，然后让宝宝按照颜色来分类。这个游戏不但能够增加宝宝的词汇量，而且还能让宝宝区分不同的物品。

## 420. 为宝宝创造良好的音乐环境

音乐是开发智力的最好途径之一。本阶段的宝宝非常活泼。优美的旋律、明快的节奏不仅可以让宝宝感到愉快，而且他还会随着音乐跳舞、唱歌，这使宝宝的充沛精力有了用武之地。

1岁以后的宝宝通常都会自己编歌曲，这是一种无法记录的自发歌曲，是随着宝宝语言能力的提高而出现的。而此时如果宝宝经常听到熟悉的歌曲，他就会记住其中的旋律或者短句，因此为宝宝创建良好的音乐环境不仅可以提高宝宝的艺术素养，而且也有利于语言能力的提高。

随着宝宝的日渐长大，爸爸妈妈可以选择适合宝宝年龄段的歌曲来给宝宝欣赏，如果宝宝自己不能领会其中的感情，父母用表情或者动作来教会宝宝欣赏音乐，感受其中的氛围。为了提高宝宝的音乐智能，爸爸妈妈也可以买一些简单的小乐器让宝宝从中感受音乐，并且创造属于自己的音乐。在熟知歌曲节奏的基础上，爸爸妈妈还可以鼓励宝宝唱歌。总之，爸爸妈妈要根据家里以及周围的环境，努力为宝宝创造出良好的音乐环境，激发宝宝对音乐的兴趣，促进宝宝智力的发展。

## 421. 为宝宝介绍几种图形

此阶段幼儿的认知能力有了新的提高，可以开始认识形状了。一般来说，认识形状有以下几个阶段。

第一个阶段是感知形状。父母可以给宝宝准备各种形状的图片，也可以用七巧板或者积木代替。妈妈可以拿出一个圆形的卡片告诉宝宝："这是圆形。"然后可以编一首儿歌，可以在儿歌中告诉宝宝生活中哪些东西是圆形的。随后把卡片交给宝宝，让他自己感觉一下圆形的特点。

第二个阶段是通过分类加深对形状的理解。在宝宝做游戏的时候，可以要求宝宝把圆形的卡片和不是圆形的卡片分开，分别放在两边。此时妈妈可以观察宝宝分得对不对，如果正确的话，要给宝宝表扬和鼓励。

第三个阶段是自己寻找生活中的形状。当宝宝对圆形有了了解之后，爸爸妈妈可以与宝宝一起寻找生活中的圆形。可以采取和宝宝比赛的方式，看谁找得又快又多。当爸爸妈妈买回来什么东西的时候，也可以让宝宝来鉴定一下这种东西是不是圆形。

父母在教孩子认识形状的时候一定不要心急，一定要确认宝宝认知了一种形状之后再引导他学习新的形状，防止宝宝思维产生混乱。

## 422. 尝试为宝宝改编几首新儿歌

随着语言能力的发展，宝宝现在已经能够发出很多类似声音，能够理解表示禁止的"不"，还能够用手势和声音来吸引别人的注意力等，此时父母可以通过改编儿歌来引起宝宝对语言学习的兴趣，同时帮助他提升语言理解能力。

这个时期父母可以多给宝宝念一些儿歌，可以把其中的一些词语换成宝宝熟悉的事物的名字。也可以把宝宝的名字巧妙地放进儿歌里面，让孩子对这些儿歌产生亲切感，这样他们学起来也会更加用心。

除了给宝宝改编儿歌，爸爸妈妈还可以让宝宝听完故事和儿歌之后学会复述。在宝宝1岁左右，如果爸爸妈妈总是重复着给宝宝讲故事，那么他们基本上就能认识到文字的排列顺序，而且能够在父母的解说下初步理解其中的意思。此时父母可以给宝宝讲些简单的故事，让他进行简单的复述，也可以讲完之后问宝宝问题，让他在听故事的过程中不仅能够提高语言理解能力，而且能够动脑思考其中所蕴涵的道理。

## 423. 不要嘲笑宝宝的语言错误

有些宝宝语言能力发展比较快，在1岁半左右的时候可能会突然说出简单的几个单词组成的句子，这些会让家长感到惊喜不已。随后，宝宝的语言能力进入大爆发的时期。通常情况下，女宝宝的语言能力要比男宝宝发展得快一点，女宝宝在这个时候能说出完整句子的可能性更大。

不过由于宝宝的理解能力和语言能力都很有限，所以难免会出现一些语法错误以及其他的语言错误。此时父母不要嘲笑宝宝。这里要提醒家长的是，把宝宝的这些语言错误当作笑料与亲友分享同样是嘲笑的一种。父母可能会认为这是宝宝可爱的表现，但是对于宝宝来说却是一件很伤自尊的事情，这与直接嘲笑并没有本质的区别。

当宝宝出现语言错误的时候，父母最好的解决方式是假装没有听懂，然后在询问宝宝意思的过程中，不动声色地把正确的说法说给宝宝听。这样宝宝就能够领悟到自己的错误并且知道正确的说法。平时可以给宝宝多读一些经典著作，在潜移默化中引导宝宝学会正确的表达方式。

总之，爸爸妈妈在教宝宝说话的过程中一定不要打击宝宝学习语言的积极性，要时时刻刻把尊重宝宝放在第一位。

## 424. 读懂宝宝的身体语言

1岁多的宝宝语言表达能力还很有限，不过他们的表达方式却很多样，除了语言，他们还会用表情、动作和情绪等来表达自己的意思。读懂宝宝的身体语言，是爸爸妈妈必须学会的一门技能，只有这样，爸爸妈妈才不会在宝宝哭闹时手足无措，或者在宝宝闹脾气的时候不明就里了。

宝宝的身体语言是和他的年龄对应的，无论宝宝处于哪个阶段，他都会用自己的身体语言和父母对话。

清澈的眼神，神采飞扬的眉毛，滴溜转的眼睛，这些动作都表明宝宝处于清醒的状态，他希望父母能够和自己玩耍；而当宝宝对周围事物的刺激反应非常迟钝，眼睛也很无神的时候，则说明他此刻感到很无聊或者身体不舒服等。

宝宝把头转向一边或者只朝前看意味着宝宝想要休息，此时父母应该中断和宝宝的交流，安顿他及时睡下；如果宝宝脑袋伸得直直的，则是再说："我在这里！谁陪我玩一下？"当宝宝的小手攥成拳头，说明宝宝情绪不佳，极有可能处于愤怒状态，想要和别人打架。当宝宝肚子胀气或者便秘的时候也可能会把小手攥成拳头。如果宝宝总是拼命蹬脚，此时他就可能承受着身体上的痛苦或者巨大的压力，他试图用这种方法把伤害踢开。

宝宝的身体语言很多，可以表示情绪，也可以表示疾病，这些需要父母在实践中学会总结，并且及时对宝宝做出反馈。

## 425. 宝宝发脾气怎么办

此阶段的宝宝自我意识在逐渐完善，所以发脾气的时候也变得越来越多，而且有些宝宝发起脾气来非常可怕，挣扎着甩开大人的手算是比较小儿科的，更恐怖的是有些不管手里拿着什么东西一律扔掉。如果宝宝脾气特别暴躁，父母首先要做的不是教育宝宝，而是应该先带着他到医院检查一下。因为如果体内缺少某种营养素的话，脾气就会变得很坏。

排除了身体上的原因之后，如果宝宝总是为外界环境中的事情而生气的话，爸爸妈妈一定要注意处理方式，千万不要在冲动之下大打出手，更不要大打出手之后马上去道歉。因为这样会增加孩子的委屈心理，也会在无形中强化宝宝的坏脾气。处理宝宝坏脾气的最好方法是冷处理。如果宝宝发脾气的确没有道理，家长一定要克制住自己的情绪，冷静地面对正在哭闹的宝宝，杜绝他用发脾气的方式来引起父母的注意。如果他了解到发脾气是不能引起父母注意的，以后他就不会用这种不好的方式来吸引父母的注意力。

另外，家长也要注意给宝宝营造一个和谐的家庭气氛。长期生活在吵吵闹闹的家庭中的宝宝，他们的成长往往会受到阻碍。

## 426. 家庭用品可能是宝宝最好的玩具

现在的玩具越来越高科技，而父母为了开发孩子的智力更是不遗余力，不管多贵

的玩具，只要听到对宝宝的智力有好处，就会毫不犹豫地搬回家。实际上，很多玩具所具有的开发智力功能，家里的日常用品都可以代替，而且效果可能还会更好。要知道，玩具并不是价格越高越好，只要能够帮助孩子完成每个阶段要掌握的技能，它就是一个好玩具。

充分利用日常生活用品帮助宝宝发展智力，不仅需要宝宝的想象力，父母也要有点创造力。举例来说，如果家里买了冰箱或者洗衣机，很多父母就会把外边的包装箱扔到储物间不再过问了。但是有一位家长把洗衣机的外包装给宝宝做了一个游戏的小屋，还和宝宝一起往盒子上面画了装饰画。由于自己参与了制作过程，宝宝对这个游戏小屋很有感情，有空就会在里面爬来爬去，摆弄玩具。其实这个自己做的游戏屋和外边买来的游戏屋产生的效果是一样的，而且还同时锻炼了宝宝的动手能力，并且加强了亲子之间的关系。另外，让宝宝从盒子中把纸巾拉出来，把厨房里面的锅碗瓢盆当作乐器等，这些都是很有趣的游戏。

对于这个时期的宝宝来说，家庭用品是非常新奇的东西。当他玩某个家庭用品"上瘾"的时候，父母要做的就是不要打扰他，让他尽情玩耍。

##  427. 不要阻止宝宝的探索

此阶段，大多数家长都会产生这种感受：现在的孩子不像以前那样好带了。此时的宝宝已经从安静的"小天使"变成了一个闹腾的"小魔鬼"，除了睡觉，他们没有一刻是安静的。他们总是到处乱走，把所有的东西都当作玩具，把好好的东西破坏得体无完肤，还会做出很多超出大人想象的事，更气人的是他还总是一脸无辜，乐在其中，丝毫不觉得这样做非常"讨人厌"。

其实此时宝宝的淘气是建立在探索欲望上的。此阶段的宝宝好奇心很强，探索欲望也非常强烈。在大人眼里再平常不过的东西，在宝宝的眼里都是十分新奇的，他想通过尝试把这些东西一个个弄清楚。当他们弄清楚周围世界的秘密之后，他们淘气的行为也就停止了。

实际上，宝宝的好奇心和探索欲是求知欲的表现。如果家长能够在确保宝宝安全的前提下鼓励他"淘气"，那么他能够在这一时期获得很多特别的认知和体验，而且如果宝宝的好奇心得到了保护，他以后也会对学习充满兴趣。对宝宝小时候好奇心的保护和尊重，父母一般不必担心宝宝未来的学习。如果一些家长不明就里，看到宝宝

淘气就禁止，那么宝宝探索的天性就可能被压制，长此以往，宝宝就会失去好奇心和探索能力，这对宝宝未来的发展十分不利。

## 428. 鼓励宝宝涂鸦

曾经有教育家说："不一定每个孩子都会唱歌，但每个孩子都一定会画画。"此处提到的画，就是指那些宝宝随意的涂鸦，是"原生态无污染"的创作，而不是那些被限定的所谓"作品"。这些涂鸦可能出现在墙上，也可能出现在废弃的报纸上，有些可能已经被丢进了垃圾桶。但是只有这些没有经过加工的作品才是孩子内心世界真实的体现，所以家长不要剥夺孩子涂鸦的权利，要鼓励他们涂鸦。而且鼓励宝宝涂鸦的时候，父母一定要摆正心态，这不是为了培养画家或者艺术家，而是为了让他们发泄自己的情感，而爸爸妈妈本身也可以从中观察出孩子的心理和性格特征。

下面介绍几种常见的涂鸦代表的心理状态。

如果孩子喜欢画圆圈，代表孩子很孤独，缺乏安全感。如果画了很多圆圈，就表示孩子心情不好，很犹豫。

如果孩子画的是有棱角的方形或三角形，他们一般很有主见，棱角越鲜明，这个孩子就越不容易听别人的指挥。

如果孩子下笔很重，喜欢用强烈的色彩，比如红色或者黑色。这类孩子易怒，体力充沛，具有领导才能，但是耐性比较差。

如果孩子下笔很轻，一幅画通常只用一两种颜色，表示这个孩子性格沉稳，喜欢独来独往，讨厌竞争和挑战。

## 429. 尊重宝宝的独立意识

与家长的对抗是独立的一种表现，或者说这一时期孩子的对抗行为，表示他们已经模模糊糊地意识到，日常生活中的规矩都是人定的，并不是不能改变的。一开始他们只知道对抗的方式可以表示自己的独立，外在的表现就是用行为以及语言拒绝爸爸妈妈。随着孩子的渐渐长大，他们会学会用更多积极的方式来表达自己的想法。

宝宝在1岁半左右，就会开始对大人说"不"，这是孩子语言能力和自我意识发

展的重要标志。随着语言能力的发展，他知道了"不"这个字具有神奇的力量，能够改变别人的行为，也能够改变别人对自己的态度。在一岁半到两岁左右，孩子为了验证"不"的力量，他会用"不"字来回答家长向他提出的所有问题和要求。对于宝宝这种事事拒绝的行为，爸爸妈妈要为他感到自豪，而不是生气，甚至打骂孩子。因为当孩子学会用"不"来回答自己，就说明孩子又长大了一些。如果宝宝拒绝的问题或者要求不是原则性问题，而且也不会对宝宝的安全造成影响，爸爸妈妈就应该尽量尊重他的愿望，不要过多地干涉他的想法。

##  430. 不要过早让宝宝接触电视和电脑

孩子哭闹的时候，父母常常会不知所措，直到他们发现电视或者电脑能够让孩子安静下来。于是当孩子再次哭闹不止的时候，爸爸妈妈就会把他放在电视前面，有些家长甚至会给这么小的孩子玩电脑游戏。有些家长还自以为给孩子找到了一种认识世界的好办法，实际上电视和电脑对孩子产生的危害要远远大于它带来的益处，而且孩子一哭闹就把他丢给电视是父母不负责任的体现。

如今的电视节目主要是针对成年人的，小孩子的理解能力很难达到那样的高度。如果孩子的理解能力没有那么高，突然之间就暴露在很难理解的环境中，这会给孩子的理解能力和语言能力带来很大的影响。另外，现在的电视台为了收视率，制作出来的节目良莠不齐，再加上小孩子超强的模仿能力，这就会使孩子见到感兴趣的东西就会模仿，而他并不知道模仿的东西是好还是坏。这些模仿可能会给孩子的成长埋下隐患。此外，电视节目看起来似乎非常丰富，但是与想象力比起来，其实是很贫乏的。如果孩子长期看电视，玩电脑，他们的想象力就会受到限制。

# 1.5~2岁：难管理的淘气包

 ## 431. 宝宝的能力

接近两岁的孩子行走的技能已经掌握得相当熟练，而且大动作能力已经基本掌握，比如跑、跳、爬、跳舞等等。在语言能力方面，宝宝能够学会日常生活中常用的上百个词汇，发音时声调准确，能够迅速说出自己的名字以及熟悉的物品的名字；能够自己说儿歌，还学会了使用代词，比如"这里""那里""你、我、他"等。此时他的观察能力也有所增强，能够辨认出事物之间的区别，能够区分颜色。在数量关系方面，他们能够从1数到5。

这个阶段的孩子依然害怕与父母分开，当别人表扬他的时候，他的心里会产生骄傲感，而且也逐渐喜欢在别人面前表现自己。不过此阶段的宝宝还不能区分是非，所以需要爸爸妈妈通过赞赏或者禁止来帮助他建立是非观念。

本阶段的宝宝依然需要父母精心的照料，不过父母不要溺爱。因为此时属于自我意识的萌芽期，如果对他百依百顺，会让他养成以自我为中心的习惯，这不利于孩子良好性格的形成。随着他自我意识和能力的增强，宝宝开始从被动接受向主动出击转化，此时父母一定要抓住时机，培养宝宝的独立性，凡事他能够完成的事情，父母就要放手让他去做。当宝宝做完之后要给予鼓励。

 ## 432. 早教重点

父母要把本阶段的早教重点放在认知能力、自理能力以及交往能力方面，宝宝的语言能力处于大爆发时期，因此父母也不要放松对宝宝的语言教育。在动作能力方

面，父母要逐渐帮助宝宝养成锻炼身体的好习惯，只要巩固宝宝现有的运动能力即可。

宝宝现在已经意识到自己和其他人的区别，会尝试着用"我"来代替名字，这是宝宝的自我意识发生了巨大变化的标志。此时的宝宝观察能力大大增强，能够发现明显的变化以及区别，父母可以从此处入手帮助宝宝提高认知能力。此时宝宝的记忆力有了明显进步，可以理解一些抽象的概念，像是"今天明天""快慢""远近"等。宝宝开始出现问"为什么"的情况，这说明他对外界事物的思考又上了一个新的高度，此时父母也应该多储备一些知识与孩子分享。

这个阶段的孩子小手已经非常灵活，能够自己刷牙洗脸了。孩子还很喜欢模仿妈妈每天做的家务劳动，所以妈妈可以在保证孩子安全的情况下，给他分配一些任务让他来完成，比如用干净的抹布擦桌子或椅子腿；把铺桌子的桌布或餐巾纸拿到餐桌旁边；把脏衣服放进洗衣篮等等。另外，本阶段的宝宝已经能够自己穿脱衣服了，父母应该让宝宝学会这个本领。在教孩子学习的过程中，父母一定要耐心，不要心急。

本阶段的宝宝语言能力出现了质的飞跃，每个月都能学会20～30个新的单词，满2周岁的时候孩子的词汇量有可能会达到上千个。宝宝对日常见到的大多数事物都能叫出名字了，所以跟人交流的时候基本没有困难。宝宝还能说出许多由两个单词组成的短语或者句子，比如"小猫猫""苹果，吃"等。

在交往能力方面，此时孩子处于依赖和独立的矛盾时期，所以情绪波动会比较大，可能一会儿让妈妈抱抱，一会儿又让妈妈走开。此时妈妈不要责怪宝宝，或是以为宝宝精神有问题。此时的孩子喜欢和比自己稍大一些的孩子玩耍。这时候妈妈可以经常邀请小伙伴来家里做客，以此来提高宝宝的社会交往能力。

##  433. 宝宝说错话，不用马上纠正他

此时宝宝的语言能力发展非常迅速，但是由于年龄比较小，说话的时候难免会出现一些错误，此时父母最好不要马上纠正他，因为那样会打击宝宝学习语言的积极性。

当宝宝说错话时，正确的做法是看似无意地把正确的说法告诉他。比如当宝宝说"苹果，吃"的时候，爸爸妈妈可以这样反问他："宝宝是想吃苹果吗？"此时可以把吃苹果几个字拖长一点，或者加重语气，这样孩子就知道自己的说法是错误的，而且知道了正确的说法。

另外，为了避免宝宝说错话，父母应该给孩子创造一个良好的语言环境。平时在生活中，大人有时候也会出现主谓宾不分的情况，但是由于不影响理解，所以大人常常不把这当回事。但是在孩子学习语言的时候，父母说话时最好要注意一下，用正确的语法来与家人对话。同时爸爸妈妈可以多带宝宝阅读，教给他更多的知识，丰富孩子的词汇量，并在此基础上让宝宝学会把掌握的词语用于日常表达。

## 434. 鼓励宝宝多用自己的名字

我们在现实生活中经常会听到宝宝这样对父母说话："妈妈，宝宝要吃苹果""爸爸，宝宝要出去玩"。宝宝是孩子对自己的称呼，也是父母表示爱意的一个手段，但是在孩子到了这个阶段之后，父母应该鼓励宝宝在说话的时候多用自己的名字和第一人称"我"，爸爸妈妈也要注意在说话的时候称呼孩子的名字。

名字为什么会这么重要呢？爸爸妈妈跟孩子之间，直接叫他的名字会不会显得很见外？很多爸爸妈妈也许会产生这样的疑问。其实名字对每个人来说都非常重要，名字的确只是一个代号，但是这个代号却代表了独一无二的"我"。因此，当孩子用自己的名字与别人交流的时候，他会感觉到自己是独立于其他人之外的，而当父母叫完孩子的名字再跟他说话，这其中本身就体现了一种尊重，是把孩子当作了与自己平等的个体来对待。在这样的氛围中成长起来的孩子，在面对外界环境的时候，他会表现得不卑不亢，充满自信。而一个没有被平等对待的孩子，将来进入社会之后总是会显得唯唯诺诺，缺乏魄力。

所以父母应该鼓励孩子多用自己的名字去与他人交往，只有这样，他才会从心里认同自己的独立性，能够更好地适应未来。

## 435. 和宝宝一起练习跑和跳

跑步有助于锻炼孩子的下肢，促进身体平衡性和灵活性的发展，对空间感和方位感的建立也有很大的帮助。跑步训练最好由爸爸来实施。比如爸爸可以给孩子念歌谣："小宝贝，真爱玩，摸摸这儿，摸摸那儿，摸摸沙发跑回来。"然后宝宝就会跑向沙发。当宝宝回来之后，爸爸可以再换其他的东西让宝宝去摸。等宝宝累了之后，

可以让宝宝念歌谣，爸爸跑。

在训练宝宝跑步的时候，爸爸妈妈一定要把地面上的障碍物清理干净，防止阻碍宝宝前进或者出现危险。负责跟宝宝玩的家长也不要离开，要时刻注意保护孩子的安全。另外，由于孩子体力所限，这种训练的时间不宜过长，一般以5分钟为宜。

除了跑动，父母还要锻炼宝宝跳的能力。跳可以让宝宝腿的爆发力增强，反应更敏捷。在训练跳的时候，要不断增加难度，保持宝宝对跳的兴趣，因为这样可以提高宝宝身体的灵活性。开始时，家长可以拉着宝宝的双手让他向上跳，并告诉宝宝落下来的时候要张开双脚轻轻落地，只有这样才不会受伤。之后可以慢慢过渡到拉着宝宝的一只手让他跳，不久宝宝就能够自己跳了。

## 436. 增强宝宝的辨别能力

随着身体的发育，以及爸爸妈妈对孩子长期的训练，孩子的认知能力在不断提升，他们已经能够辨认出类似物品中的区别。为了提高孩子的辨别能力，爸爸妈妈可以与孩子一起做这样的"找碴"游戏。

首先准备两幅相似的画，或者相似的物品。爸爸妈妈可以把这两幅画放在离孩子不远的地方，让他找出两幅画之间的区别。先让他认真观察，有些观察能力强的可能一下就能找到，爸爸妈妈要及时给予表扬；但是有些孩子则可能找半天也找不到，此时爸爸妈妈可以适当引导。

不过爸爸妈妈要注意的是，提高辨别能力也要采取循序渐进的方式。开始的时候准备的图画差别最好比较明显，然后逐步发展到比较细微的差别。如果一开始就准备很难的图画，孩子学习辨识能力的积极性就会受到严重打击。

## 437. 抓住语言训练的每个机会

本阶段，孩子的语言能力发生着质的飞跃，从出现两个词语的组合，到结构比较完整的句子，不仅词汇量在继续增加，种类也在逐渐丰富。以前孩子只会说一些比较简单的名词、动词，但是现在很多形容词或者副词也会出现在他的嘴里。父母要根据孩子语言能力发展的特点，抓住一切机会训练孩子的语言能力。

生活中处处都有语言，因此处处也都存在着学习语言的机会。爸爸妈妈在教孩子说话时，要根据孩子的兴趣以及当时的情绪来进行，要让孩子在学习过程中感觉到快乐，这样孩子才能主动地去学习，而不是被强迫着去学习。被强迫着学习的孩子通常会失去学习的兴趣和热情。

其实对于这个阶段的孩子来说，语言的学习可以与生活中的任何事情联系在一起，是一件非常自然的事情。比如，给孩子穿衣服时，爸爸妈妈可以教孩子几个有关衣服的词或几句简单的话，然后一边穿衣服一边练习；和孩子去游乐园玩的时候，可以告诉孩子每个游乐项目的名字，并且给孩子讲解，这样就能给他留下深刻的印象。

## 438. 做好宝宝的模仿对象

在家庭教育的领域，身教重于言传。此阶段的孩子自己还没有是非观，模仿能力又非常强，所以父母此时一定要做孩子的榜样，成为一个好的模仿对象。

此时的孩子自我意识逐渐发展，所以经常会跟父母唱反调，稍不如意还会发脾气。虽然孩子发脾气情有可原，但是不能一味地放任，而是应该积极努力地改进孩子的坏脾气，打造一个好脾气的宝宝。最有效的办法就是以身作则，树立好脾气的榜样。如果家长的脾气就很大，遇到点事情就气得脸红脖子粗，那么我们很难想象这样的家庭里会出现一个脾气温和的孩子。

另外，在孩子的教育问题上，父母的教育观点要统一。不能爸爸给宝宝做出了这样的榜样，而妈妈却让宝宝做完全相反的事情。这样会让孩子变得无所适从，有些孩子还会学会钻空子，这会影响孩子长大之后的人品。

## 439. 教宝宝做一些自由体操

此时孩子的运动能力已经很强了，父母要注意帮助孩子养成热爱体育的好习惯。除了经常带孩子到户外进行空气浴或者游戏之外，爸爸妈妈还可以教孩子做一些幼儿自由体操来帮助他们锻炼身体，每次大约15分钟即可。

1. 步行自由操：在地上放一个15厘米左右的绳子或棒子，让孩子从上面跳过

去。再往地上放6块木板，间距在8~10厘米左右，保证孩子经过努力可以从上面踩过去，不落到地上。然后可以给孩子准备一个斜坡，长度大约1米，宽度大约20~25厘米，让孩子从上面走过去。如果没有类似的斜坡，可以找一个木板，在一端垫上一些东西，制成斜坡的样子。最后可以在地上画两条线，长度大约2米、宽度在20厘米左右，要求孩子平举双手，踮着脚从线之间走过去，不能踩线。

2. 全身自由操：爸爸妈妈可以搬来一把椅子，让孩子坐在上面，手里拿着旗子。父母可以在一旁喊："藏在椅子下面""举起旗子""把旗子举起来，在头上面摇晃"等命令，让孩子按指示做出动作，这项活动可以锻炼孩子的背腹部肌肉。如果没有旗子，用其他的玩具代替也是一样的。

## 440. 训练宝宝的社会交往能力

此阶段，爸爸妈妈要开始训练孩子的社会交往能力，培养孩子的社会性，让孩子知道如何与朋友和陌生人交往。其实提高社会交往能力，最好的办法同样是游戏。

1. "过家家"游戏不仅能培养孩子之间的友谊，还能让孩子从中学会社会交往上的一些常识。父母可以给孩子准备一些过家家的小玩具，比如玩具熊、布娃娃和做饭的玩具等等。当宝宝自己玩的时候，要引导孩子细心照料心爱的玩具，并利用这些玩具来教会孩子学习生活礼仪。比如在晚上睡觉之前，让孩子和玩具说晚安，外出的时候让孩子与玩具说再见。如果孩子是和其他的小朋友一起玩，那么父母可以给他们设定场景，让他们了解在特定的场景下有哪些特定的规则及语言。

2. 打电话游戏培养孩子与他人交流的能力。现在的通信非常发达，很多孩子看到爸爸妈妈打电话都会非常好奇，总是跃跃欲试。父母可以给孩子准备一个玩具电话或者玩具手机让他们学习打电话时候的礼仪。孩子可能会对着听筒自言自语，此时不要去打断宝宝，这也是他和其他人交流的开始。如果爸爸妈妈有时间，能够和孩子一问一答，一起来玩这个游戏，效果就更好了。

## 441. 让宝宝从镜子中认识自己

培养孩子的自我意识，镜子是一个非常好的工具。当宝宝小的时候，爸爸妈妈可以把他放在镜子面前，熟悉自己的五官，进而熟悉自己的样子和身体。比如问他"眼睛在哪里""鼻子在哪里"等问题，让他一一指出。这就是对孩子进行的最早的自我意识教育。当孩子长到现在，镜子依然是家庭教育中一个很好的工具。当孩子站在镜子面前时，爸爸妈妈可以让他仔细观察自己，指出衣帽鞋袜，并且询问颜色，这些都可以提高宝宝的认知能力。爸爸妈妈也可以通过镜子对孩子进行性别教育，当孩子站在镜子前面的时候，爸爸妈妈可以说："我在镜子里看到有一个小男孩，不知道这小男孩是谁啊？"当孩子说出是自己的时候，爸爸妈妈还可以举出异性的特征来与孩子作对比，比如女孩喜欢穿裙子，男孩不穿；女孩头发比较长，男孩的比较短等等。通过种种对比，宝宝对自己的了解就更进了一步。

 ## 442. 创造一个适合宝宝游玩的场所

孩子变得越来越淘气，为了保护孩子的安全，一定要为他打造一个适于玩耍的零危险角落。在家里，爸爸妈妈可以专门画出一块地方来给孩子充当游戏场所。如果有条件，给孩子准备一个游戏室是最好不过的。

有了专门的游戏区，不仅解决孩子经常找不到自己玩具的麻烦，而且由于父母事先已经做好检查，可以确定是一个安全的角落，所以也可以让父母更放心。在这个游戏的场所，最重要的当然是一些简单的娱乐设施，比如家用的儿童体育设施，还有各种各样的玩具。当然爸爸妈妈要在这里铺好地垫，防止孩子摔倒的时候出现危险。

爸爸妈妈需要注意的是，在给孩子选择玩耍的角落时，最好要避开衣柜、书柜这样的大块头家具，附近的家具上更不能摆放很多复杂的装饰品以及易碎物品。最好在比较开阔的地方，屋顶没有东西，周围也没有插座或者电线。

 ## 443. 给宝宝独自玩耍的空间

此时的孩子出现了自我意识，是培养孩子独立的一个好时机，而且孩子此时也需要一个可以独处的空间，所以给孩子准备一个能够独立玩耍的空间是非常必要的。

其实此时是培养孩子阅读习惯的好时机，爸爸妈妈可以在孩子的玩耍空间里面准备一个小书架。书架要放在地上，跟孩子差不多高就可以，方便孩子取放书本，而且

也不容易倒下来。另外，把书架放在游戏区，也会给孩子一个心理暗示，那就是看书和玩游戏一样有趣。

要培养孩子的读书习惯，爸爸妈妈也要做出好榜样。爸爸妈妈下班之后，可以关掉电视和电脑，拿出一些生活类的书籍或者喜欢的小说来读，让孩子自己在一边玩或者思考。实际上，宝宝会时刻注意爸爸妈妈的动态，他观察到爸爸妈妈总是在读书的话，也会去模仿。时间长了，家里面的读书氛围就建立起来了，孩子会从这种读书氛围中受益。

 ## 444. 对宝宝的破坏行为要宽容

1岁半以后的孩子对外界充满好奇，而探索世界的最简单方式就是动手，所以他有可能会把好好的一本书撕碎，也有可能会把父母非常贵重或者很有纪念意义的东西毁掉。此时父母难免会火冒三丈，但是在冲孩子发脾气之前，父母最好深呼吸一下，告诉自己这并不是孩子故意破坏东西惹自己生气，他们只是不知道怎样去使用没见过的东西，也不知道怎样慢慢学会摆弄，所以他就会用撕、扯等破坏性极强的方式来使用这个东西。如果父母因为孩子弄坏东西而大声斥责他会让孩子觉得非常委屈。

有些家长可能会问："那就让孩子随意破坏吗？我们的经济条件也不允许啊？"要解决这个问题，父母首先要对孩子做好教育工作，比如用电的东西都非常危险，小孩子不能碰。而且要避免过大的经济损失，最好事先把比较贵重的物品放在孩子拿不到的地方。如果自己的预防工作没有做好，就不要到时候责怪孩子弄坏了东西，因为孩子并没有钱的概念，他不知道什么东西很贵不能随便玩。

如果给孩子准备一个专门玩耍的地方，那么孩子的破坏性就会小很多。如果他弄坏了自己的玩具，父母也没必要生气，因为玩具本来就是用来帮助孩子提升能力的，如果在研究构造的过程中弄坏了玩具也是很正常的。

# 2~3岁：要求独立的小大人

## 445. 宝宝的能力

本阶段的孩子身体处于稳定发展阶段，但是神经系统的发育则处于快速发展中，脑的功能正在逐渐变得成熟。

此阶段的孩子运动能力有了新的发展。精细动作能力也有了很大发展，一般能够相对灵活地使用工具，比如握笔、拿勺子吃饭等，有些孩子会在这个阶段学会使用筷子。

此阶段的孩子观察世界的时候只关心自己的需要和渴望，凡事都是从自己出发开始思考，因此有时候会和别人抢东西，协作意识比较差，此时父母要适当地引导孩子学会与他人合作。此时的孩子脾气比较难以琢磨，总是不顾一切地探索外面的世界，而且喜欢冒险，总是想尽办法挑战自己的极限，但是他们保护自己的能力却很有限，所以仍然需要父母的保护。

在语言能力方面，孩子已经进入了口语发展的最佳时期，不仅说话的积极性明显提高，而且喜欢主动提问，模仿大人说话也很快，此时他们已经掌握了最基本的语法和词汇，可以用语言与人交流。

此时孩子的记忆力大大提高，智力水平也有了很大的发展。爸爸妈妈可以利用这个学习的黄金时期教孩子学习一些他感兴趣的技能和文化。

## 446. 早教重点

本阶段的早教重点要放在认知能力、语言能力、社会交往能力以及自理能力的提高上，并且要教孩子一些运动时自我保护的小技巧。

在认知能力方面，宝宝的空间感在逐渐增强，对大和小的概念已经十分明确了，不仅知道大人和小孩子的区别，而且也能熟练地把小盒子放在大盒子里面。此时宝宝可以分辨出简单的数字，能够分清方位，比如内外，还能够分清圆形、方形和三角形等几何图形。近3岁的宝宝对颜色的好恶开始变得非常明显，对衣服的颜色也出现了偏好。爸爸妈妈可以根据宝宝最喜欢的颜色来推测宝宝的性格。

在语言能力方面，此时的宝宝已经可以完整地背诵一些诗歌或者童谣，语言能力发育比较快的宝宝能够背诵的篇章更多。此时的宝宝对语言的运用能力有所增加，能够正确说出3～4个单词的话，而且还能准确重复你说过的短句子。有些家长可能会发现宝宝出现了口吃的情况，其实这种现象是由于宝宝的发音跟不上思维活动出现的，是暂时的现象。此时爸爸妈妈千万不要总是因为这个原因呵斥宝宝，逼他纠正，这极有可能会把宝宝变成真的口吃。

在自理能力方面，这个阶段的孩子已经能够自己吃饭了。爸爸妈妈要在此时教会宝宝自己吃饭，最好教会宝宝使用筷子，为宝宝将来入园做准备。爸爸妈妈还要教会宝宝穿脱衣服，让宝宝能够很快适应幼儿园的生活。

在交往能力方面，此时宝宝已经对食物或者玩具的占有欲比较强，所以爸爸妈妈要引导宝宝学会分享，多给他创造与其他小朋友一起玩耍的机会，帮助他交朋友。

##  447. 和宝宝一起玩手偶对话

为了提高宝宝的语言表达能力，和宝宝一起玩手偶游戏是个很好的办法。

妈妈可以从外面买手偶玩具，不过如果是自己制作的话，宝宝会对这个游戏更感兴趣，也会更积极地参与进来。

首先妈妈可以把旧手套或旧衣服改一下，把它变成一个可以套在手掌上或手指头上的小帽子，然后可以在手指头上画上宝宝喜欢的脸谱来做游戏。妈妈和孩子每人挑一个喜欢的小帽子套在手上，然后用手腕或者手指头的力量来回摆动，让玩偶活动起来。妈妈可以一边给宝宝讲他熟悉的故事，一边用手指头表演出来，当然也可以和孩子一起编属于自己的小故事，创造一个奇妙的世界。如果想更好地锻炼宝宝的语言表达能力，可以让孩子来主导这个游戏，让孩子自己来编与自己的生活紧密相连的故事。

## 448. 和宝宝一同给故事编结尾

随着孩子各方面发育的不断成熟，再加上经过长时间的训练，孩子的语言能力已经有了明显的增强，他们能说的词汇慢慢变多，也能更好地表达自己的想法了。此时爸爸妈妈可以用一些方法来帮助宝宝提高学习语言的兴趣。

大多数家长都会给宝宝讲故事，经过一段时间的故事训练，宝宝已经知道了不少故事，并且有很多都已经烂熟于心。此时父母可以从故事出发来巩固并提高宝宝的语言能力。除了给宝宝讲故事，爸爸妈妈可以引导宝宝一起来改编故事的结尾，也可以从一个结尾延伸开去，也可以挑选宝宝最喜欢的故事或者主人公，重新编一个故事。另外也可以把宝宝的名字编进故事里，改变故事中的场景和情节，并且要让宝宝为主导来编这些故事。这样的训练对于提升宝宝的语言理解能力和运用能力是非常有好处的。

## 449. 和宝宝一人一句念儿歌

要发展宝宝的语言能力，父母要记住一条，那就是多说。只有让宝宝多说话，随心所欲地说话，才能有效提高宝宝说话的能力和与人交流的能力。

比如教宝宝念儿歌的时候，可以等宝宝熟悉之后，宝宝一句妈妈一句，这样更能提高宝宝学习语言的兴趣。另外，在平时其他的活动中，爸爸妈妈也要有意识地让宝宝参与进来。

比如在日常生活中出现歌谣或者图片里面的场景，爸爸妈妈可以问问孩子他们正在干什么。经常让孩子说说身边的人和事也是练习语言的一种好方法。如果宝宝只说出了一个简单的词，比如"足球"，此时父母就可以继续追问："谁在踢足球呢？"爸爸妈妈可以多利用这样的对话来刺激孩子的语言功能，鼓励他多说话，促进孩子思维的发展。

## 450. 通过数字歌认数字

中国的民间有很多涉及数字的儿歌。这些儿歌生动有趣，朗朗上口，是让孩子感知数字、对数字产生印象的有效工具。

比如有首儿歌是这样的："一二三，爬上山；四五六，翻跟头；七八九，拍皮球；张开两只手，十个手指头。"爸爸妈妈可以一边念，一边用手来给孩子表演，当说完"张开两只手，十个手指头"之后，爸爸妈妈可以把两只手张开，把手指头数一遍。也可以拉着孩子的小手，数他的手指头。然后还可以把宝宝的脚趾数一遍，让孩子知道脚指头同样是十个。

再如"一二三四五，上山打老虎。老虎不在家，打了小松鼠。松鼠有几只，快来数一数，一二三四五。"在念这首歌谣的时候，爸爸妈妈可以配合表情和动作，给孩子留下更深刻的印象。

另外在有些诗歌中也会出现数字，这同样是宝宝认识数字、了解数字的手段。比如"一望二三里，烟村四五家。亭台六七座，八九十枝花。"如果这样的诗歌，配上插图，孩子很容易就会对数字产生兴趣。

## 451. 从生活中教宝宝建立数量概念

孩子小的时候，即使能够数数，也只是机械地背诵，并不知道每个数字具体代表着什么。从现在开始，爸爸妈妈应该把这些数字与数量之间建立关系，让孩子的脑海里产生数量概念。

爸爸妈妈要充分利用孩子在生活中的直观经验来建立数量概念。可以选择他们比较熟悉的游戏或者玩具，强化其中的数量概念。另外，爸爸妈妈也可以为孩子发明一些新的游戏。比如，做三张颜色不同的兔子的卡片以及若干胡萝卜的卡片，让宝宝扮成送货员。然后家长给孩子下指令，让他把小兔卡片摆好。"小白兔住在街道的第一家，小黑兔住在街道的第二家，小灰兔住在街道的第三家。"然后告诉他，每只小兔都定了一根胡萝卜，让他送过去。此时孩子就会在脑海中建立"1"的概念。开始的时候，孩子可能会一个一个地拿卡片，但是不久之后，他就会一下拿三张卡片，分别发给三只兔子。此时孩子就已经把"1"的概念抽象出来了。等到宝宝熟练之后，这个游戏可以继续增加难度。其实与孩子玩售货员和顾客的游戏可以达到同样的效果。

另外，在生活中，如果爸爸妈妈邀请朋友或者孩子的小伙伴来做客，可以让孩子分配水果、水杯等，这些都有助于数量关系概念的建立。

## 452. 让宝宝练习写数字

2～3岁的孩子，他们的手臂肌肉和手指肌肉还不能支持他们学习写字，但是他们已经初步学会了握笔。此时为了加强数量概念，爸爸妈妈可以指导他学写阿拉伯数字。这是因为阿拉伯数字笔画简单，可以让孩子当作涂鸦来做。

让孩子练习写数字，可以采取下边的顺序。首先家长要给孩子做出示范，让孩子反复观察要怎么下笔。家长要注意每次示范的数字不要太多，一次最多两个。随后爸爸妈妈可以握着孩子的手一起写。练习几遍之后可以让孩子自己写。如果孩子写得好，要及时给予肯定，这样做可以增强孩子的自信，激发孩子写数字的积极性和主动性。

另外由于孩子方位感的欠缺，有些数字他可能会左右颠倒或者上下颠倒，此时父母要耐心引导孩子观察正确的写法，鼓励他继续练习。要教孩子书写数字，最重要的就是引导孩子仔细观察容易写错的字，帮助他们认真辨别上下左右，并且反复练习。只要家长有意识地进行引导和辨别，孩子书写数字的能力很快就能得到提高。

## 453. 发展宝宝手部的精细动作

此时宝宝手部的精细动作能力已经有了很大的进步，但是要让孩子的小手变得更加灵巧，父母可以继续加强宝宝的手部动作能力锻炼。

让孩子学习穿珠子是提高孩子手部精细动作的一个好方法。爸爸妈妈可以给孩子准备一些颜色各异的塑料珠子，再准备一根较硬的细绳，让孩子把珠子穿起来。父母可以先给孩子做个示范，然后让孩子慢慢练习。等孩子熟练之后，父母可以让孩子按照一定的颜色规律穿珠子，在学习穿珠子的同时可以认识颜色。

等到孩子熟练掌握了穿珠子的技能之后，可以提出更高的要求，让孩子自己去创造，让他自己去发明自己的图案，此时可以给孩子准备更多颜色的珠子，形状也可以多样化。

在进行穿珠子训练时，爸爸妈妈要注意以下两点：一是要教会宝宝在一端给绳子打个结，或是拴一个东西，保证珠子不滑落；另一点是注意珠子的穿孔不要太大，否则就失去了锻炼手部动作的意义。另外绳子粗细要适中，珠子的孔要和绳子的粗细相匹配。

## 454. 指导宝宝用筷子

随着大肌肉和小肌肉的发展，此阶段的孩子基本上生活琐事都能自理了，他们常常会为自己完成某件事情而沾沾自喜。此时父母可以试着让孩子学习使用筷子，这不仅能够帮助孩子提高吃饭的速度，而且对宝宝的大脑发展也有好处。

通过前面的学习和训练，不少孩子都已经学会了用勺子吃饭和拿起画笔涂鸦，父母可以在此基础上教宝宝学习用筷子吃饭。首先可以给孩子准备一些比较大的东西让孩子练习，比如大枣等进行训练。爸爸妈妈可以先拿出一根筷子让孩子按照握笔的姿势拿好，告诉宝宝拿笔的姿势与拿筷子的姿势是相通的，只是筷子要两只一起拿。然后爸爸妈妈可以给孩子示范如何用筷子夹住大枣，几次示范之后就可以让孩子自己去拿筷子夹东西了。如果宝宝一时学不会，父母可以手把手地教几次，让他最终掌握使用筷子的方法。

## 455. 让宝宝主动接电话

训练孩子主动去接电话，不仅是提高孩子语言能力的好办法，还能够训练孩子与他人交往的能力。

爸爸妈妈可以在平时与孩子做打电话游戏的时候，让孩子了解一些接电话时候的礼仪，并且模拟一些场景，教会孩子在不同的情况下如何回答问题。等到孩子熟练之后，家里电话响起来之后，可以让孩子去接。让孩子向打电话的人问好，并且回答来电人的问题，随后把电话递给爸爸或者妈妈。

当孩子真的接电话，而不是做游戏的时候，他的内心会为自己感到骄傲，也会产生自信。不过爸爸妈妈要知道的是，刚开始的时候可能孩子说话会比较慢，口齿也不是很清楚，此时千万不要夺过电话，而是应该给孩子足够的时间去应对和反应，让孩子有机会多次尝试。

## 456. 提高宝宝的思维水平

接近3岁的孩子，已经有了初步的抽象思维能力，而且这项能力在迅速地发展。此时父母如果多给孩子进行思维训练的话，孩子的思维能力就能取得更大的进步。要培养此阶段孩子的思维水平，爸爸妈妈可以从以下几个思维方式入手。

1. 因果关系。培养这种因果关系的思维，实际上是训练孩子思考某个行为可能带来的结果。开始的时候可以问孩子一些简单的问题，比如："如果我用筷子敲这个杯子，会怎么样呢？"以后可以逐渐把问题深入，增加孩子预测的难度。比如："这世界上要是没了太阳，会怎么样呢？"等诸如此类的问题。另外，也可以交换位置，让孩子来问父母，由父母启发孩子如何思考。

2. 质疑能力。能够回答问题是思维发展的表象，实际上提问题的水平更能体现思维的层次。问题问得好，说明孩子想得深远，思维处于一个较高的层次上。所以父母要鼓励孩子提问，即使有时候孩子的问题非常可笑，非常幼稚，父母也不要给予否定，而是应该提出表扬，赞赏孩子质疑的勇气。

3. 发散思维能力。发散思维能力要从小开始培养，让孩子养成从不同角度思考问题的能力。面对同一个问题，不但要让孩子学会正向思维，也要学会逆向思维，甚至还要横向比较。比如父母可以拿出一个物品给孩子，让孩子说出这个物品的用途之后，可以追问他这个东西还可以做什么。如果经常进行这样的训练，孩子在面对问题的时候就知道从多个角度来思考问题，拿出不同的解决方案，从中选出最好的。

## 457. 教宝宝一些生活技能

随着孩子的成长，父母要逐渐地让孩子学会自己穿衣服、整理物品等生活技能，为孩子以后能够独立生活打下基础。

　　要学习基本的生活技能，孩子首先要认识日常生活用品。关于这点，父母可以在生活中结合具体的情况，教会孩子认识一些日常生活用品以及这些物品的用途。这样不仅可以帮助孩子认识这些生活用品，而且可以丰富孩子的词汇量，发展他的语言表达能力。在实际操作中，父母可以采取教问结合的方式，大人要结合具体的物品来给孩子讲解名称和用途，等到孩子理解之后，父母则可以采取提问的方式来巩固他掌握的情况。

　　学会整理衣物也是孩子要学习的一项基本生活技能。收拾衣服的时候，妈妈可以邀请孩子来帮忙。首先要让孩子学会分类，比如上衣、裤子、裙子等，随后再把爸爸的挑出来，大致叠好；然后是妈妈的，自己的。这样孩子就会把衣服分成三份。之后妈妈可以让宝宝打开衣柜，找到放每个人衣物的地方，把衣服放进去。这样宝宝不仅能够帮助爸爸妈妈收拾房间，而且还知道了东西都有自己的位置，需要放在固定的地方。

# 458. 让宝宝主动念故事书

　　让孩子主动念故事书，不仅可以提高孩子的语言表达能力，而且还能为孩子认字打下基础。

　　可以选择一本孩子已经很熟悉的故事书，打开书本讲给孩子听，可以在某一页停下来，然后向孩子后面发生了什么事情。此时可以把书交给孩子，让他对着故事书自己讲。实际上，如果孩子对这个故事十分熟悉的话，他会对故事的语言和图画都很了解，什么时候该翻到哪一页，他都会知道。这样孩子就会在读故事书的过程中，锻炼自己的语言表达能力，由于对故事的熟悉程度，他也可能会对里面的某些文字产生印象。

　　刚开始时，如果孩子不能顺畅地把故事讲出来，而且发音也不一定准确，此时父母要用点头和微笑的方式来鼓励孩子，让他继续。另外开始的时候，不要选择文字特别多的故事书，要选择图画多，文字少而且字体大的书让孩子来讲。如果每天都能抽出一些时间来做这个游戏，孩子不仅能够熟练地把故事讲出来，而且还会养成热爱读书的好习惯。

## 459. 选择适合宝宝的书和画册

在2~3岁这个年龄段，看书和画册是孩子日常生活中的一个重要环节，父母一定要给孩子准备足够的书籍和画册，让孩子接受知识的熏陶。

不过父母一定要从孩子的角度出发，挑选适合孩子阅读和观看的书籍，不要自以为是地为孩子挑选图书。

给孩子选择图书和画册时，可以先询问孩子的意见，一定要按照孩子喜欢的种类去选择。如果方便的话，父母可以带着孩子一起去书店买书。只有孩子喜欢的图书和画册，才能激发起孩子看的愿望，积极主动地去学习。

2~3岁的孩子已经可以听一些比较简单的故事了，父母可以选择一些图案简洁、情节简单、色彩艳丽的画册来给孩子看，而且画册的语言要贴近孩子的生活，不要有太多高深复杂的辞藻。

## 460. 不要让宝宝模仿大人的画

对孩子来说，涂涂画画是一种有趣的游戏，也是一种轻松的心灵体操，能让孩子的情绪自然地流露和发泄。此阶段的孩子都喜欢拿起画笔画画，很多家长就会以为自己的孩子有画画的天赋，迫不及待地把孩子送进绘画班学习，或者买来一本本图书，让孩子照着画，其实这种做法是不正确的。孩子的想象力是无穷的，他们的内心世界非常丰富，如果孩子早早地就开始临摹成人的作品，那么他自己的想象力就在这临摹中慢慢地消失了。他的图画中就只剩下了模仿，而失去了应有的色彩。早早让孩子去学习绘画，反而会把孩子身上的绘画天赋抹杀，使绘画天才变成画匠。

此时父母要做的应该是给孩子准备一张大白纸，让他在上面随意作画。有条件的家庭可以留出一面空墙，让孩子在墙上画，让孩子的创作思维不受约束地表达。

## 461. 训练宝宝的自理能力

随着肢体灵活性和活动能力的不断发展，孩子各方面的进步都很明显。此时他们已经能支配自己的肢体，而且也能又好又快地独立完成一些事，此时爸爸妈妈可以通过下面这些训练来帮助孩子不断提升自理能力。

1. 教宝宝了解物品用途：可以把日常生活中要用到的物品摊开在桌子上，比如杯子、钥匙、指甲剪、蜡笔、胶水等，让宝宝分别说出喝水用什么、开门用什么、画画用什么等。掌握了这些知识之后，宝宝就能够通过观察知道其他日常用品的用途以及它们所在的位置。

2. 通过给娃娃换衣服教会孩子自己穿脱衣服。给孩子买一些可以换衣服的娃娃，让孩子给娃娃换衣服。还可以根据当时的天气告诉宝宝天气凉了要给娃娃添衣服，热了要给娃娃减衣服。让宝宝学会照顾娃娃也是培养孩子自理能力的好办法。

3. 让宝宝学习自己洗脸。要培养孩子自己洗脸的话，可以从妈妈的洗面奶入手。孩子很小的时候可能就会看到妈妈每次洗脸都用洗面奶，这时候宝宝可能也想自己尝试。妈妈可以给孩子买来幼儿专用的洗面奶，让他学着洗脸。先把双手洗干净，然后把洗面奶挤出来，双手揉搓出泡沫后在脸上画圈圈，最后用水冲干净，再用干毛巾把脸上的水吸干。 爸爸妈妈最好给孩子准备专用的小毛巾、香皂等，这时的孩子很喜欢只属于自己的东西，这也会促进他们更乐于自己动手。

## 462. 培养宝宝的团队精神

此时的孩子处于求知欲和交往欲都很旺盛的时期，他们喜欢热闹的环境和有小伙伴的生活。如果想要更好地融入小伙伴中间，孩子必须有足够的团队意识才会受欢迎，有团队意识的孩子也很容易适应幼儿园的生活。那么父母应该如何培养孩子的团队意识呢？

首先，要鼓励孩子和小伙伴多多接触，经常一起游戏。大人们可以鼓励他们一起玩"过家家"等角色游戏，让孩子知道每种角色都要遵守什么样的规则，履行什么样的义务，在角色中领会人与人之间的交往，丰富生活经验。学会遵守规则之后，孩子也能够更容易适应集体生活。在培养团队精神方面，父母要有意识地给孩子创造机会，使他们乐于合作。

其次，父母要以身作则地培养孩子的道德品质和热情开朗的性格。比如，父母遇到熟人时热情地跟别人打招呼，并鼓励孩子也进行问候；得到别人帮助的时候，父母要及时表示感谢，做错事及时道歉等。这些都可以给孩子做出好榜样，帮助孩子在未来的团队生活中赢得好人缘。

最后，父母要多带孩子出门，让他广泛地接触外面的世界。孩子会在这个过程中接触丰富的世界和无数的人，在这个过程中他就能够学会与人打招呼以及如何与人相处等等。

## 463. 做好入园的准备

3周岁对孩子来说是一个重要的转折期，它是宝宝长大的标志，而且就要进入幼儿园过集体生活了，是他正式踏入社会的第一步。此时爸爸妈妈一定要帮助孩子做好入园的准备，包括自理能力方面以及心理方面。

首先给孩子准备一个小书包，还有故事书、蜡笔、铅笔、图画本等。可以把书包挂在宝宝容易拿到的地方，然后和宝宝一起玩上幼儿园的游戏。妈妈可以扮成老师，给宝宝上课，然后让宝宝来复述故事，数数，画画等。玩一会儿之后，妈妈再告诉孩子下课了，可以收拾书包回家。此时观察宝宝能否把桌上的物品都有条不紊地装进书包。如果不能，要等宝宝做完游戏之后再进行指导。

在心理准备方面，在孩子正式入园之前，爸爸妈妈可以先带着孩子去参观一下幼儿园，看看幼儿园里的哥哥姐姐开心地做游戏，并给宝宝描述幼儿园里有趣的生活，让他对幼儿园的集体生活产生向往，这样可以最大限度地减少入园后的不适反应。

# 3~4岁：胡乱涂鸦的"艺术家"

## 464. 宝宝的能力

3~4岁的孩子不再像以前那样对母亲有强烈的依赖感，他们的独立性逐渐增强，开始喜欢与家人之外的人接触，尤其是同龄的小伙伴。此时爸爸妈妈的心里可能有一丝失落，但是应该及时调整心态，帮助孩子独立。

此时他们能够和其他的小朋友一起做游戏，相互配合。在交往的过程中，他们也会发现每个人都不一样，每个人都有自己的性格，而且他们也表现出了自己的偏好，只喜欢和某些孩子一起玩耍，而且有了自己的好朋友。

在动作能力方面，他们已经能够非常灵活地站立、跑跳，而且运动的方式也不再像以前一样摇摇晃晃，不得要领，现在的他们已经能够不自觉地运用运动技巧进行站立、跑动、蹦跳和行走。

3岁以后，宝宝的肌肉控制能力和专注能力正在发育，这是发展手部精细运动能力的基础。此时宝宝可以熟练地使用纸笔，还能够画垂直线和水平线、方形、圆形或他熟悉的图形。另外，此时宝宝也可以熟练地使用剪刀，爸爸妈妈可以为孩子准备一把安全剪刀，教会宝宝使用，并让他试着剪出自己喜欢的形状。

## 465. 早教重点

爸爸妈妈要把本阶段的早教重点放在认知能力和社会交往能力的提高上，语言能力方面要继续扩大词汇量，运动能力则需要继续加强锻炼和巩固。

在认知能力方面，爸爸妈妈可以引导宝宝从正反两方面进行思考，不过即使宝宝暂时还学不会独立进行正反方面的思考，爸爸妈妈也不要着急，因为此时孩子的思维能力有限，很难同时考虑多种因素。本阶段孩子对时间的理解更加清楚，对数字的理解有了进一步的提高，比如爸爸妈妈上五天班会休息两天、自己一年会过一个生日等，也能够告诉别人自己的年龄。此时宝宝要学会区分不同的颜色、大小和形状，空间感进一步加强，能够准确告诉爸爸妈妈物品的方位。

这个阶段的孩子应该都已经进入幼儿园开始集体生活，此时父母要仔细观察孩子是否能够适应这种生活，在社会交往方面有没有问题。如果有问题，要及时引导孩子改正错误。另外要提醒父母的是，孩子的独立性正在逐渐增强，可能不会再像以前那样黏着爸爸妈妈，父母不要因此而失落，而是应该积极主动地帮助宝宝学会独立解决问题。

本阶段孩子的发音已经比较清晰，陌生人也能够听懂孩子所说的话，但是他们遇到复杂的发音时，还是会说错，此时依然需要父母耐心地教导。

## 466. 训练宝宝的感官敏感度

感官的发育与孩子的大脑发育有着密切的关系，所以爸爸妈妈不要放松对宝宝感官的训练，丰富孩子的感觉，促进孩子大脑发育。

爸爸妈妈可以用模仿发音的方式促进宝宝听觉和语言能力的发展。爸爸妈妈可以经常用夸张的口型对孩子讲一些比较新鲜的词汇，并且鼓励宝宝在不同的场合使用这些词汇。通过模仿爸爸妈妈的口型，孩子可以练习咽喉肌肉的协调性，对语言能力的提高有很大的好处。

宝宝现在这个年纪正是对细小事物很感兴趣的时候，此时爸爸妈妈应该鼓励宝宝去捡拾小东西，并进行观察。还要鼓励宝宝与爸爸妈妈分享自己的发现。在孩子处于喜欢观察细小事物的时期，爸爸妈妈应该注意把卫生的观念传递给孩子，保证孩子的健康。

此时父母还要多带着孩子进行户外活动，到大自然中去学习。在大自然中，孩子能够遇到很多新鲜的事情，也会对很多事情产生好奇，正是好奇心推动了孩子学习能力的发展。

 ## 467. 提高宝宝的认知水平

　　3~4岁以上的孩子大部分都能够分辨方形、圆形等形状了，而且还会对一些生活中常见的标志产生强烈的好奇心，比如红绿灯、车标等等，爸爸妈妈可以将日常生活中常见的符号和生活联系在一起，这是引导孩子认识图形的大好时机。在这个阶段，爸爸妈妈可以用以下的方式来提高孩子的认知水平。

　　1. 只走一条路。每天去幼儿园都选择一条相同的路，这样孩子很快就能熟悉这条路。当妈妈接孩子回家的时候，妈妈可以用问题引导孩子："还记得我们要往哪个方向走吗？"在回家的路上，妈妈可以一直以这种方式引导孩子认识自己家的楼号、楼层、门牌号等，这样孩子就能够认识回家的路了，而且还能记住路上常见的标志物。

　　2. 用比较来加深印象。比如教孩子学习长短的时候，妈妈可以准备两种不同颜色的绳子，分别量出自己的手臂和孩子手臂的长度，然后把两条线的长度比一比。通过比较，孩子能够发现其中的区别，此时妈妈就可以告诉孩子："妈妈的胳膊长，孩子的胳膊短。"另外，也可以用比较的方式帮助孩子了解其他的比较抽象的概念。通过对具体事物的观察，孩子就能够从中抽象出长和短的概念。

　　其实这个世界对孩子来说处处都是知识，只要爸爸妈妈能够多思考，就会发现很多帮助孩子提高认知水平的方式。

 ## 468. 耐心引导宝宝的语言错误

　　由于孩子还没有系统地学习过语句的结构，所以当孩子说话用错词或者出现语法错误的时候，爸爸妈妈最好不要重复孩子的错误，更不能粗暴地告诉他说"你错了"。爸爸妈妈要在重复孩子的意思时，用正确的语法重复给孩子，这样孩子就能知道正确的句子应该怎么说。

　　让孩子学会正确地使用语言，不能靠孩子在说错的时候给予纠正，家长应该先走一步，在生活中用正确的语法和词语与孩子对话。一开始父母可能会不太习惯，但是这样做可以省去以后很多麻烦，也是避免孩子错误使用语言的最好方法。

爸爸妈妈可以把生活中发生的事讲给孩子听，讲的时候发音要准确、逻辑要清晰，最好用生动形象的语言来影响孩子，让孩子以后的语言充满生机和活力。总之，就是运用父母的经验和感官，帮助孩子增加体验并学会如何描述。

 ## 469. 给予宝宝充分的安全感

关于如何更好地给孩子安全感，目前还存在一些争议。有些爸爸妈妈主张只要孩子一哭就马上抱起孩子，一直哄到不哭为止。也有家长认为这样是溺爱孩子，会让孩子过于依赖父母，无法独立。目前比较受推崇的做法是，在孩子6个月之前，爸爸妈妈要给孩子充足的安全感，如果孩子有需要，就要抱着他，哄着他。随着孩子的长大，他对安全感的需求也不再是抱抱就可以了，此时爸爸妈妈要根据情况来分析具体的对策。

当孩子长到3～4岁的时候，会变得很淘气，这时候有些家长就会吓唬孩子，达到让孩子安静的目的。比如"再哭我就不要你了""把你扔出去""不听话大妖怪来抓你"等等。这种吓唬孩子的方法表面看来似乎很有用，因为孩子一下子就安静了。但事实上却让孩子失去了安全感，他认为自己随时可能会因为淘气被父母扔掉，而且这个世界并不安全，有大妖怪或者大灰狼会吃人。研究表明，缺少安全感的孩子成长和发育的水平比正常的孩子要慢。

当然在孩子的成长过程中，批评和教育是必不可少的。不过在批评和教育孩子的时候，爸爸妈妈要记住的一条原则是：不要让他觉得自己会被抛弃。即使是批评教育，也不要让他觉得这个世界不安全，充满危机。

 ## 470. 满足宝宝的求知欲和好奇心

3～4岁正是对自然现象和社会现象好奇心十分强烈的年纪。不过由于孩子的天赋不同，他们关注的领域也不尽相同，所以此时爸爸妈妈就可以通过观察来发现孩子的特长，满足他们不同的求知欲和好奇心。

比如有些孩子语言发展能力比较强，学说话的时候，又清晰又准确，那么他们可能就会对其他的语言感到好奇，爸爸妈妈可以让他学习一门外语；如果孩子手脚灵

活，动手能力强，很可能会对拆装东西十分热衷，此时父母可以给他准备一些物品让他自由拆卸。另外，家庭环境也能影响宝宝的求知欲，居住在公园周围或者乡村的孩子，常常会对植物和昆虫产生好奇心；而居住在工地附近的孩子，则可能对混凝土、搅拌机等建筑问题或者大型机械的原理感到好奇。

这个年纪的好奇心常常会给大人带来很多麻烦，于是有许多大人就会对孩子的好奇心感到头疼，认为孩子不该有强烈的好奇心。其实"好奇心"是学习知识的重要基础之一，没有好奇心的孩子才会让家长担忧。

## 471. 在劳动中培养宝宝的责任心

责任是现代人的立身之本，培养责任感应该从孩子抓起。那么怎样培养孩子的责任感呢？

其实家务活和力所能及的劳动就是培养孩子责任心的好办法。孩子长到3～4岁的时候，父母一定要把培养他的自理能力放到一个重要的位置，而且要有意识地给孩子分配一些家务活，让他意识到自己也是家庭的成员，是不可或缺的重要人物，同时这也是在告诉孩子，他也要为这个家庭承担着一定的责任。爸爸妈妈可以根据宝宝的年龄给孩子分配任务，3～4岁的孩子可以整理玩具和衣服；4～5岁的孩子可以负责擦桌椅；6岁的宝宝则可以负责取报纸、倒垃圾。此外，爸爸妈妈要利用所有的机会来让孩子学会承担责任。比如外出买菜的时候，可以给孩子准备一个小袋子，让他拎比较轻的东西。此时爸爸妈妈不要期望孩子能够帮我们多大的忙，而是要在孩子的头脑中埋下责任心的种子。

培养责任心的另外一种方法是让孩子承担自己的行为所造成的后果。由于年龄特点的限制，孩子经常会做出一些酿成不良后果的行为。有些父母可能会袒护甚至帮孩子开脱，但是正确的做法是让孩子承担自己的责任，并由此体会到责任的重要性，从而在内心树立起责任意识。

## 472. 培养好的行为习惯

西方的教育学家曾经说过："好习惯比法律还正确""习惯是人生中最大的引路

人。"那么，爸爸妈妈应该如何帮助孩子养成良好的行为习惯呢？

首先是要学会给孩子立规矩。3～4岁的孩子已经能够理解一些简单的概念，而且也懂得规矩的意思，因此是立规矩的关键时期。不过最好不要把很多限制一下子放进孩子的生活中，而是应该循序渐进，在潜移默化中让孩子遵守规矩。俗话说"习惯成自然"，当孩子已经把遵守规矩当成生活中一部分的时候，那么规矩中所规定的各项行为也就成了孩子的习惯。

不过培养好习惯最重要的方法是大人以身作则。首先家里的规矩不能只针对孩子一个人，而应该大人和孩子一起遵守。同时家长也要注意自己行为的一致性，不要今天一个样，明天一个样，在家是一套，在外是一套。比如告诉孩子随手扔垃圾不是好习惯，那么爸爸妈妈就要首先做到这一点。即使到了卫生条件不好的地方，也不要随手乱扔。

最后培养好的行为习惯是一项长期的工作，不要希望一蹴而就。爸爸妈妈要始终对孩子充满耐心和爱心。

## 473. 正式培养性别意识

此阶段的孩子可能只是会对性别产生好奇，但是并没有清楚地认识，此时父母要正式对孩子开始性别教育。开展性别教育的时候要注意，对男孩和女孩要采取不同的教育方式。

在这个阶段，爸爸妈妈要做的是让孩子知道自己是什么性别，而且要对性别有一定的认识。此时的性别意识和青春期时的性别意识是不一样的，家长没有必要讲很多生理上的区别，只要告诉孩子"你是男孩""你是女孩"，同时孩子也能区分陌生人的性别，这就可以了。

现在的生活中，很多男孩会出现胆小害羞的情况，而与之相对的，女孩却变得大大咧咧，不拘小节。那么，如何让"男孩有男孩样，女孩有女孩样"呢？其实这种要求通过语言是很难完成的，让孩子从父母双方的身上感受到男女的区别是最重要的。对于单亲家庭的孩子，家长更需要用心把性别意识传递给孩子。比如在没有父亲的家庭，妈妈可以给儿子找更多的男性朋友一起玩耍，或者让外公、爷爷把男性的性格特点传递给孩子。对于女孩，则要更温柔一些，让她从周围的环境中尽量多地感受女性特质。

## 474. 不要避讳宝宝提出的性问题

4岁左右，孩子就会进入性别敏感期。为了明确自己的性别特质，孩子会不断提出涉及性的问题。此时，父母的态度对于孩子的发展来说尤为重要。如果家长总是对这件事情遮遮掩掩，躲闪回避，那么孩子就不会拥有正确的常识，他们极有可能做出一些令自己和家人后悔终生的事。

其实面对孩子的性问题，父母没有必要感到难以启齿，因为孩子的心里并没有性的概念，他们只是发现了人与人之间的不同之处，想要了解这方面的知识而已，这和花朵和树叶长得不一样的发现没有区别。因此父母不要怀着害羞的心态来解决孩子的问题，更不要欺骗和敷衍。如果爸爸妈妈真的不知道如何回答，可以把答案改编成童话告诉孩子，也可以结合一些孩子喜欢的科普书籍来解释。当孩子从书中看到答案的时候，爸爸妈妈只需要在一旁指点一番就可以帮助孩子弄清真相。

## 475. 给宝宝讲讲他是怎么来的

几乎每一个妈妈都会遇到这样的问题："妈妈，我是从哪儿来的？"而我国的妈妈常常会面带尴尬地回答"你是从垃圾桶里捡来的"等，现在有些年轻的家长则把这个答案变得"时尚"了："你是充话费送的"或者"你是购物满200送的"。其实这些答案在成人看来就是一些幽默的说法，但是这样回答孩子的问题却很容易伤害孩子幼小的心灵。对这个年纪的孩子来说，他相信爸爸妈妈所说的每一句话。他可能会因为自己来自垃圾桶而感到沮丧，也会影响他以后的人生道路。

当孩子问爸爸妈妈"自己是怎么来的"时，爸爸妈妈不妨认真地把他出生的故事告诉他。如果孩子年龄比较小，爸爸妈妈可以把精子和卵子结合的故事变成一个很有趣的小故事讲给孩子听。等到孩子大一些的时候，妈妈则可以告诉他怀孕时候的艰辛和幸福，也可以寻找良好的时机，把生产时候的感受告诉孩子，同时表达出自己对孩子的爱。这样既能让孩子了解到真相，又能在孩子的心里种下一颗感恩的种子。这一次回忆对于家长和孩子来说都能带来成长的体验。

# 4~5岁：综合能力全开发

## 476. 宝宝的能力

　　本阶段的宝宝，语言技能开始飞速地发展。现在的他们，已经可以发出大多数的音，可以用包含很多文字的句子来讲故事，而且还会很努力地表达自己的想法、感受和愿望。

　　这个阶段的宝宝好奇心很强，在大人面前提出的疑问更多、更丰富，也更奇特，几乎是什么事情都想知道，什么事情都要知道，表现出了从最初的原始性的好奇向求知方向发展。他们不轻易改变对周围事物的认识态度，对自己喜爱的事情表现出来的兴趣比其他任何事情都浓厚、认真。对事物的理解能力在逐渐地加强。

　　此时宝宝的肌肉力量在快速增强，具备了协调能力和平衡感，已经可以完成一些颇具挑战性的任务，比如翻跟头、单脚跳动和立定跳远等等。在精细动作方面，小手的控制能力已经越来越好了，他们几乎已经不需要任何的帮助就能够刷牙、洗脸、穿衣服和上厕所，甚至可以自己系鞋带了。

　　此时的宝宝已经基本熟知了礼貌用语，会熟练地和别人打招呼。他会主动地与别人交往，也有了一些好朋友。宝宝非常渴望和自己的好朋友保持一致。随着对其他人的感受和行为的了解逐渐增多和敏感，宝宝逐渐地拥有了竞争意识，并且学会了在一起玩耍的时候相互配合。

## 477. 早教重点

　　本阶段宝宝口语表达能力进一步加强，会很努力地表达自己的想法、感受和愿

望。因此，父母要多教宝宝一些词汇，让他们可以顺畅地说出自己的想法和感受，和他人进行流畅的交流。同时，宝宝开始广泛地跟人互动，他们会发现有时候自己知道的东西别人不知道，别人知道的东西自己不知道，于是一些宝宝喜欢编造一些谎言试图告诉别人一些并不存在的事情。对此父母要提高警惕，审视宝宝说谎的原因，纠正宝宝的行为，帮助宝宝改掉这一坏毛病。

四五岁的宝宝可能学会顶撞父母了，这是因为他们正在试着挑战权威，迫切地要求能够自立。对于这种情况，父母最好不要做出太过激烈的反应，否则会更加激发宝宝的反抗行为。可以先向宝宝明确地表示，自己是反对他的这种行为的，之后平心静气地跟宝宝沟通彼此间的想法。

这个时期的宝宝合作意识也开始增强，懂得了与他人一起合作做事情的道理，因此，父母要有意识地教给宝宝一些与人合作的技巧以及社交礼仪。

##  478. 全面提高认知能力

4岁的宝宝不仅能认识自己的身体、自己的动作行为，而且开始比较清楚地意识到自己的心理活动。他们开始知道怎样去注意、观察周围事物的属性。因此，提高宝宝的认知能力是很重要的。父母应该多对宝宝加以留心，全面提高他们的认知能力。

比如，用生活中的事物教宝宝认识多种颜色、形状。拿出真实的纸币和硬币让宝宝触摸，帮宝宝认识硬币及纸币。通过告诉宝宝一天中不同的时段该做什么，来让宝宝分辨上午、中午、下午、夜晚的概念，早上起床会吃早餐、晚上要睡觉等；指着挂历上的日期，教宝宝认识今天是星期几、昨天是星期几、明天是星期几；认识方位，理解上下、左右、前后的位置并加强练习，例如，请宝宝把苹果放在椅子前面、后面，让宝宝举起他们的左手等。

父母只要多花心思，善于抓住那些能够引起宝宝注意的事物，加以引导，宝宝的认知能力不知不觉中就会得到提高。

##  479. 锻炼认知能力最好与生活相结合

这个阶段的宝宝对日常生活中的东西也很感兴趣，电话、闹钟、电器遥控器、各

种开关等等，都能引起宝宝极大的兴趣。而厨房中的锅碗瓢盆宝宝更是喜欢，吃饭的时候他可能会自告奋勇地要求盛汤或者给在微波炉里的食物加热。此时，他或许会对微波炉的使用以及构造产生兴趣，父母就可以深入浅出地给他讲解一下，让他认识到微波炉的工作原理。

宝宝玩耍玩具的过程中，他或许会对自己拆散的某件文具产生兴趣，想要重装一下。此时爸爸就可以帮着宝宝来重装，并且告知他这个玩具的制作原理和重装原则，让宝宝认识到电子产品的构造或者玩具的制作模式。

对于爱画画的宝宝，父母可以给他拿来一些名家的画作让他观看临摹，顺便就把美术方面的一些知识讲解给他。例如可以给宝宝看"向日葵"或者其他印象派或者抽象派的画作，然后，就给他讲解凡·高和印象派大师的故事。给宝宝听一些经典名曲的时候，告诉他莫扎特、贝多芬等大师的故事。

通过这样的有意识培养，宝宝的认知能力会与日俱增，可能许多在幼儿园里没有学到的东西，都已经认识得非常清楚了。

## 480. 发掘宝宝的创造性

宝宝的创造性很大程度上都来自于儿童时期的教育影响和培养，此阶段正是培养宝宝创造力的黄金阶段。很多儿童教育领域的专家和研究者通过对学前儿童的绘画、音乐、故事、手工和发散性思维测验等的分析，仔细研究了幼儿创造力的萌芽表现和其发展的特点，3～5岁是创造性倾向发展较高的时期，5岁以后创造力的增速渐缓。

而影响宝宝创造性的因素有很多，主要的就是社会环境因素、学校教育方式、家庭教育方式和宝宝自己的性格。

看看很多名人的传记，就会发现，从小他们的父母就对他们有充分的信任和尊重，给宝宝探索的自由，并且对他们小时候就表现出的兴趣给予引导和鼓励。那些生活在民主、自由家庭中的宝宝，独立性很强，创造力水平也比较高。而那些生活在专制、支配、娇惯家庭中的宝宝，依赖性强或者是习惯于服从，创造力水平都比较低。

还有专家认为，父子关系和儿童创造力水平有着较高的正比关系，创造力高的宝宝跟爸爸接触得较多。换句话说，那些得到爸爸关爱足够多的宝宝，创造力往往更强一点。因此，爸爸要多多关心宝宝，多陪宝宝玩，这有助于提升宝宝的创造力，让宝宝变得更聪明、更优秀。

## 481. 塑造宝宝的好性格

让宝宝有一个好性情，身心健康发展，是所有父母的愿望。虽然性格的形成有先天的因素影响，但后天的影响也占有相当的分量。对于幼儿时期的宝宝，性格的塑造显得尤为重要。

爸爸妈妈可以通过这样的方法来判断宝宝的基本情绪。如果你的宝宝在睡醒的时候总是保持着微笑，那么他们就会拥有较为乐观、开朗、和顺的情绪基础，极可能形成良好的性情；如果宝宝总是以怒容、呜咽或埋怨开始新的一天，那宝宝的情绪就十分差劲，不利于好性情的形成。对于这种不快乐的宝宝，爸爸妈妈可以通过与宝宝一起玩耍来增强宝宝的热情和积极的情绪，通过唱歌、吹口哨和玩游戏等方式，来让宝宝形成健康、开心的情绪，从而逐渐形成一个好性情。

如果宝宝皱眉头比笑的时候更多，你也不要过于担心，可以尽最大努力保证他们没有不舒服或者生病，并且确保能够给他们提供足够的微笑来感染他们更积极地看待世界。随着年龄的增长，宝宝的眉头会慢慢舒展开来，情绪也会变得开朗。

## 482. 给宝宝看一些历史故事

在鼓励宝宝进行阅读的时候，父母要有意识地多让他看一些和历史有关的书籍，给他讲一些历史故事。让宝宝从书中吸取古人累积下来的经验和智慧，知道如何判断是非好坏，还学会了做人的道理，进而开启自己的内心世界、升华人格。

比如，当宝宝贪玩不喜欢学习的时候，可以给他讲一讲曾国藩勤奋学习的故事；当宝宝霸道不懂得谦让时，可以给他讲一讲孔融让梨的故事；如果想锻炼宝宝的思维，可以讲司马光砸缸的故事，鼓励宝宝发挥聪明才智，遇事多想办法。

丰富有趣的历史故事还能够培养宝宝阅读的兴趣和习惯，提高阅读的能力。兴趣是最好的老师，好的读书习惯是提高阅读能力的基础，要知道阅读能力是一个人终身学习的基础和本钱。多让宝宝看一些历史故事，可以启迪宝宝的心智，也让他变得更喜欢阅读。

## 483. 鼓励宝宝博览群书

阅读对于一个人一生的成长和发展都至关重要，宝宝在入小学以前就应该开始进行阅读了。在这个时期，父母应该鼓励宝宝博览群书，扩大阅读范围，如果宝宝能掌握高效的阅读方法，阅读大量文学名著、名人传记、科普读物等，将帮助他们确立积极的人生观、价值观，并且还可以提高学习能力。

父母可以选择不同方面的书籍引导宝宝进行广泛阅读，既有童话故事，又有科普读物。有时间可以经常带宝宝去图书馆。图书馆里丰富的书籍会开拓宝宝的视野，引发他们对不同书籍的兴趣。选书时一定要让宝宝自己选，宝宝不知道选哪本，问父母的时候，父母再加以正确的引导。有的人不信，以为宝宝那么小看不懂书，其实宝宝的阅读速度和理解能力，往往是大人们想象不到的。即便这个时候的宝宝年龄尚小还不太会看太深的书，但经常让他们接触书籍对提升宝宝对阅读的兴趣和对知识的渴求也是有百利而无一害的。

## 484. 和宝宝多进行亲子阅读

读书是贯穿宝宝一生的事情，宝宝在入学前阅读和听说的经验，会影响入学以后的学习。国外研究也发现早期成人伴读或念故事的经验，与孩子语文读写能力的发展有显著关系，孩子的课外阅读经验越丰富，孩子的阅读成就水准也越高。因此，父母应该和宝宝一起进行阅读，建立宝宝对阅读的乐趣。

在家里读书的时候，父母可以和宝宝一起来读，给宝宝增加额外的乐趣。例如，在阅读中，可以和宝宝约定轮流来讲故事，也就是说，父母不仅要讲故事给宝宝听，也要认真地听宝宝讲故事。这样一来，当宝宝读懂和记住了某个故事后非常想讲出来时，父母刚好可以做宝宝的忠实听众，这是对宝宝读书的最大支持和鼓励。同样的，如果是宝宝要求父母讲故事给他们听，父母也应该尽量讲解得生动有趣。为了鼓励宝宝读书，父母不妨试着只是讲一下故事的开头，而把剩下的部分留给宝宝自己去阅读。

此外，还可以趁着周末带宝宝到专门的儿童书店去选书，和宝宝一起选择一些他们喜欢阅读的书籍。这些由爸爸妈妈和宝宝一起选择的书籍，是一家人共同的劳动所得，会让宝宝有额外的意愿去阅读，也更容易激发宝宝的阅读兴趣。

## 485. 阅读要以宝宝的兴趣为前提

一般来讲，四五岁的宝宝虽然对阅读产生了兴趣，有了初步的自我意识，但他们还没有办法长时间地集中注意力去读一本书，在最初的阅读热情过去后，很多宝宝都会不想读下去了。另外，此时宝宝的识字水平还很有限，记忆力和理解能力也都不是很强，因此很容易读不下去。如果宝宝对阅读产生了反抗情绪，就不要强制性地让他们继续读下去，阅读活动的展开应该尊重宝宝的意愿。

有时候宝宝不爱看书是因为那本书并不适合他们看，与他们的阅读能力不符。所以父母就应该为宝宝选择一些符合他们年龄特点的书籍，最好是一些文字内容健康积极并且很有教育指导意义的图画书。这样的书一般都语言流畅、通俗易懂，适合宝宝阅读，而且书中的内容也便于宝宝理解，具有趣味性的图画更容易引发宝宝长久的阅读兴趣。

如果宝宝有自己喜欢的某一类书，例如天文书籍或者是童话书籍，那么爸爸妈妈要尽量满足宝宝，根据他们的喜好来选择他们喜欢看的书籍，这样宝宝才会读得更加有滋有味且兴趣持久。

## 486. 带宝宝到户外发掘新知

户外活动对宝宝的认知能力和身体锻炼都很有好处。

首先，户外活动可以促进发育和新陈代谢。户外活动可以让宝宝充分地享受新鲜空气和温暖的阳光，对宝宝的气管、黏膜、皮肤的发育和增加适应气候的体力等方面都非常重要；此外，还能锻炼皮肤和呼吸道黏膜，促进新陈代谢。

其次，户外互动可以增进视觉与感受的能力。经常带宝宝到户外去游览，观看不同颜色、不同形状、不同状态的景色和生物，并及时地给宝宝讲解相关知识，宝宝可以很好地体会到自然的百态和雄奇瑰丽，让宝宝学会尊重植物、热爱生命，这有助于其整体认知水平和情感水平的提升。

与此同时，户外活动还能满足宝宝好动和探究的本性，有利于身心的健康发展，还能提供宝宝社会交往方面的机会。在户外活动中，宝宝所受到的制约大为减少，更多情况下他们就是参与者，因此可以充分地发挥自己的想象力、动手能力和创造力。

所以父母要多多带宝宝到公园和野外去，让大自然中新奇而迷人的景色为宝宝增添更多的认知感触，丰富宝宝的视野和情感。

## 487. 正确表扬宝宝

很多父母都知道表扬宝宝的重要性，但要明白：表扬宝宝一定要采取恰当的方式，否则会适得其反。以下是对宝宝进行正确表扬的原则。

表扬宝宝的时候要具体。指出宝宝做得好的地方加以表扬，要具体明确，不要用简略的"宝宝真棒"一概而论。例如："宝宝真棒，能自己穿衣服了。"就事论事表扬他，让宝宝明白是因为自己能够自理而得到了表扬。表扬越具体，宝宝越能清楚明白哪些是好的行为，因此也就越容易找准努力的方向。

表扬必须是发自内心的、真诚的。不要觉得表扬会让宝宝开心而盲目地表扬。也不要受大人心情的影响，不要总想到宝宝的坏习惯和小毛病，即使宝宝前一分钟做了让你生气的事，这一刻如果做了值得表扬的事情还是应该表扬的。发自内心的真诚的表扬，会让宝宝意识到自己的长处，不断努力。

表扬要及时，要有一致性。在宝宝有好的表现时要马上表扬，及时的表扬是宝宝表现好的行为后所期待的。不要让他们失望，而且表扬要体现出一致性，让宝宝很容易领会自己的行为是对还是不对。

## 488. 对宝宝的要求不要过高

有些父母发现，自己一直很独立的宝宝不知为何最近退步了，开始变得依赖别人。例如，他们早就学会自己洗澡了，但最近总在洗澡的时候大声喊你帮忙。他们已经能够熟练叠被子了，却故意让父母帮忙叠。对此父母会感到困惑又恼火："宝宝怎

么了？他们怎么就不能表现得像个大孩子呢？"

事实上，宝宝的表现十分符合他们这个年纪的特点。5岁的宝宝常常是一脚站在大孩子的世界里，但另一只脚却还停留在小宝宝的天地里，他们自己也总是不确定自己到底应该属于哪一边。他们的这些看似稚气或者撒娇的表现并不能说明他们就不独立了，而是他们想确认自己不必总是那么独立。

父母不要对宝宝要求过高，像要求一个完美的人一样去要求他们是不切实际的。时刻记住，宝宝还只是一个孩子，是家里的小宝贝，是需要大人爱护和关照的，是需要时常撒撒娇的，虽然教育宝宝，让其养成好的生活习惯是重要的，但保持宝宝的天性，给宝宝以温暖和关照，让宝宝逐渐进步也是必不可少的。

# 5~6岁：为上小学做准备

## 489. 宝宝的能力

5岁多的宝宝一般都已经掌握了2200～2500个词汇，可以比较自由地表达自己的思想情感，有着强烈的语言要求，喜欢谈论每一件事情。此时，宝宝语言的发展和智力与情感的发展互相关联，显示了宝宝的复杂个性。

他们的运动能力大大地增强了，这一时期的宝宝身体控制和平衡的能力进一步发展，已经可以单腿跳和倒退着走一段距离了。在精细动作方面，宝宝已经可以用手熟练地打活结，系鞋带等。各种手部的捏、掐、抠、挖等动作宝宝都已经熟练掌握了，并且几乎可以运用自如，不再需要父母的帮助了。

日常生活中，宝宝可以自己动手整理自己的衣服、鞋袜、帽子等等，做到自己的东西自己摆放，用的时候自己找出来。晚上睡觉的时候，宝宝也可以自己去房间拉开被子睡觉，还可以自己把台灯给按灭。

此时的宝宝已经可以熟练地跟小朋友们玩耍了，而且团队合作意识和竞争意识都有所增强。有些宝宝会不定时地想去找小伙伴玩耍了，对朋友的热情逐渐上升。宝宝的自尊心更强，内心世界变得越来越复杂，因此父母此时再教育宝宝的话就要注意方式，要针对不同宝宝的个性，因材施教。

## 490. 早教重点

这一时期是培养宝宝创造力的黄金时期，父母应信任和尊重宝宝，给其以探索的自由，并对他们早期表现的兴趣给予引导和鼓励。同时还要留心宝宝表现出来的兴趣

和爱好，对其进行教育引导，激发宝宝的创造力，帮其培养特长。

此时宝宝的独立性变得更强了，基本动作已经比较协调，父母应适当给一些指导，培养宝宝的自理能力和独立性。比如，教宝宝学会自己整理文具、收拾书包、准备第二天要穿的衣物等。同时，还应该训练宝宝独立学习、独立阅读、完成老师布置的作业等方面的能力。

父母不能过分溺爱宝宝，要帮助宝宝学会自我约束，改掉一些不良习惯。比如，当宝宝出现挑食、爱吃零食的现象时，父母要想办法帮其改正；当宝宝看到别的同伴有好东西就想抢或是有一些过分的要求时，要调教好自己的宝宝；如果发现宝宝爱撒谎，要及时进行教育和制止，鼓励宝宝勇敢说出实话，做一个诚实的好宝宝。

 ## 491. 教宝宝正确使用语言

五六岁的宝宝非常喜欢认字，包装袋、商标牌、广告语、故事书，凡是有汉字的地方，宝宝都要侧目停留，只要觉得自己认识，就一本正经地念出来，于是乎，常常把"鸟"念成"乌"，"朋"念成"明"或"月"，小小"别字大王"倒也增添不少生活乐趣。

出现这样的现象很正常，几乎所有的宝宝在刚刚开始认汉字时都会有类似的情况。对于宝宝读别字的现象，父母可以多准备一些字卡，让宝宝给字与字之间找朋友。"明"字可以和"天"找朋友变成"明天"，可以和"白"字找朋友变成"明白"。对于宝宝常常说错的字，多玩玩找朋友的游戏，宝宝就会熟悉它，不再说错。

还有些宝宝说话时会出现语法和逻辑错误：这就可能和宝宝的阅读量、理解能力等有关。对于这种情况，父母应该多给他们念一些故事书，讲一些有趣的事情。在孩子理解故事的同时，还可以加以提问："你觉得他做得怎么样""如果是你，你会怎样做"等等，来锻炼他的逻辑思维和口语表达能力。

 ## 492. 锻炼宝宝的适应能力

有些宝宝适应能力很差，到了陌生的环境中就会不知所措，也不太会和人进行沟

通，无法快速融入新的生活。心理适应能力对一个人的社会生活来讲起着至关重要的作用，只有具备了良好的心理适应能力，才能更好地适应社会环境，对自己所处的环境作出相应的积极反应。因此，父母要有意识地锻炼宝宝的适应能力。

有些宝宝到了陌生环境中就会不知所措，无法快速融入。对于这种情况，父母可以让宝宝先在熟悉的环境里接触更多的人，再带上他走出家门。当宝宝刚进入新环境感到不适应时，父母最好可以采取握住他的手、摸摸他的头等方式来鼓励他，使宝宝在充满安全感的状态下逐渐适应环境。

同时，父母可以多培养和锻炼宝宝的人际交往能力，让孩子养成守规范、重合作的意识和习惯。父母要让宝宝多结交新环境中的朋友，通过与朋友的友好相处，提高宝宝自己适应环境的能力。要尽可能多地创造机会，使孩子自己克服自己的心理问题，理解大多数人的想法和做法。

## 493. 全面提高宝宝的综合能力

宝宝的综合素质和整理能力是由方方面面构成的。父母若想让宝宝成为一个优秀的人，不仅要开发他们的智力，更要全面提升他们的综合能力，做到德、育、智全面发展。

首先，要培养宝宝的爱心。让宝宝学会关爱他人，爱护动植物；鼓励宝宝关爱别的小朋友。要让宝宝多与同龄人接触，鼓励他多帮助有困难的小朋友。宝宝做了帮助别人的事情就要及时给予表扬，让宝宝真正体验到"助人为快乐之本"的道理。

其次，要锻炼宝宝勇敢坚强的品质。要放手让宝宝做事，不要对宝宝束手束脚，不要给宝宝增添心理恐慌。可以用小故事、童话里坚强勇敢的事例、形象等教育宝宝，给宝宝讲现实生活中的学习榜样，用坚强、勇敢的事迹感染宝宝，激励宝宝从小做一个坚强、勇敢的人。

最后，要培养宝宝独立思考的精神。在实际生活中提出一些问题让宝宝解决。比如，在墙的高处挂一顶帽子，然后给宝宝几根短竹竿和绳子，让他们想办法取下帽子，可以启发他们想到用拼竹竿的方法来解决问题。又如，给宝宝买了一件新文具后，可因势利导地让宝宝找缺点，并启发和引导宝宝提出改进的意见。

## 494. 鼓励宝宝独立行动

很多宝宝从小受到父母和长辈的溺爱，形成了过度依赖、缺乏独立性的坏习惯。如果自己家的宝宝有这种倾向，就需要父母引起注意了。尽早培养宝宝的独立性，日常生活中多多鼓励他独立行动。

父母就应该努力地寻找机会锻炼孩子的独立选择能力和独立生活、做事的能力。穿衣戴帽不再代劳，晚上睡觉不要妈妈陪，自己睡的被褥自己叠，自己的小袜子自己洗；一些宝宝自己的事情，让他自己拿主意，比如挑选什么样的玩具，周末去哪里玩。只要孩子要做的事情在安全、合理的范围内，就不要强迫孩子听从父母的安排，而要给他独立、自由的机会。

同时，父母要多给宝宝讲一些关于独立、勇敢的故事，在有趣的故事中潜移默化地教育宝宝要成为一个独立的人。日常生活中，要创造一些机会来培养他的独立性，比如，让宝宝负责去照顾一盆小花；帮妈妈做一些简单的家务；管理自己的压岁钱等等。这不仅能够提升他的独立性减轻对家人的依赖感，还能让他感觉到自己是一个有用的"小大人"，从而提升了自信心和责任感。

## 495. 给宝宝"当家做主"的机会

五六岁的宝宝自我意识和独立能力都已经比较强了，这时候父母要把他们当成一个小大人了，逐渐训练他们的独立能力，给他们"当家做主"的机会。

一般来讲，扣扣子、系鞋带、上厕所、洗脸、刷牙、洗手、在幼儿园自己吃饭、看完书和玩完玩具后放回原处、向长辈请教，这些事情五六岁的宝宝都是可以做到的。父母要尽量让他自己做这些小事情，并在生活中做好模仿带头作用。例如饭前要洗手、按时睡觉、经常微笑、遇事要乐观开朗等等。

此时宝宝已进入学习的另一个重要阶段，也就是适应社会、学习知识、开始独立的阶段。上幼儿园后的宝宝会面临很多问题，例如老师布置的作业、学习的新东西、接受考试、同学之间可能有的比较意识、自己在学校的关系，等等。有的父母总觉得还需要提醒宝宝，该做作业了，该休息了，这样其实是在帮助宝宝养成不好的习惯。如果父母太忙碌没有太多时间去管宝宝，此时他们就应该自己安排时间，决定一下什么事情先做什么事情后做、对待朋友应该采取什么样的态度等，其实他们都可以做到。

## 496. 训练宝宝的团队合作意识

随着年龄的增长，宝宝的社交范围越来越广，在与朋友、同学、老师的交往的过程中，合作精神就显得格外重要了。有些宝宝看起来孤僻不合群，有些宝宝自私且以自我为中心，对于这样的状况，父母要抓紧对他们进行教育，让宝宝学会融入集体，与他人进行合作。

对于性格比较胆小、孤僻的宝宝，父母可以多多鼓励他们和他人接触，参加集体活动，通过参加集体表演来增强团队的意识。任何幼儿的团体表演项目都是分工明确的，并且会要求动作一致，每个宝宝除了做好自己的角色外，还需要懂得和其他人配合，在一些大型的表演中更是如此。因此，爸爸妈妈要多让宝宝参加集体舞蹈、集体歌唱等培训和表演，这对提高宝宝的团队意识有非常积极的作用。

而对于表现出自私和以自我为中心倾向的宝宝，最主要的是让他们学会分享。很多宝宝对自己的玩具都有一种独占意识，不愿意让别的小朋友玩。如果硬抢，宝宝可能会大声哭闹。面对宝宝的这种行为，父母要耐心地引导，试着让别的宝宝也加入进来一起玩耍，让宝宝感受到一起玩耍的乐趣。此外，当宝宝特别想要别的宝宝的某一样玩具时，父母可以提议宝宝拿自己的玩具去换。在这样的共同玩乐和互换玩具之间，宝宝的换位思考能力和合作意识会逐渐加强。

## 497. 纠正宝宝的作息规律

一些宝宝经常晚上过于兴奋不爱睡觉，早晨又不爱起床，影响了身体健康和白天的精神状态。对于这种情况，父母要纠正他们的作息规律，帮助宝宝养成良好的作息习惯。

五六岁的宝宝每天需要10～12个小时的睡眠。每天晚上9点之前，父母就应该让宝宝做好睡前的准备。比如洗脸、刷牙、洗脚，准备好第二天要穿的衣服和物品。让

宝宝早一点上床准备入睡。睡前不要和宝宝玩耍，不要让他过度兴奋，可以轻声给宝宝讲一讲故事，或让他听一听舒缓的音乐。

晚上的时候，不要让宝宝看太多的电视或玩电脑。有的父母为了省事，把宝宝往电视机前一放，就干自己的事去了，时间久了，宝宝就养成了爱看电视的习惯，有时候坐在电视机前能一坐就好几个小时，甚至看一个电视节目看到后半夜也不睡觉。这样不仅不能养成良好的作息习惯，而且还会阻碍宝宝各项认知能力的开发。

同时要注意，睡前一个小时不要给宝宝吃夜宵，不要喝可乐、咖啡等刺激性的饮料。晚饭不宜吃得过饱过于油腻，这样不仅不利于身体健康，还会影响到宝宝的睡眠。

 ## 498. 克服宝宝的不良习惯

俗话说：学坏容易学好难。宝宝的坏习惯是非常容易养成的，而好习惯却得之不易。养成良好的生活习惯、学习习惯还有思维习惯，对一个人的一生都是受益匪浅的。父母要努力帮助宝宝克服坏习惯，养成好习惯。

对于不讲卫生、生活邋遢的宝宝，父母最好可以在家里制定一个规章制度或"约法三章"。例如可以规定，和宝宝轮流做好居室的清洁卫生，不乱堆放物品，不睡懒觉，每天洗澡、刷牙等等。对于作息不规律、管理不好自己时间的宝宝，可以制定一个好的作息制度表，做到早睡早起，安排好每天要做的事情。比如规定几点起床，几点游戏，几点看电视，几点回家等等。对于学习时三心二意的宝宝，父母可以以身作则，和宝宝一起做到不边看报纸边吃饭，不边看电视边读书，不边听音乐边学习等等。学习的时候要安静，大家不要相互影响。看书写字的时候房间的灯光要柔和，不要刺眼或者太暗。

总之，克服宝宝身上的坏习惯，养成好习惯是一个长期的不断巩固的过程，需要父母的指导督监和必要的约束。只要父母能够坚持帮助宝宝，并且以身作则，那么宝宝的好习惯就会慢慢地养成了。

 ## 499. 给宝宝展示自己的空间

所谓给宝宝自己的空间，就是要接纳宝宝超出父母期待的部分，让宝宝较为自

主、自由地发展。

例如父母希望宝宝是一个性格开朗、爱蹦爱跳的孩子，但他却不爱说话，喜欢自己在家里面看故事书，这时候就不要强迫他改变性格，而要尊重他，允许他读自己热爱的故事书。又比如，一些妈妈希望自己的女儿是个淑女，但宝宝非常喜欢唱歌跳舞，也很顽皮，那么显然我们还是应该鼓励她去唱歌舞蹈。每个宝宝都有自己的特质，优势、劣势都不太一样。有些宝宝的活力鲜明地体现在运动上，而有些宝宝的活力则体现在想象力上，无论如何，都要尊重宝宝，给他们提供展现自我的空间，在自由发展中，锻炼宝宝的天赋和创造才能。

宝宝和大人一样，需要得到尊重，渴望得到理解，因此，父母要尊重他们，宽容地对待他们。但宽松的家庭环境也并不是没有教养的家庭，宝宝说脏话、骂人、随便拿别人的东西等这样的不良行为还是需要及时引导和纠正的，我们是给宝宝展现自己的空间，而不是提供发展坏习惯的平台。

## 500. 做好入学的准备

上小学是宝宝求学生涯正式开始的第一步，是宝宝年幼生命中一件非常重要的事情。为了让宝宝更好地适应小学生活，之后的学习更加顺利，父母应该帮助宝宝做好入学前的思想工作和准备活动。

首先，要引发宝宝对学校的兴趣，对上学产生期待感。带宝宝到学校周边转转，看看学校的环境，看看校园里充满活力的小朋友们，让正在读小学的小哥哥小姐姐们给宝宝传授一点上小学的经验。从根本上打消宝宝害怕上学、不想上学的念头。

其次，可适当给宝宝传授一些语、数、英的知识。上学前，把以前零星教给宝宝的字词归整归整，帮助他梳理一下；巩固一下100以内数字的认、读、写和基本加减法运算；和宝宝一起唱一唱字母歌，看看宝宝能不能认下来26个字母。

最后，规范一下宝宝的行为。父母可提前参照小学生守则适度约束、规范宝宝。幼儿园大班的老师会对宝宝的学前生活做些相应地安排、调整。回到家，父母也应配合幼儿园的步调，对宝宝的生活、学习提些相应的要求。比如，不能无故不上幼儿园；不能早上不起、晚上不睡等等，让宝宝变得有规矩，守纪律。